Nick Brooks

Promise Boys

Nick Brooks

Übersetzung aus dem amerikanischen Englisch
von Sabine Schilasky

Die Bastei Lübbe AG verfolgt eine nachhaltige Buchproduktion. Wir verwenden Papiere aus nachhaltiger Forstwirtschaft und verzichten darauf, Bücher einzeln in Folie zu verpacken. Wir stellen unsere Bücher in Deutschland und Europa (EU) her und arbeiten mit den Druckereien kontinuierlich an einer positiven Ökobilanz.

Titel der amerikanischen Originalausgabe:
»Promise Boys«
Für die Originalausgabe:
Copyright © 2023 by Cake Creative LLC
Published by Arrangement with ELECTRIC POSTCARD
ENTERTAINMENT INC.
c/o NEW LEAF LITERARY & MEDIA, 110 West 40th Street, Suite 2201,
NEW YORK, NY 10018 USA

Dieses Werk wurde vermittelt durch die Literarische Agentur Thomas Schlück GmbH, 30161 Hannover.

Für die deutschsprachige Ausgabe:
Copyright ©2024 by
Bastei Lübbe AG, Schanzenstraße 6-20, 51063 Köln
Vervielfältigungen dieses Werkes für das Text- und Data-Mining bleiben vorbehalten.

Textredaktion: Helena Küster
Umschlaggestaltung: Johannes Wiebel | punchdesign, München
Umschlagmotiv: © Johannes Wiebel | punchdesign/AdobeStock, © nd700 – stock.adobe.com; javarman – stock.adobe.com; Dmitriy Kosterev – stock.adobe.com; David Bryan – stock.adobe.com; Kurhan – stock.adobe.com; insta_photos – stock.adobe.com; Dog Paw Productions – stock.adobe.com Satz: 3w+p GmbH, Rimpar
Gesetzt aus der Adobe Caslon Pro
Druck und Verarbeitung: GGP Media GmbH & Co. KG, Pößneck
Printed in Germany
ISBN 978-3-8466-0215-7

5 4 3 2

Sie finden uns im Internet unter one-verlag.de
Bitte beachten Sie auch luebbe.de

Für die Jungen von Chocolate City

In meinen fünfundzwanzig Jahren als Lehrer ist mir ein faszinierendes Phänomen aufgefallen: Schulen und Unterricht werden für die großen Unternehmen auf dem Planeten beständig irrelevanter. Keiner glaubt mehr, dass Forschende im Naturkundeunterricht ausgebildet werden, Abgeordnete in den Politikstunden oder Dichter und Dichterinnen in Englischkursen. Tatsache ist, dass Schulen eigentlich nichts mehr vermitteln, außer, wie man Befehle befolgt. Was mir ein Rätsel ist, arbeiten doch Tausende aufrichtig engagierte Menschen in Lehre und Verwaltung an Schulen. Doch die abstrakte Logik der Einrichtung überwiegt den individuellen Beitrag. Lehrkräfte mögen verantwortungsvoll und human arbeiten, aber die Institution an sich ist psychopathisch und gewissenlos.

Da schrillt eine Glocke, und ein junger Mann, der gerade ein Gedicht verfasst, muss sein Heft zuschlagen und in eine andere Zelle gehen, wo er sich merken soll, dass Menschen und Affen von einem gemeinsamen Vorfahren abstammen.

John Taylor Gatto
Why Schools Don't Educate

EILMELDUNG:
BELIEBTER SCHULLEITER (43) ERMORDET

Die Polizei untersucht einen Mordfall in Northeast Washington, D.C. Kenneth Moore, Gründer und Leiter der Urban Promise Prep, wurde am Freitag, dem 10. Oktober, auf dem Schulgelände erschossen. Er war ein beliebtes Mitglied der Gemeinde.

Ein Kollege fand Mr. Moores Leiche am frühen Freitagabend und wählte den Notruf.

Als die Polizei eintraf, stellte sie fest, dass Mr. Moore eine einzelne Schusswunde an der Schläfe erlitten hatte. Er wurde noch vor Ort für tot erklärt.

Die Detectives ermitteln zu Motiv und Verantwortlichen, und Berichten zufolge werden gegenwärtig drei Schüler vernommen.

Wer Informationen zur Tat hat, möge sich bitte bei der Mordeinheit des District of Columbia Police Department melden, Telefon 202 – 555 – 4925.

Für Hinweise, die zu einer Verhaftung und Anklage in diesem Fall führen, ist eine Belohnung von bis zu 65.000 Dollar ausgesetzt.

TEIL EINS
J.B.

Heute

Niemand
Schüler der Urban Promise Prep

Angeblich hat ein Schüler am Tag des Mords eine Waffe mit zur Schule gebracht. Aber das habt ihr nicht von mir.

Keyana Glenn

Schülerin der Anacostia High School

Wir können nicht an das glauben, was wir sehen, sondern nur an das, was wir fühlen. Ich habe gedacht, dass ich J.B. glauben kann, weil ich gespürt habe, wie sehr er mich mochte. Oder zumindest dachte ich das, bis er mich versetzt hat. Einen Tag, nachdem wir uns so nahegekommen sind. Nachdem er mir versprochen hat, dass wir uns nach der Schule treffen und zusammen zu dem Spiel gehen. Dass wir *zusammen* wären. Offiziell.

Er hat geschworen, dass er anders ist. Nicht wie die meisten Jungs. Besser. Und obwohl ich vorsichtig sein wollte, hat er mich dazu gebracht, ihm zu vertrauen. Tue ich das vielleicht noch? In meinem Kopf herrscht das totale Chaos, und ich weiß im Moment gar nichts sicher.

Ach, ich komme mir so blöd vor! Ich bin benutzt worden, ausgetrickst. Jetzt mache *ich* mir Vorwürfe, und das ist unfair. Wenn ich nur daran denke, bin ich schon angefressen.

Jedes Mal, wenn ich die Augen schließe, läuft in meinem Kopf der Abend wieder ab. Wie ich ganz alleine zu dem Spiel gehe und J.B. die Meinung sagen will. Aber als ich hinkomme, sehe ich ihn, blutüberströmt.

Ich bin direkt am Schultor erstarrt.

Sind wir beide.

Alles, was ich ihm entgegenschreien wollte, blieb mir auf einmal im Hals stecken.

Das Blut.

Meine Gedanken rasten. War er verletzt? Hat er mich deswegen nicht wie versprochen abgeholt? Und auch nicht zurückgerufen oder getextet?

»Das war nicht meine Schuld ...«, hat er atemlos geflüstert. Dann ist er weggerannt. Er war eindeutig nicht verletzt, so schnell wie er war.

Er ist in der Dunkelheit verschwunden.

Natürlich wusste ich da noch nichts von Direktor Moore. Alle sagen, J.B. hat den Mann umgebracht, aber ein Teil von mir kann das nicht glauben.

Andererseits weiß ich, was ich gesehen habe. J.B. mit seinem Hemd voller Blut, und immer wieder höre ich seine Worte in meinem Kopf: »Das war nicht meine Schuld.«

Jedes Mal, wenn ich anfange, an etwas zu glauben, werde ich daran erinnert, dass alle hier so fake sind. Ich schätze, man kennt niemanden je wirklich.

Ich hoffe, dass ich mich irre. Ich hoffe, J.B. ist unschuldig.

Schwester Robin

Angestellte der Urban Promise Prep

Versteht mich nicht falsch, meine Arbeit bedeutet mir viel. Ich kann nur diese Schule nicht ertragen.

Als ich meinen Freundinnen erzählte, dass ich einen Job an der Urban Promise Prep antrete, haben mich alle gewarnt, weil es eine reine Jungenschule ist. Aber ich dachte, dass ich damit klarkomme. Ich muss schließlich vierundzwanzig Stunden am Tag mit fiesen Männern klarkommen. An allen Schulen, an denen ich gearbeitet habe, bei jeder Busfahrt, jedem Trip zum Supermarkt, immer wenn ich auf die Straße gehe … überall machen mich Männer blöd an. An der Promise Prep konnte es ja kaum schlimmer sein, oder?

Falsch.

An der Urban Promise habe ich mich unglaublich unwohl gefühlt, *nervös*; ihr kennt das Gefühl. Direktor Moore hat da einen brodelnden Kessel voller fragiler und toxischer Maskulinität geschaffen. Und ich spreche nicht von den Schülern. Die Kids sind Kids, sie können nicht anders. Es geht um die Erwachsenen. Die Lehrer, das Sicherheitspersonal, die Leitung.

Sie fördern das Benehmen. Letztes Jahr hat ein Junge ein unanständiges Video von einem Mädchen herumgeschickt. Da haben die Sicherheitsleute seine Sachen durchsucht und sein Handy beschlagnahmt. Was ja richtig so war. Aber er musste weder nachsitzen, noch wurde er suspendiert. Nicht mal einen Klaps auf die Finger hat er bekommen! Und was noch schlimmer ist: Ich habe beobachtet, wie die Sicherheitsmänner im Pausenraum das verdammte Handy herumgereicht und sich das Video angesehen haben, ehe sie es löschten. Gekichert haben sie, über etwas, was de facto Kinderpornografie war, und Witze über das Mädchen in dem Video gerissen. Ohne auch bloß darüber nachzudenken. Es gibt einfach keinen Sinn für ... Anstand an der Urban Promise, was Frauen angeht.

Und Moore war das egal. Solange die Jungen gespurt haben, konnten sich diese Männer wie Idioten aufführen. Übrigens mag Moore nach außen hin makellos wirken, aber er war auch nicht blitzsauber. Da waren Kleinigkeiten, die er gemacht hat, wie mich ein bisschen zu lange zu umarmen oder mir eine Hand unten auf den Rücken zu legen, wenn er im Flur mit mir geredet hat.

Außerdem könnt ihr mich ruhig lächerlich oder so nennen, aber ich schwöre, dass er ein Alkoholproblem hatte. Ich habe schon reichlich Patienten mit ungesunden Trinkgewohnheiten behandelt, und Moore entspricht genau dem Muster. Seine Stimmung konnte von jetzt auf gleich umschlagen. Mal war er supernett, charmant und umgänglich, hilfsbereit und freundlich. Dann wieder habe ich mitbekommen, wie er die Kids, Lehrkräfte oder sogar Dean

Hicks angeblafft hat. Und in letzter Zeit war es noch schlimmer als sonst.

Jedenfalls könnte man wohl sagen, dass ich seinen Tod für keinen so großen Verlust halte wie andere Leute.

Was die Jungen angeht, die sie zu dem Mord befragen, die kenne ich eigentlich kaum. Aber J.B. hatte ich an dem Tag gesehen. Er war zu mir gekommen, um sich die Hand verbinden zu lassen. Die war an den Knöcheln übel aufgeschürft, weil er auf irgendwas eingeschlagen hatte.

»Was ist passiert?«, habe ich ihn gefragt. Er hat die Fäuste so fest geballt, als wollte er sich die Fingernägel in die Haut bohren. Das dunkle Braun war ganz blutverschmiert.

»Nichts«, hat er nur gemurmelt.

»Es kann nicht nichts sein, wenn deine Hand so aussieht.« Ich habe ihn angelächelt im Versuch, ihn etwas aufzumuntern, bei der üblen Verletzung.

Dann hab ich die Wunden so gut gereinigt, wie es ging, aber J.B. wollte die Hand nicht locker machen. Die ganze Zeit nicht, die er bei mir im Dienstzimmer saß. Er hat einfach nur wütend in die Ferne gesehen, die Zähne zusammengebissen, als könnte er es kaum erwarten, noch mehr mit dieser kaputten Faust zu tun.

Ich bin rückwärts zu meinem Schreibtisch gegangen, bevor ich ihm gesagt habe, dass er gehen kann. Das war aus so einem merkwürdigen Instinkt heraus, ich wollte ihm nicht den Rücken zukehren. Nicht bei all der Wut, die wie Hitze von ihm ausströmte. Als könnte er jederzeit wieder zuschlagen, als bräuchten seine Hände einen Boxsack oder sonst irgendwas, auf das sie in dem Moment einschlagen können. Das ist ein Junge, der an Gewalt gewöhnt ist. In dem Alter. Da kriege ich das Grausen.

Also, ja, ich suche nach einer neuen Stelle an einer anderen Schule.

Becca Buckingham
Schülerin der Mercy Academy for Girls

Die armen Jungs. So voller Wut. Aber das ist wegen ihrer Lebensumstände, oder? Ich meine, man muss sich mal vorstellen, in Armut zu leben, diskriminiert zu werden und ein Opfer systemischer Ungleichheit zu sein. Da wäre ich auch wütend. Deshalb habe ich beschlossen, Nachhilfe an der Promise zu geben. Um etwas zu *bewirken*. Weil ich weiß und privilegiert bin, sehe ich es als meine Pflicht.

Trotzdem verstehe ich nicht, warum sie Direktor Moore umbringen sollten. Erst recht nicht nach allem, was er für sie getan hat. Das ist echt eine Tragödie.

Es heißt, sie haben drei Verdächtige. Alle reden darüber, und Washington, D.C. ist kleiner, als man denkt. Neuigkeiten sprechen sich schnell herum. Ich habe sogar einem von den Jungen Nachhilfe gegeben.

Ramón Zambrano.

Ramón ist unglaublich nett. Er hat etwas ... Engelsgleiches an sich. Ich liebe es, wie, na ja, authentisch er seine Kultur auslebt. Er macht ... ich glaube, Papuhsas heißen die. Diese kleinen Küchlein? Ich habe gehört, dass er die mit seiner Oma backt. Wie süß ist das denn?

Ich habe mich richtig reingekniet, damit er fließend Englisch lernt, weil er dann mehr Möglichkeiten hat. Ganz abgesehen davon, dass es meine Pflicht war. Und Ramón hat wirklich gut mitgemacht. Vor einigen Wochen hätte ich noch gesagt, dass er auf keinen Fall schuldig ist. Und irgendwie glaube ich das immer noch. Obwohl ich gesehen habe ... ähm, sagen wir, ich habe *gehört*, dass er auch ausflippen kann.

Aber für ihn gibt es noch Hoffnung. Wahrscheinlich ist es einer von den anderen Jungen gewesen, die sie verhaftet haben.

Zum Beispiel ... **Trey Jackson.**

Geredet habe ich eigentlich nie mit ihm. Aber ich habe gehört, dass er komisch ist. An der Mercy finden ihn viele Mädchen heiß, und er spielt Basketball, also, ihr wisst schon. Er könnte später mal in die NBA kommen – und wer würde nicht mit so einem Typen zusammen sein wollen?

Ich.

Sportler sind Mistkerle, und sicher ist Trey nicht anders. Da fällt mir ein, ich habe gehört, dass er andere mobbt, ständig Witze über Kids reißt und sie runtermacht, um sich selbst groß zu fühlen.

Aber es heißt auch, dass er bei seinem Onkel wohnt, der beim Militär ist und ziemlich unangenehm. Manchmal werden Jungs, die eine fiese Vaterfigur haben, selbst fies, nicht? Aber wenigstens *hat* er eine Vaterfigur. Auch wenn ich das nicht genau weiß, wette ich, das ist bei den Jungs an der Schule nicht sehr oft der Fall.

Und dann ist da noch **J.B. Williamson.**
Ihn kenne ich auch nicht besser als Trey, aber ich habe gehört, dass J.B. ziemlich schlau ist. An den Nachhilfetagen habe ich ihn oft in der Schule gesehen, und ich erinnere mich hauptsächlich an ihn, weil er riesig ist. Ungefähr eins neunzig! Und große Jungen finde ich immer sexy. Aber er hat nie gelächelt. Ganz egal, wie oft ich ihm zugelächelt oder Hi zu ihm gesagt habe, er hat mich einfach ignoriert. Das hat sich irgendwie schräg angefühlt, versteht ihr?

Alle fragen mich nach *dem* Tag an der Promise. Da habe ich den ganzen Nachmittag lang im Englischraum Nachhilfe gegeben. Einmal bin ich raus, um mir Wasser zu holen, und da standen sie: J.B. und Direktor Moore, und sie haben sich gestritten.

Ich war wie erstarrt, und alle anderen auch. J.B. war halb über Direktor Moore gebeugt, und da war eine große Delle links hinter ihm an einem Schließfach. Von J.B.s aufgerissener Haut an den Handknöcheln ist Blut auf den PVC-Boden getropft. Ich konnte die Anspannung quer durch den Flur fühlen.

J.B. hat Direktor Moore angeschnauzt, gewartet, dass er zuckt oder sich wegduckt. Aber Direktor Moore hat gelacht und sich nicht gerührt. Mein Herz hat so gerast und mein Puls so gedröhnt, dass ich kaum verstehen konnte, worum es ging.

Direktor Moore hat die Hand gehoben und J.B. ein Zeichen gegeben, dass er gehen soll. Und als J.B. an mir vorbeigestampft ist, total aggressiv und wütend, habe ich ihn murmeln gehört: »Wir sehen uns noch.«

Das habe ich schon von anderen Jungen an der Promise

aufgeschnappt. Anscheinend ist das der letzte Spruch nach einem Kampf. Wenn die Sicherheitsleute die Jungs auseinanderreißen, schreien die sich das immer wieder zu. Als Warnung. Und man kann sicher sein, später wird sich rumsprechen, dass es im Viertel eine Schlägerei gegeben hat, und mal wieder sind es die Promise Boys gewesen.

Aber jetzt höre ich die vier Wörter in Endlosschleife in meinem Kopf. Nur Stunden, nachdem J.B. die gesagt hat, war Direktor Moore tot.

Uuk

Ein Typ aus dem Viertel

Der Direktor da is mir scheißegal.
Das bin ich ihm ja auch.
Hä?!
Der Mann hat mich nich mal angeguckt, so als ob ich Luft bin.
Nur ein verdammtes Mal hat der mit mir geredet, da hat er mich angebrüllt, ich soll mich von seiner Schule verziehen.
Aber ich komm von hier, Mann. Ich war zuerst hier!
Was redest du?
Schwarze Scheißschnösel übernehmen die ganze Gegend, genauso wie die Weißen.
WILLKOMMEN IM VIERTEL, BABY. HAHAHAHAHAA!
Alles klar?!!
LANG LEBE CHOCOLATE CITY!!!!

Dean Wilson Hicks

Konrektor an der Urban Promise Prep

O Gott.
　Ich habe ihn tot aufgefunden.
　O Gott, warum ich?
　Ich habe noch nie so viel Blut gesehen. Ein roter Fluss, der über die Schreibtischkante gerauscht ist.
　Leere, starrende Augen.
　Ich bin näher herangegangen. »Kenneth! Kenneth!«
　Und ich habe ihn genauer angesehen, konnte aber nicht erkennen, woher das Blut kam. Ich musste mir die Nase zuhalten, weil es so sehr nach Exkrementen gerochen hat, und da wusste ich, er ist tot. Kenneth hatte sich eingekotet. Ich habe schon oft gehört, dass das passiert, wenn man stirbt, aber ich hatte es bloß für einen Mythos gehalten.
　Ich bin rückwärts weggestolpert. Dabei habe ich gefühlt, wie mein Gesicht rot wurde und mir Schweiß über die Schläfen lief. Lauter Fragen kamen mir in den Sinn: Wie waren Kenneths letzte Momente gewesen? Wie viel Angst hatte er, als der Abzug gedrückt wurde? Hat er sehr gelitten? Hatte er Angst vor dem Sterben?

Aber die Antworten werde ich nie erfahren.

Auch jetzt noch, wenn der Abend wieder in meinem Kopf abläuft, kommt alles zurück. Hätte ich etwas anders machen sollen? Hätte ich das verhindern können?

Waren wir beste Freunde? Nein. Rein technisch war er mein Chef. Doch als Kenneth die Urban Promise Prep gründete, war ich der Erste, den er eingestellt hat, und zusammen haben wir etwas wahrhaft Beachtliches aufgebaut. Über seine oder sogar meine Methoden kann man sagen, was man will, aber wir haben Resultate geliefert. Klar waren wir hart zu den Kids, aber wir haben nie Grenzen überschritten. Uns waren diese Jungen wichtiger als den meisten anderen, und wir wollten nur das Beste für sie. Wir wollten sie zu Königen machen. Deswegen haben wir den Promise-Fonds eingerichtet, um Stipendien für Kids zu finanzieren, die sich das College sonst nicht leisten können. Aber einige Leute haben nicht begriffen, dass wir Männer formen wollten, und nicht kleine Jungen verhätscheln.

Leider weigern sich manche Schüler schlicht, erwachsen zu werden.

J.B. Williamson, Ramón Zambrano und Trey Jackson, das sind alles Jungs, die nicht erwachsen werden wollen.

Einer von ihnen hat das getan, vielleicht auch alle drei zusammen. Die Berichte zeigen, dass alle drei an dem Tag Streit mit Kenneth hatten.

Müsste ich um Geld wetten, würde ich auf J.B. als Täter setzen. Es sind immer die Stillen, um die man sich sorgen muss. Die ihre gewalttätige Ader unterdrücken. Außerdem kommt J.B. aus dem Wohnkomplex Benning

Terrace. Ich weiß, was das für eine Gegend ist. Und was normalerweise aus den Kids wird, die da wohnen.

Baudo

Ein Kleinganove aus dem Viertel

Mord, Alter? Ich hab den Jungen doch eben erst gesehen! Und jetzt sagen alle, dass er in Zukunft nur noch über Mord rappen wird? Nee, J.B. ist nicht so drauf. Ich mein, er hat auf der Straße abgehangen, aber keine krummen Dinger gedreht und nix. Kam mir immer wie ein liebes Kid vor. Aber ich weiß, dass der auch Power hatte. Wenn es sein musste, konnte der kämpfen und dich ins Krankenhaus bringen, wenn dich eine seiner Fäuste erwischte.
(Inhaliert)
Ich weiß noch, wie die Jungs und ich mal ein paar Körbe geworfen haben und J.B. am Sportplatz abhing. Er ist ziemlich groß, deshalb denkt man, der geht sicher ab beim Basketball, und dann stellt sich raus, dass er gar nicht spielt. Jedenfalls haben wir einen fünften Mann gebraucht, deshalb hab ich ihn überredet mitzumachen. Und ein bisschen blieb er auch dran. Aber weil er so groß ist, haben alle ihn dauernd genervt. Jedes Mal, wenn er durchziehen wollte, sind sie auf ihn los. Haben ihm auf die Arme ge-

schlagen, um an den Ball zu kommen, sodass er voll dämlich ausgesehen hat.

J.B. ist aber cool, wollte nie wirklich Stress machen, nur klarkommen. Trotzdem hatte er seine Grenzen, wie jeder. Und als die anderen gecheckt haben, dass er gar nicht so aggressiv ist, haben sie erst recht losgelegt! Ein Dude hat J.B. mit dem Ellbogen erwischt, und auf einmal verpasst J.B. ihm den übelsten rechten Haken, den ich je gesehen habe. Das war fast wie ein Reflex. Überall ist Blut hingespritzt. Der hat dem die Nase gebrochen, und der Typ war schon ausgeknipst am Boden, bevor J.B. richtig kapierte, was er da gemacht hat.

(*Bläst Rauch aus*)

Doch sogar danach hätte ich ihn nie als Killer eingeschätzt.

(*Inhaliert*)

Na ja, aber ich kenne eine Menge Dudes, die keine Killer waren, bis sie jemanden gekillt haben. Und das mit gerade mal vierzehn, Alter. Echt, manchmal lauert der Scheiß einfach in dir, bis der richtige Moment kommt.

(*Bläst Rauch aus*)

Kann sein, schätz ich. Vielleicht hat J.B. den Scheiß gemacht. Vielleicht hat seine Wut das ausgelöst.

Mr. Reggie

Schulpolizist an der Urban Promise Prep

Nachsitzen ist an Spieltagen immer ruhig. Vor allem an *dem* Tag. Da waren die Play-Offs, glaube ich. Für die Jungs ist es so hart an der Urban Promise Prep: Nicht reden, nicht lachen, keine Mädchen. Eigentlich ist unser Basketballteam ihr einziges Ventil.

Jeder darf bei den Spielen zugucken, und in diesem Jahr sind wir sogar ziemlich gut, deshalb kommen die Mädchen von überall in der Stadt, um die Jungs spielen zu sehen. Sie lieben das. Also habe ich gedacht, ich könnte mir vielleicht die Aufsicht beim Nachsitzen sparen und ausnahmsweise mal früh gehen, aber wie sich herausstellte, haben einige Kids doch noch beschlossen, sich Ärger einzuhandeln: J.B., Ramón und Trey.

J.B. war als Erster da, und ich muss gestehen, dass es mich geschockt hat. Ich kann beschwören, dass ich J.B. Williamson in meinen sechs Jahren an der Urban Promise noch nie beim Nachsitzen gesehen hatte. Ein stilles Kid, verdammt groß, aber sanft.

Als Nächstes ist Ramón aufgetaucht. Der muss immer

mal wieder nachsitzen, meistens, weil er beim Würfeln oder Schwänzen erwischt wurde, nichts Wildes. Das Übliche. Blöder Kinderkram. An ihm gefiel mir, dass er Mumm hat. Wie er reinkam, sich das Haar bürstete, hat mich an Fonzie erinnert, diesen Typ aus der einen Serie. Und seit er mal meinen Fanbecher von den Baltimore Ravens gesehen hat, fragt er mich immer: »Hey, Mister, wie machen sich die Ravens?«

»Wir machen uns gut«, habe ich immer geantwortet, egal ob es stimmte oder nicht.

Mein Lieblings-Footballteam war ihm natürlich egal, aber er hat gewusst, dass er sich gut mit mir stellen sollte, falls er später wieder bei mir nachsitzen muss. Der war eben schlau. Manipulativ sogar. Aber nett.

Also kommt Ramón an dem Tag zum Nachsitzen und fragt mich nach den Ravens. Und er hat mit den Zähnen geknirscht, war ein bisschen angespannt. Normalerweise ist er kein wütendes Kid, aber ich konnte sehen, dass was an ihm genagt hat. Ich habe ihn gefragt, ob er reden will, doch er hat bloß eine Grimasse geschnitten. Aber damit konnte ich umgehen – auch wenn er wütend war, war er bloß Ramón.

Selbst bei seiner miesen Stimmung dachte ich noch, das würde eine eher harmlose Aufsicht werden, bis ... Trey Jackson reinkommt. Trey ist IMMER hier. Wir sind ständig aneinandergeraten, jeden Tag. Obwohl er sich dann so benahm, als wäre es witzig. Irgendein Spiel, das er mit allen Schulpolizisten veranstaltet.

Und an dem Tag hat Trey dauernd gefragt, ob er mal zum Klo darf, wieder und wieder und wieder. Der Junge muss mich für blöd gehalten haben! Wir beide wussten, dass er bloß zur Sporthalle gehen und nach dem Spiel sehen wollte. Aber Trey hat nicht lockergelassen, alle paar Sekunden den Arm gereckt und durch die Zähne Luft eingesogen, da habe ich ihn einfach gehen lassen.

Zuerst dachte ich mir nichts dabei, aber nachdem einige Zeit vergangen war, wurde mir klar, dass ich nach ihm sehen muss. Ich dachte, J.B. und Ramón alleine lassen wäre okay, weil das ja halbwegs anständige Jungs waren. Die würden bleiben, wo sie waren, sich an die Regeln halten, damit sie das Nachsitzen schnell hinter sich haben.

In der ganzen Schule habe ich gesucht, aber nichts.

Trey war nirgends zu finden.

Und dann hörte ich den Knall. Chaos brach aus. Schreie hallten durch die Flure und aus der Sporthalle. Ich rannte mit den anderen Schulpolizisten in die Richtung, aus der das Schussgeräusch gekommen war. Dann hab ich sie zum Nachsitzraum geführt.

Als wir reingestürmt sind, waren J.B. und Ramón weg. Nebenan brüllte Dean Hicks um Hilfe, und da haben wir gesehen, dass Direktor Moore erschossen worden war. Wir haben sofort den Notruf gewählt und versucht, die Leute auf Abstand zu halten.

In all meinen Jahren als Schulpolizist habe ich bei den Kids nie nachgegeben, und das eine Mal, dass ich es doch tue, kommt jemand ums Leben.

Ich fühle mich furchtbar. Ganz egal, wie ich es drehe und wende, ich bin verantwortlich. Hätte ich Trey an dem Tag nicht gehen lassen, wäre das vielleicht nie passiert. Selbst wenn es einer von den anderen Jungen war. Hätte ich meinen Job gemacht und wäre auf meinem Posten geblieben, hätten sie nicht die Gelegenheit gehabt. Und wenn es keiner von ihnen war, wenn ich im Nachsitzraum neben Moores Büro geblieben wäre, hätte ich den Schützen vielleicht schnappen können. Oder Moores Leben retten.

Auf der anderen Seite ... vielleicht ist es ein Segen, dass ich nicht da war. Vielleicht wäre ich sonst auch erschossen worden. Vielleicht hat Trey mir das Leben gerettet. Ich weiß es nicht.

Egal wie, ich krieg das alles nicht aus dem Kopf. Vor allem nicht, was ich in Moores Büro gesehen habe, unter seinem Schreibtisch. Da ist mir das Herz in die Hose gerutscht. Keine Ahnung, ob es sonst noch jemand bemerkt hat. Aber als die Sanitäter Moore rausgerollt haben, lag da Ramóns Haarbürste. Wie ist die da hingekommen, wenn Ramón nicht in dem Raum war?

Ich habe den Cops nichts gesagt, weil ich ja nicht *weiß*, was passiert ist, und das Letzte, was ich will, ist denen helfen, noch einen braunen Jungen hinter Gitter zu bringen. Aber, verdammt, es macht mich fertig.

Könnte Ramón das getan haben? Er soll doch einer von den Guten sein.

Ms. Williamson
J.B.s Mom

Lieber Gott im Himmel,

segne bitte meinen kleinen Jungen. Mein einziges Baby. In Demut bitte ich dich, Gott, vergib meinem wunderschönen Sohn die Sünden, die er begangen hat, und lass die Wahrheit ans Licht kommen. Die Wahrheit wird seine Unschuld beweisen.
    Hab Erbarmen, o Herr. J.B. ist ein gutes Kind, ein richtig gutes Kind. Er treibt sich nicht mit den anderen Kids draußen rum, er hat gute Noten, und er bringt sich nicht in Schwierigkeiten. Ich weiß, dass einer von den anderen Jungen das mit Mr. Moore war. Das kann nicht mein J.B. gewesen sein.
    Bitte, Gott, beschütze mein Baby.

Amen

J.B.s Befragung

(Transkript des offiziellen Verhörs)

DETECTIVE BO: Sag bitte deinen Namen für das Protokoll.
J.B.: J.B.
DETECTIVE ASH: Den vollen Namen.
J.B.: Jabari Williamson.
DETECTIVE BO: Wo wohnst du?
J.B.: Simple City.
DETECTIVE BO: Dann hängst du mit den Choppa Boyz ab?
J.B.: Nein, tu ich nicht.
DETECTIVE ASH: Wo bist du am zehnten Oktober ungefähr um halb sieben abends gewesen?
J.B.: ...
DETECTIVE BO: Du musst die Frage beantworten.
J.B.: In der Schule.
DETECTIVE BO: Wo in der Schule?
J.B.: Im Nachsitzraum.
DETECTIVE BO: Warum musstest du nachsitzen? Handelst du dir gerne Ärger ein?
J.B.: NEIN! Ich meine, nein, mach ich nicht. Ich hatte nicht mal was getan. Ich hätte gar nicht da sein sollen.

Das war das allererste Mal, dass ich überhaupt nachsitzen musste.

DETECTIVE ASH: Was hast du gehört?

J.B.: Nicht viel. Bloß den Schuss.

DETECTIVE BO: Und du hast niemanden in Moores Büro gehen oder rauskommen gesehen?

J.B.: Nein.

DETECTIVE ASH: Hast du Direktor Moore gemocht?

J.B.: ...

DETECTIVE ASH: ICH HABE GEFR–

J.B.: Ich habe Sie verstanden!

DETECTIVE ASH: Dann beantworte die Frage.

J.B.: Weiß ich nicht, Mann.

DETECTIVE BO: Und wie fühlst du dich jetzt, wo er tot ist? Immerhin hat dich die Moore-Methode gerettet.

J.B.: Moores Methode hat gar nichts für mich getan.

DETECTIVE BO: Hast du ihn deshalb umgebracht?

J.B.: Ich sag nichts mehr.

DETECTIVE ASH: Lass den Mist, Junge! Wie kam das ganze Blut von Moore auf dich, wenn du nichts damit zu tun hast?

DETECTIVE BO: Und erzähl uns von deinem Streit mit Moore, vorher an dem Tag.

J.B.: Na ja ...

DETECTIVE ASH: Muss ich dich daran erinnern, dass es nicht gut für dich aussieht? Red keinen Scheiß mehr! Kein *Weiß nicht*, keine Lügen mehr. Du kannst deinen Arsch am ehesten retten, indem du anfängst zu reden. Vielleicht ist der Richter gnädiger, wenn du das machst ...

Ein Tag vor dem Mord
J.B.

Kapitel eins

J.B.

Ich sitze in der Klasse und warte, dass Mr. Finley uns aufstehen und rausgehen lässt. Wir dürfen uns erst bewegen, wenn der Lehrer den Zeigefinger hebt, aber von weiter hinten in der Klasse ist das schlecht zu sehen. Es sind vier Tischreihen mit jeweils acht Plätzen, und weil ich groß bin, werde ich immer in die letzte Reihe gesetzt.

Ich starre auf Brandon Jenkins' Kopf. Der hat die Form von einer Erdnuss. Richtig schlimm. Wenn Brandon aufsteht, stehe ich auf. Wie üblich.

Ich blicke zu der Wand über dem Smartboard. Von da glotzt mir das Schulmotto entgegen: WE PROMISE. Wir versprechen es.

Allein die zwei Worte zu sehen, reicht, damit in meinem Kopf die Schulhymne abläuft:

Wir versprechen es.
Wir sind die jungen Männer der Urban Promise Prep.
Wir sind zu Großem bestimmt.
Wir sind gerüstet für das College.

Wir sind bereit für den Erfolg.
Wir sind außergewöhnlich, weil wir uns anstrengen.
Wir sind respektvoll, zielstrebig, verlässlich und konzentriert.
Wir sind die Wächter unserer Brüder.
Wir sind für unsere Zukunft verantwortlich.
Wir sind die Zukunft.
Wir versprechen es.

Das mussten wir auswendig lernen, als wir in der Sechsten hergekommen sind. Dreimal am Tag und auf Kommando. Öfter als den Treueschwur.

Ich sehe zu den anderen Jungs und frage mich, ob die Hymne auch noch in ihren Köpfen abläuft. Allen von uns ist eine bessere Zukunft *versprochen* worden. Nicht, dass wir so ein Versprechen echt bräuchten. Viele von uns werden wahrscheinlich mal was erreichen, mit oder ohne Direktor Moores Hilfe. Aber was weiß ich schon?

Es ist so, dass die meisten hier landen, weil sie in der regulären Schule nicht klarkommen. Jungs, die keiner unterrichten will, die keiner versteht. Direktor Moore sagt dauernd, dass sie der Grund sind, warum er diese Schule gegründet hat. Angeblich.

Ich schätze mal, größtenteils funktioniert es.

Ich hatte in der gesamten Grundschulzeit Probleme. Nicht, weil ich nicht schlau war. Aber keiner hat sich die Mühe gemacht, mich so zu unterrichten, dass ich gut lernen konnte. Damals habe ich nicht mal gewusst, dass es verschiedene Arten zu lernen gibt.

Und als die weiterführende Schule anstand, hat meine Mom einen Riesenaufstand gemacht, dass es keine öffentlichen Schulen in unserem Viertel gibt, auf die sie mich schicken möchte. Dann hat ihr jemand von meiner alten Schule eine Broschüre der Promise gegeben, der besten Privatschule nur für Jungen in der Stadt.

Aber schon vom ersten Tag an hat es mir hier nicht gefallen. Die Uniform nervt. Wir dürfen uns nicht mit den anderen Schülern »verbrüdern«. Man darf nicht reden, es sei denn mit Lehrkräften oder Erwachsenen. Keine Musik oder Handys. Man darf nicht mal farbige Schuhe oder Socken anziehen!

Und im Klassenraum darf man nicht aufstehen, es sei denn, die Lehrkraft reckt den Zeigefinger.

Das Patentrezept, um junge Männer zu formen, sagt Direktor Moore immer.

Brandon steht auf, also mache ich es auch. Die ganze Klasse springt gleichzeitig auf, wie ein Armee-Zug. Wenn wir nicht alle gleichzeitig aufstehen, verlangen die meisten Lehrkräfte, dass wir uns wieder hinsetzen und noch mal aufstehen, bis es perfekt läuft. Ein Grundsatz der Moore-Methode: *Mach alles ordentlich, vollständig, perfekt und mit Stolz.*

Will man schnell hier rauskommen, steht man also gleich beim ersten Versuch richtig auf.

Mr. Finley hält zwei Finger in die Höhe. Das heißt, dass wir uns alle zur Tür drehen dürfen. Wenn er drei Finger zeigt, stellen wir uns in eine Reihe, die Hände auf dem Rücken.

»Dyson, das gibt einen Punkt Abzug«, ruft er.

Sind die Hände nicht korrekt auf dem Rücken verschränkt, bekommt man einen Minuspunkt.

Dyson zuckt mit den Schultern und saugt durch die Zähne Luft ein.

»Das macht zwei.«
Ich schüttle den Kopf. Das hätte er sich denken können.
Jedes Konto fängt morgens mit hundert Punkten an. Und handelt man sich einen Minuspunkt ein, senkt die Lehrkraft den Kontostand in einer blöden, lauten App auf einem Tablet.
Die ganze Zeit hallt es *piep* ... *piep* ... *piep* durch die Korridore. Schlimmer als Fingernägel auf einer Tafel. Das Beschissene ist, dass man sich keine Punkte zurückverdienen kann, sondern nur welche verlieren. Das ist unfair.
Dyson kassiert noch einen. Ich schüttle wieder den Kopf. Garantiert muss er nachsitzen.
Ich gehe hinter Brandon und konzentriere mich darauf, nichts falsch zu machen. Mr. Finley hätte bei Dyson nicht so hart sein müssen. Der macht normalerweise keine Probleme. Anscheinend hat er einen schlechten Tag. Aber solche Sachen sehe ich ständig an dieser Schule. Kram, von dem ich nicht sicher bin, ob er anderen Kids oder dem Personal auffällt.
Sicher weiß ich es allerdings nicht, denn ich habe nicht viele Freunde an der Schule. Ich hab nie Basketball oder Football gespielt, deshalb gehöre ich nicht bei den Sportlern dazu. Und bei den Nerds, die die Promise lieben, noch viel weniger. Die feiern diesen Laden wie ein Fanclub oder so. Und ich mache eigentlich keinen Stress mehr, also erwischt man mich auch nicht bei den »Rowdys«, wie Direktor Moore sie nennt. Die einzige Lehrkraft, die ich leiden kann, ist Mrs. Hall, weil sie es easy mit uns angeht, sobald die Klassentür geschlossen ist. Bei ihr muss

ich mir keine Sorgen um mein Punktekonto machen, solange wir mitarbeiten.

Schaff es einfach durch den Tag, denke ich. Und ich muss mich an meinen Plan halten: Nicht auffallen, gute Noten schreiben und dafür aufs College kommen, weit weg von hier.

Wir gehen der Reihe nach auf den Flur und dann alle in unterschiedliche Richtungen zu den Schließfächern.

»Auf, auf, junge Männer!«, ruft Direktor Moore, der seine übliche Runde macht. »Gelehrte vergeuden keine Zeit. Könige bewegen sich zielstrebig – und das seid ihr alle.«

Er ist ein großer Kerl, jedenfalls für die meisten. Ich bin einen Meter neunzig und noch ein Stück größer als er.

»Weiter geht's! Lasst uns einen vielversprechenden Tag genießen, junge Männer.« Seine tiefe Stimme hallt durch die Korridore. Er richtet seine Krawatte. Moore ist so ein Typ, der bis oben zugeknöpft ist. Immer. Der perfekte, blitzblanke schwarze Luxuswagen. Die perfekte Lederaktentasche mit seinen Initialen vorne drauf. Er zieht sich sogar perfekt an. Der Krawattenknoten, die blitzende Gürtelschnalle, das gefaltete Taschentuch vorn in seiner Brusttasche. Der Mann ist fresh. Aber voll gemein.

»Die Schuhe müssen geputzt werden, Malcolm. Hol dir Schuhcreme bei Ms. Tate in meinem Büro.«

»KeyShawn, da sind zu viele Falten in der Hose. Das kannst du doch besser. Lass dir das Bügeleisen von Dean Hicks geben und mach dich vorzeigbar.«

»Zeit für einen Haarschnitt, Hugh. Siehst ein bisschen verkommen aus. Das geht nicht. Komm nach dem Unterricht zu mir, ich entstaube mal meine Haarschneidemaschine.«

Spitzenleistung. Noch ein Grundsatz der Moore-Methode: *Perfektion, Spitzenleistung und Disziplin.* Aber wenigstens sind wir ihm nicht egal.

»Junger Mann, vermisst du deine Krawatte?« Direktor Moore ist über einen der kleineren Jungen gebeugt.

»Ja, Sir«, antwortet der Junge und sieht zu seinen Füßen.

»Halt den Kopf hoch.«

Das Kid tut es, vermeidet aber direkten Augenkontakt.

»Sollst du ohne Krawatte in der Schule sein?«

»Nein, Sir.«

»Also hast du entschieden, nicht nur dir selbst gegenüber respektlos zu sein, sondern auch der Schule?«

»Nein, Sir. Ich wollte zu keinem respektlos sein.«

»Niemandem«, korrigiert Direktor Moore.

»Es kommt nicht wieder vor«, murmelt der Junge.

»Das weiß ich. Wir sehen dich beim Nachsitzen.« Moore geht weg.

Wir alle gucken uns gegenseitig an. Der Junge tut uns leid, aber keiner kann ihn aufmuntern, wegen der stillen Flure und so. Ich werde meinen Punktestand bestimmt nicht riskieren.

Übrigens kenne ich den Jungen. Solomon. Ich bin mir nicht sicher, ob es Moore überhaupt interessiert, doch wie eine Menge Familien in dieser Stadt hat die von Solomon zu kämpfen. Ich weiß nicht, vielleicht hat er nur eine Krawatte und damit ist irgendwas passiert. Was natürlich für Moore keine Entschuldigung ist. Das ist ihm völlig egal.

Das Krasse ist, dass Solomon zu den Kids gehört, die *gerne* an der Promise sind.

Aber ich habe keine Zeit, irgendwen zu retten. Ich hole meine Sachen aus dem Schließfach und kümmere mich um meinen eigenen Kram.

Ich muss hier raus.

Ich gehe durch die Schultür nach draußen, und es juckt mich in den Füßen, die perfekte Reihe zu verlassen. Trotzdem warte ich, bis wir auf dem Gehweg sind, damit wir nicht alles noch mal wiederholen müssen. Die Sonne scheint auf mich, und die vertrauten Stadtgeräusche umgeben uns. Nach einem Tag Stille tut dieser Soundtrack gut. Es gibt buchstäblich kein geileres Gefühl, als die Promise Prep hinter sich zu lassen. Das Gewicht, das ich den ganzen Tag mit mir rumschleppe, fällt von mir ab, und meine Schultern werden breiter.

Als das Schulgebäude immer weiter aus meinem Sichtfeld rückt, entspannt sich sogar meine Zunge und ich hab das Gefühl, dass ich wieder wie in meiner Gegend reden kann, in Southeast. Die Promise ist in Northeast, was kein tolles Viertel ist, aber auch nicht so schrecklich wie meine Hood, Benning Terrace.

Ich lockere meine Krawatte und kann es kaum erwarten, zu Hause zu sein und aus dieser Uniform raus. Aus dem marineblauen Blazer und der passenden, gerade geschnittenen Hose, die nicht zu weit oder tief sitzen darf. Dem blauen Hemd, zu dem eine gelb-blau-gestreifte Krawatte sein muss. Und den schwarzen Schnürschuhen mit harter Sohle, die das Ganze abrunden. Das ist echt zu viel.

Ich geh zum Bus, da kommt eine Textnachricht von

Mom, dass ich noch zum Laden soll, Hähnchenbrüste und eine Zwiebel kaufen. Wahrscheinlich wusste sie, dass ich vergessen würde, das Hähnchen, das wir noch im Tiefkühler haben, zum Auftauen rauszuholen.

Ich dreh um und geh zurück zu Mariano's Grocery. Dabei komm ich an einer Menge Typen vorbei, die ich kenne. Alle gehen nach der Schule zu Rocky's, dem Laden an der Ecke, stehen zusammen rum und quatschen. Ich ignoriere sie aber und gehe direkt an ihnen vorbei. Keine Zeit, mich mit ihnen einzulassen.

Als ich die zehn Blocks langwandere, versuche ich, meinen Kopf leer zu bekommen. Aus irgendeinem Grund kann ich nicht aufhören, an Solomon zu denken. An seinen Blick und wie er sich geduckt hat, als Moore auf ihn los ist. Deshalb stecke ich mir die Ohrhörer rein, hör mir einen neuen Beat an, den ich gemacht habe, und überlege mir die idealen Lines dazu. Ich muss mich ablenken.

Im kleinen Supermarkt ist viel los. Ich gehe mit einem Korb durch die Gänge und versuche, möglichst schnell zu holen, was meine Mom braucht. Im Süßigkeitengang will ich schon eine Packung *Now and Laters* greifen, als ich höre, wie jemand meinen Namen sagt. Ich reiße die Ohrhörer raus.

»J.B., lächle mal! Dann geht es dir besser! Alles okay?« Es ist Mrs. Hall, und ich bin überrascht, sie ausgerechnet hier zu sehen. Sie ist eine von den Lehrkräften an der Promise, die von Anfang an dabei sind, und eine der wenigen, die anständig sind. Aber trotzdem will man sich mit ihr keinen Ärger einhandeln. Nicht mal Direktor Moore traut sich, ihr gegenüber den falschen Ton anzuschlagen. Als sie uns sagte, sie würde für längere Zeit in Elternzeit gehen, waren alle baff. Sie sah nicht mal schwanger aus. Aber was weiß ich schon?

Sie kommt auf mich zu.

»Hi, Mrs. Hall, mir geht es gut, danke. Was machen Sie hier?«

Ihr Einkaufswagen quillt über von gesundem Kram, wie ich es bei jemandem wie ihr erwarten würde, doch als sie näher kommt, bemerke ich, dass da drin auch zwei Kartons mit Weinflaschen stehen, die klirrend aneinanderstoßen. Komisch. Darf man so viel Wein trinken, wenn man ein Baby bekommt? Aber meine Mom würde sagen, ich soll mich um meinen eigenen Kram scheren.

»Dasselbe wie du, wie es aussieht.« Mrs. Hall lächelt, doch ihr Blick wirkt traurig, und sie beißt sich immer wieder auf die Unterlippe.

»Ja«, sage ich. »Ich besorg nur ein paar Sachen für meine Mom.«

»Ist in der Schule alles in Ordnung?«, fragt sie und sieht mich aufmerksam an.

Ich zucke mit den Schultern. »Wie immer, Ma'am.«

Wie immer beschissen, will ich sagen, behalte es aber für mich, was meine Mom für eine schlechte Angewohnheit hält.

Mrs. Hall wiegt sich von links nach rechts, ein bisschen komisch, vielleicht abgelenkt.

»Geht es *Ihnen* denn gut?«, frage ich. »Sind Sie in der Schule gewesen?«

»Oh, mir geht es prima«, antwortet sie. »Nur ... das Unterrichten fehlt mir schon. Ich sorge mich immer um euch Jungs. Ich war bei einem Meeting mit Direktor

Moore, ja. *Das* lief ungefähr so klasse wie erwartet.« In ihrer Stimme klingt Wut mit.

Wir beide schweigen verlegen. Ich will etwas sagen, aber sie macht ihren Rücken gerade, vielleicht weil ihr wieder bewusst wird, wo wir sind und mit wem sie redet – einem Schüler, keinem Erwachsenen. Dann verabschiedet sie sich und verschwindet um die Ecke in einen anderen Gang.

»Das war schräg«, murmle ich.

Ich gehe zur Kasse. Alle Plätze zum Selbstscannen sind besetzt, sodass ich zu einer Kassiererin muss, die eine Show daraus macht, den Zwanzigdollarschein zu prüfen, den ich ihr gebe. Ob er auch nicht gefälscht ist. Ich bemühe mich, cool zu bleiben. Alles gut. Das kenne ich schon. Aber wenn ich deswegen meinen Bus verpasse, raste ich aus.

Endlich lässt sie mich gehen und ich renne, schaffe es noch knapp in den Bus. Ich drängle mich durch die Feierabendmenge und hoffe, noch einen freien Platz zu finden, obwohl ich weiß, dass die Chancen gegen null gehen.

Ganz hinten sehe ich einen, doch als ich darauf zusteure, erkenne ich, dass er neben Unk ist, dem alten Typen, der dauernd in unserer Gegend rumschleicht. Ich bin eher nicht in der Stimmung, mich zuquatschen zu lassen, aber zum Glück ist er komatös, wahrscheinlich schläft er seinen Rausch aus. Wäre er wach, würde er ohne Ende labern, entweder irgendwas durchblicken lassen, was angeblich nur er weiß, irgendwelche Lebensweisheiten raushauen oder eine wilde Verschwörungstheorie von sich geben, die so absurd scheint, dass sie schon wieder wahr sein könnte.

Ich hole mein Handy hervor, stecke die Ohrstöpsel rein

und mache mit meiner Musik weiter. Ich schreibe ein paar Lines zu dem Beat.

Shawty, I'm into you, not metaphorically though, the physical.

Eine ziemlich dumpfe Art, eine Strophe anzufangen. Nicht dass ich das jemals dem Mädchen vorrappen würde, an das ich beim Schreiben denke. Keyana. Sie ist mit Abstand das tollste Mädchen in meiner Gegend. Mit diesem warmen braunen Teint und der glattesten Haut, die ich je gesehen habe. Das Haar fällt ihr bis zu den Schultern, und jede Strähne lockt sich auf ihre eigene Art. Und die Haarfarbe ist Pechschwarz, die verändert sich nicht im Sonnenlicht oder so.

Keyanas Augen sind der Hammer. Wenn das Licht richtig auf sie fällt, funkeln sie genauso wie ihr Lächeln.

Aber vor allem will Keyana dasselbe wie ich: Es aus Benning Terrace rausschaffen und was Großes machen. Etwas Besseres als alle Leute, die wir zu Hause sehen.

Wir haben schon einige Male abgehangen, aber sie ist immer vorsichtig. Sie hat mir erzählt, dass sie eigentlich keinem Typen mehr traut, seit irgendein Arsch einige von ihren Textnachrichten rumgeschickt hat. Das kann ich verstehen. Ich habe ihr angeboten, dass ich ihn für sie zusammenschlagen könnte, aber sie will mir nicht sagen, wer es war. Ich weiß allerdings, dass er auf ihre Schule geht, die Anacostia High.

Ich blicke aus dem Busfenster. Die Schule ist links. Ich recke den Hals, weil ich hoffe, Keyana draußen zu sehen.

Aber sie ist wahrscheinlich schon nach hinten weg. Wir müssten zusammen auf dieser Highschool sein.

Leider denkt jeder (meine Mom eingeschlossen), dass die Promise besser ist und sowas von perfekt, wegen der Rate an College-Annahmen. Die Leute ahnen ja nicht, dass die Promise sich jeden erdenklichen Grund ausdenkt, um Kids rauszukicken, wenn sie null Chancen haben. Die werden rausgeschmissen und landen im vorletzten oder letzten Jahr auf den Schulen in ihrer Gegend, wo ihnen keiner hilft. Und hatten sie vorher schon eine verschwindend geringe Chance auf einen Collegebesuch, ist die endgültig dahin, wenn ein Schulrauswurf in ihrer Akte steht.

Der Bus hält kreischend an. Ich springe raus und gehe zum Benning-Terrace-Komplex. Simple City. Zuhause. Das Tor quietscht, und ich weiche dem Wasser aus, das von der Decke tropft. Irgendein unentdecktes Leck, das nicht repariert wird. Der Wohnkomplex ist eine der ältesten Sozialsiedlungen in Washington, und keiner kümmert sich hier um die Instandhaltung. Die Stadtverwaltung behauptet immer wieder, sie wollen es abreißen und was Neues bauen, und alle regen sich auf. Na ja, die Schwarzen jedenfalls. Die Leute, die hier wohnen. Die diese Stadt aufgebaut haben. Mir würde es nicht allzu viel ausmachen. Das gäbe uns wenigstens einen Vorwand, woanders hinzuziehen.

Ich laufe durch den A-Block und über den Innenhof zu unserer Wohnung.

Als ich näher komme, sehe ich Bando. Er ist einige Jahre älter als ich. Glaube ich. Bei Typen wie ihm kann man das nie genau sagen. Hin und wieder bitte ich ihn, mir eine Zigarette oder ein Bier zu kaufen, also schätze

ich, er muss über einundzwanzig sein, weil keiner ihm Fragen stellt. Wobei er auch so ein Typ ist, der einen gefälschten Ausweis haben könnte, also keine Ahnung. Und sowieso legt man sich nicht mit ihm an. Er hat einen Ruf. Wir alle kennen die Gangster, die nur Papier nehmen.
»J.B., was läuft?« Bando gibt mir die Faust, und seine Hände sind superverschwitzt und heiß.
»Nicht viel. Ich komm grad aus der Schule.«
»Klar, komm mal kurz mit.«
Bando gibt einem eigentlich keine Chance, Nein zu sagen. Er redet irre schnell, und ich habe sogar mal zugesehen, wie er sich aus einer Vorladung wegen Gras rausgequatscht hat. Göttlich.
Ich folge ihm um die Ecke in die Gasse hinter unserem Block. »Wo gehen wir denn hin?«
»Siehst du gleich.« Bando stellt sich zwischen zwei große blaue Müllcontainer und greift in die Designertasche, die er bei sich hat. Er ist immer mit was Neuem am Start. »Check das mal.«
Er holt eine Pistole hervor und hält sie in seiner Hand, so lässig, als würde er mir eine Baseball-Sammelkarte oder so zeigen. Das Ding ist silbern mit schwarzem Griff. Klein, kompakt. Mir wird schlecht, als ich hinsehe. Ich habe schon Waffen gesehen, aber die hier ist echt nah an mir. Zu nah. Doch ich mach ein Pokerface – keiner darf mich schwitzen sehen.
Von Waffen verstehe ich nicht viel, aber ich rate mal, um was zu sagen. »Ist das 'ne .38?«
»Verdammt, ja! Und ich lass sie dir auch für 'nen guten Preis. Was hast'n vor?«
Panik überkommt mich. Ich schlucke und schüttle den

Kopf. »Nee, schon gut, Alter. Aber hübsches Teil.« Ich will damit nichts zu tun haben.

»Ja, und ob! Du weißt ja, ich setz auf Qualität. Scheiße, sag Bescheid, wenn du es dir anders überlegst. Du weißt ja, wo du mich findest.«

Weiß ich. Was irgendwie traurig ist.

Ich verlasse die Gasse, und Bando geht pissen.

Dann, als ich zum Block komme, sehe ich sie. Keyana. Ich erstarre und rieche erstmal an mir.

Am meisten hasse ich an mir, dass ich schwitze. Jedes Mal, wenn ich nervös, verlegen, unsicher oder sonst was werde, passiert es. Meine Haut wird heiß und meine Achselhöhlen flippen aus. Mein Hemd ist schon halb durchnässt, weil Bando mir die Waffe gezeigt hat, und jetzt wird es noch schlimmer.

Ich hole tief Luft und versuche, mich zusammenzureißen. Sicherheitshalber werfe ich ein Kaugummi ein, damit wenigstens mein Atem okay ist. »Beruhig dich«, flüstere ich mir zu.

Keyana sieht mich noch nicht. »Sieh her, sieh her«, murmle ich leise. Ich will das strahlende Lächeln, wenn sie mich bemerkt. Dann wird sie die Augen verdrehen und genervt tun, so wie alle Mädchen, dabei weiß ich genau, dass sie mich auch sehen will.

Und sie fängt an aufzublicken, aber da hält ein schwarzer BMW neben ihr. Das Beifahrerfenster gleitet nach unten.

»Alles klar, Kleine?«

Keyana beachtet den Typen nicht und geht weiter, aber er folgt ihr, und der Wagen kommt immer näher. Sie schaut sich um und entdeckt mich. Doch anstatt zu lächeln, sagt sie mir mit einem Blick: *Hilf mir!*

Der Dude springt aus dem BMW. »Ey, hörst du mich?«

Gelächter kommt aus dem Wagen. Es ist noch jemand anders drinnen.

Der Typ packt Keyana am Arm und dreht sie zu sich, weg von mir.

»Ey, langsam. Was rennst du? Spät dran oder so? Wir können dich mitnehmen. Wo willst du hin?«

»Nein, danke, schon okay«, antwortet Keyana.

»Sicher?«

»Ja.« Sie macht einen Schritt zurück.

»Na, gib mir wenigstens deine Nummer, wo ich schon so nett bin.« Er leckt sich die Lippen.

Ich renne ein wenig und gehe dazwischen. »Keyana, kennst du den?«

Beide sehen zu mir. Aus der Nähe wirkt der Dude ein bisschen älter, achtzehn vielleicht. Aber ich bin größer als er. Er mustert mich von oben bis unten und weicht ein wenig zurück.

Obwohl ich früher Angst vor Prügeleien hatte, nutze ich meine Größe dauernd, um Leute einzuschüchtern. Und bis zur Mittelschule musste ich mich auch tatsächlich nie prügeln. Seitdem habe ich aber so viele Kämpfe gewonnen, dass es mir nicht mehr so viel ausmacht. Ich meine, ich fange nie an, aber ich find's nicht schlimm, die Sache zu Ende zu bringen.

»Wer bist du?«, fragt der Dude.

»Ihr Freund, und du?«

Natürlich bin ich eigentlich nicht ihr Freund, auch

wenn ich es gern wäre. Aber einige der Mädchen hier bitten mich, dass ich sowas behaupte, wenn sie angequatscht werden. Fakt ist, dass keiner darauf reinfällt, denn wir alle kennen das Spiel.

Der Typ macht einen Schritt auf mich zu. »Willst du mich verarschen?«

Als wir näher aufeinander zugehen, kommt Keyana dazwischen. Sie sieht mich an. »Schon okay, Babe, gehen wir.«

Wir entfernen uns.

Der Dude kommt hinter uns her und ruft: »Mann, deinen hässlichen Arsch will sowieso keiner!«

Keyana drückt meine Hand, weil sie wahrscheinlich fühlt, wie gerne ich mich umdrehen würde.

»Scheiß Blödmann«, sagt er.

Ich ticke aus.

Ich dreh mich um.

»Was hast du gesagt?«

»Du hast mich gehört, Blödmann.« Er sieht mich wütend an.

Ich könnte das hier auch anders regeln, aber vielleicht liegt es daran, dass Keyana neben mir steht. Oder daran, dass ich einen langen Tag in der Schule hatte? Oder daran, dass ich es hasse, nicht respektiert zu werden? Vielleicht ist es eine Kombi aus allen drei Sachen.

Jedenfalls schlage ich zu.

Ich verpasse dem Dude einen harten rechten Haken, und er sackt zusammen. Sein Kumpel kommt aus dem Wagen angerannt, um ihm aufzuhelfen. Der will eindeutig keinen Ärger mit mir.

Keyana zieht an meiner Hand. Ich wage nicht, mich

umzudrehen und sie anzusehen, weil ich weiß, wie enttäuscht sie sein muss.

Ich hab's vermasselt. Ich hätte cool bleiben sollen.

Sie zieht wieder an meiner Hand. »J.B., gehen wir!«

Jetzt guck ich sie doch an und rechne damit, dass sie sauer auf mich aussieht. Doch ihre Augen strahlen, und sie wirkt sogar richtig aufgedreht.

»Komm, verschwinden wir von hier!« Sie lacht beinahe.

Inzwischen hat sich eine kleine Menge gebildet. Einige filmen, wie der ausgeknockte Typ von seinem Kumpel zum Wagen geschleppt wird.

Keyana und ich gehen in die andere Richtung. Unser Gang wird beschwingter, dann joggen wir fast. Und ich fange wieder zu schwitzen an, als ich erkenne, wohin wir laufen.

Zu ihr nach Hause.

Kapitel zwei

J.B.

Wir sitzen auf Keyanas Bett, und sie hält mir ein Eispäckchen auf die rechte Hand. Ich hab den Dude genau an den Zähnen erwischt. Aber ich versuche, den Schmerz nicht zu beachten. Ich bin noch nie bei Keyana zu Hause gewesen, schon gar nicht in ihrem Zimmer, und es sieht genauso aus, wie ich es mir vorgestellt habe: Zeitschriftenausschnitte, alte Hiphop-Poster und Album-Cover reihen sich an den Wänden. Alles ist sauber und ordentlich, und es riecht richtig gut.

Während Keyana meine Hand versorgt, betrachte ich ihr Gesicht, die Wölbung ihrer Lippen, die langen Wimpern und die winzigen Sommersprossen auf ihrer Nase. Ich möchte sie küssen. Ich möchte wissen, wie ihr Mund schmeckt. Ich möchte ihr nah sein. Ich versuche wegzusehen, kann ich aber nicht.

Keyana unterbricht meinen Tagtraum. »Bist du okay?«

»Hä? Ja, alles gut. Und du?«

»M-hm.« Sie lacht. »Das hättest du übrigens nicht machen müssen. Das eben.«

»Aber der hätte dich nicht so behandeln dürfen. Er hat sich im Ton vergriffen.«
»Ja, klar, du hast recht. Das hat er definitiv verdient.«
Vom Sonnenuntergang fällt goldenes Licht durchs Fenster auf ihre braunen Augen. Total sexy. Ich möchte die Arme um Keyana schlingen und ihre weiche Haut an meine drücken. Ich möchte, dass sie fühlt, wie mein Herz hämmert, wenn ich in ihrer Nähe bin. Und ich möchte, dass sie weiß, was ich für sie empfinde.
»Also ... hast du das ernst gemeint, was du gesagt hast?«, fragt sie.
»Was?«
Sie zieht eine Augenbraue hoch. »Dass du mein Freund bist. Das war ziemlich überzeugend.«
»Wie soll ich das ernst meinen? Du weißt doch, dass du nicht mein Mädchen bist.«
»Weil du viel unterwegs bist. Wahrscheinlich redest du mit allen möglichen Mädels.«
Ich lächle und schüttle den Kopf. »Nee, gar nicht.«
Viele meinen, ich wäre ein Player. Ich weiß nicht genau, warum, denn ich bin erst einmal mit einem Mädchen zusammen gewesen. Es gibt Typen in meinem Block, die erzählen, sie wären 24/7 mit Frauen zusammen. So bin ich nicht. Nicht, weil ich nicht könnte. Mädchen stehen auf mich, das weiß ich ... aber ich bin selten interessiert. Außer bei Keyana.
Ich brauche mehr als ein hübsches Gesicht. Ich brauche eine, für die ich ein besserer Mensch sein will. Und Keyana bewirkt das bei mir. Sie ist klug, begabt und kann superwitzig sein. Ich bewundere sie, und sowas passiert mir wirklich nicht oft.

Doch jedes Mal, wenn wir uns näherkommen, zieht sie sich zurück und behauptet, ich würde es nicht ernst meinen oder hätte andere Mädchen. Nichts könnte weiter von der Wahrheit entfernt sein. Das muss ich ihr beweisen.

»Selbst wenn es so wäre, würde ich es für dich ändern.« Ich lecke mir die Lippen, wie ich es bei älteren Jungen im Block gesehen habe. Was vermutlich bescheuert ist. Ich habe keine Ahnung, ob ich cool aussehe oder wie ein Vollidiot. *Bleib ruhig. Sei cool*, denke ich. Wenn die Nervosität kommt, geht auch das Schwitzen los.

»Ja, klar.« Keyana packt ihr improvisiertes Erste-Hilfe-Set weg.

Wenn es jemals eine Chance gegeben hat, aktiv zu werden, ist es diese. Ich sitze auf ihrem Bett, und wir sind unter uns. Aber immer noch will eine kleine Stimme in mir nichts überstürzen. Ich muss wissen, dass sie mich so sehr will wie ich sie.

Und der Moment muss perfekt sein.

»Ich hab was für dich.« Ich hole mein Handy hervor und versuche, meine Hände vom Zittern abzuhalten.

»Ach ja, und was?«

Ich denke, dass es nur eine Sache gibt, die Keyana zeigen kann, wie ernst es mir mit ihr ist. Die eine Sache, die ich nie jemandem zeige. Meine Reime.

Ich räuspere mich und lese vor, was ich vorhin geschrieben habe ...

»... Shawty, I'm into you, not metaphorically though, the physical

Scared to tell you I'm digging you, don't know if it's reciprocal.

These feelings nonsensical, I can't escape it.

I love your beautiful tone, you perfectly shaded,
Let me serenade you, with –
Sweet soliloquies solidified by googly eyes,
Google couldn't find the love I can provide,
It's something Wikipedia couldn't describe and dictionary dot com couldn't define,
I'm just hoping you'd be mine.«
Als ich fertig bin, wird es still im Zimmer. Ich bin wie erstarrt, unfähig, mein Handy wegzulegen. Ich will keinen Augenkontakt. Eine Schweißperle rinnt mir über den Rücken.

Findet sie das peinlich?

Schließlich bringe ich den Mut auf, sie anzusehen, und erkenne, dass Keyana ein Grinsen unterdrückt. »Verdammt, und das kannst du nicht auswendig?«

Wir beide lachen.

»Und, gefällt's dir?«, frage ich.

»Klar. Du hast dein Ding gemacht oder so.« Sie lächelt mich schüchtern an.

»Das habe ich für dich geschrieben.«

»Ach ja?« Sie senkt den Blick, unschuldig, fast traurig. Ich weiß nicht, warum, aber irgendetwas sagt mir, dass ich sie näher an mich heranholen sollte. Also nehme ich ihre Hand und ziehe Keyana vorsichtig näher zu mir.

»Sind deine Leute zu Hause?«, frage ich.

»Nein, wahrscheinlich sind sie noch eine Weile weg. Warum?«

»Nur so.« Ich hole tief Luft.

Keyana grinst mich an. Ich glaube, sie weiß, was ich denke.

Sie rückt auf der Bettkante noch näher zu mir. Ich lege

meine Hände an ihre Hüften, sie hebt ihre an meine Brust. Unsere Blicke begegnen sich keine Sekunde lang, ehe unsere Lippen zu Magneten werden.

Als wir uns küssen, schießt mir ein Stromschlag durch den Körper. Ich versuche, in dem Gefühl zu versinken. Ich küsse das Mädchen, das ich mag. Es passiert wirklich.

Keyana weicht zurück.

Ich reiße die Augen auf. »Alles okay?«

»Ja, alles gut. Tut mir leid.«

»Nein, du musst dich nicht entschuldigen. Sag mir einfach, was ich falsch gemacht habe.« Ich nehme ihre Hand.

Keyana zögert und nagt an ihrer Unterlippe. Sie öffnet und schließt den Mund mehrmals, bevor die Worte endlich herauskommen. »Es ist nicht das, was du machst, sondern was du machen wirst.«

»Was meinst du?! Was werde ich denn machen?« Meine Gedanken rasen. Was befürchtet sie? Merkt sie denn nicht, was ich fühle?

Sie sieht mir in die Augen. »Ich mag dich wirklich, J.B. Also mehr als irgendwen sonst, und ich bin schon einige Zeit in dich verknallt, gestehe ich.«

Ich fange an zu grinsen, kann gar nichts dagegen tun.

Sie lehnt ihren Kopf an meine Schulter. »Und ich habe solche Angst, dass ich, na ja, mich darauf einlasse und dann sehe, dass du mich gar nicht so magst.«

Es ist schräg, sie so verletzlich zu sehen. Das schönste Mädchen der Welt, und sie macht sich Sorgen, wie sehr *ich sie* mag?

»Keyana, ist dir klar, dass ich ständig an dich denke? Ich habe noch kein Mädchen so sehr gemocht. Weil du anders bist, und das sehe ich. Du musst doch erkennen, dass ich auch anders bin.«

Sie setzt sich auf. Ihr Blick wirkt überrascht, und sie schürzt die Lippen. Ich sehe ihr an, dass sie nachdenkt.

Ich nehme sie in die Arme. »Ich werde dir nie wehtun, Keyana. Ich will dich nur beschützen.«

Sie blickt mich an. »Versprichst du es?«

»Ja, ich verspreche es«, versichere ich ihr.

Sie küsst mich wieder.

»Bist du bereit, mein Mädchen zu sein?«, frage ich.

Sie wird rot. »Ja.«

»So richtig?«

»Ja, so richtig.«

Es geht so schnell und leicht, dass ich nicht mal weiß, wie ich es verarbeiten soll.

Ich habe es getan. Ich habe Keyana Glenn eben zu meiner Freundin gemacht.

Sie küsst mich wieder, drückt mich auf das Bett, und ich ziehe sie mit mir nach unten.

Einen kurzen Moment lang sind alle meine Sorgen vergessen. Mir ist die Promise Prep egal. Mir ist egal, ob ich aufs College gehe. Mir ist sogar egal, es raus aus Benning Terrace zu schaffen. Alles, was mich interessiert, ist das Mädchen vor mir, und zum Glück vertraut sie mir genug, um sich mit mir zu teilen.

Als es vorbei ist, sehen wir uns an, bis wir beide zu kichern anfangen.

»Was ist so witzig?«, fragt sie.

»Nichts, du bist nur niedlich.« Ich küsse sie auf die Stirn.

»Glaubst du?«
»Das weiß ich.«
Sie lächelt. »Du bist auch niedlich.«
Sie will mich wieder küssen, und dann ... *Rumms*. Die Haustür unten knallt zu, und Keyana gerät in Panik. »Ich glaub, das ist meine Mom!« Sie springt auf wie ein Karate-Kid und flitzt zum Fenster. »J.B., komm schon! Du musst weg!«

»Soll ich etwa aus dem Fenster springen?!« Ich schnappe mir meine Sachen und versuche, sie in Lichtgeschwindigkeit anzuziehen.

»Mann, du bist scheißgroß, da fällst du nicht tief!«, erwidert Keyana und schiebt mich vorwärts.

Ich lache, als ich zum Fenster eile, drehe mich allerdings noch um und küsse sie ein letztes Mal.

»Ich rufe dich heute Abend an«, sagt sie.

Ich stürze ab.

Was den Fall angeht, lag Keyana falsch, doch das war es wert.

Kurz vor Einbruch der Dunkelheit bin ich zu Hause. Sobald ich die Tür öffne, weht mir Hähnchenduft entgegen, dass mir das Wasser im Mund zusammenläuft. Ich schätze, das Fleisch aus dem Tiefkühler ist doch noch rechtzeitig aufgetaut. Das Brathähnchen meiner Mom gibt es nur, wenn entweder was richtig Gutes oder was richtig Schlechtes passiert ist. Ich werde nervös, als ich durch den Flur gehe, und hoffe, dass Mom nicht weinend am Herd steht. Hoffentlich ist es diesmal was Gutes, ein Grund zum Feiern.

»Ma?«

»In der Küche!«, ruft sie zurück.
Ich gehe hin und kann sie vor lauter Dampf vom Herd kaum sehen. Sie summt eines ihrer Kirchenlieder. Ein gutes Zeichen. Wenn richtig üble Sachen passieren, summt sie nicht.
»Was gibt's, Ma?«
»Warum kommst du so spät?« Sie kneift die Augen zusammen und mustert mich, als suche sie nach der Lüge.
»Mann, der Bus hatte eine Panne und ich musste laufen.« Ich sehe weg, weil sie mir nicht ansehen soll, dass ich schwindle.
»Aha, und hast du mir die Sachen im Laden besorgt?«
Ich hole die Einkäufe aus meiner Tasche und werfe sie in den Kühlschrank. Dabei bete ich, dass das Hähnchen nicht schlecht geworden ist, weil ich einen Umweg gemacht habe.
»Wie war die Schule?«, fragt sie.
»Wie Schule eben.«
Sie sieht wieder in ihren Topf. »Geh dich waschen, das Essen ist bald fertig.«
»Okay. Und wie fühlst du dich?«
Meine Mutter sieht mich mit hoffnungsvollem Blick an. »Ich fühle mich okay, Baby.«
Ich nicke. Manchmal folgt auf was richtig Gutes nicht gleich was richtig Schlechtes. Es scheint einer dieser Tage zu sein.
Ich gehe in mein Zimmer und fange an, von Keyana zu träumen. Ich frage mich, ob sie Brathähnchen mag. Ich möchte für uns so gut kochen lernen wie meine Mom.
Keyana soll kein Leben wie meine Mom haben. Sie verdient was Besseres. Deshalb strenge ich mich in der

Schule so an, damit ich für meine Mom und meine zukünftige Frau sorgen kann.

Ich blicke zu dem Riss, der immer noch in meiner Zimmerdecke ist. Der Vermieter ignoriert Moms Anrufe, dass das repariert werden muss, ihm ist das egal. Ich kann es kaum erwarten, Geld zu verdienen und sie hier rauszuholen.

Ich fange eine Textnachricht an Keyana an, bremse mich dann aber. Ich will nicht zu viel Druck machen. Lieber soll sie erst mir schreiben. Aber was, wenn sie dasselbe denkt und mir auch nicht schreibt?

Es juckt mir in den Fingern. Hmm. Wenn ich zu lange warte, denkt sie vielleicht, dass ich nicht an sie denke. Warum muss das so schwierig sein? Ist Liebe so? Bin ich verliebt? Wahrscheinlich, oder?

Ich schreibe Keyana.

> J.B.: Weiß deine Ma, dass ich da war?

> Keyana: Nein, alles gut.

> J.B.: Wann rufst du mich an?

> Keyana: Um 8, wenn ich die Hausaufgaben fertig habe.

Ich grinse. Keyana ist so gut organisiert, das liebe ich. Ich mache mich frisch und gehe ins Esszimmer. Inzwischen habe ich wirklich Appetit.

Doch dann schmecke ich Moms Hähnchen nicht mal richtig, weil ich es runterschlinge, dabei nur auf mein Handy starre und warte, dass die Zeitanzeige auf 20:00 springt.

Als es klingelt, renne ich weg vom Tisch.

»Junge, wenn du nicht –«

Mehr höre ich nicht, weil ich schon in meinem Zimmer bin und vor dem dritten Klingeln rangehe.

»Hey ...« Ich bemühe mich, meine Stimme ruhig klingen zu lassen, nicht so, als wäre ich eben in mein Zimmer gerannt.

»Hey«, antwortet sie. Ihre Telefonstimme ist so schön. Ich könnte ihr stundenlang zuhören.

Ich lege mich aufs Bett und beginne, einen Haufen Fragen zu stellen. Wir reden darüber, dass es Schicksal gewesen sein muss, als ich sie an meinem Block gesehen hab, auf dem Rückweg von der Wohnung einer Freundin. Sie nennt mich albern, weil ich dem älteren Typen eine verpasst habe, und das gefällt mir. Es gibt mir das Gefühl, dass ich mein Mädchen beschützen kann. Wir reden darüber, wie gut wir uns zusammen fühlen. Über unsere Zukunft, wie wir es raus aus Benning Terrace schaffen und eines Tages in Hollywood wohnen werden. Ich werde ein berühmter Rapper und Keyana Rechtsanwältin. Wir werden ein Power-Paar sein.

»J.B., spiel nicht mit mir, ich warne dich«, sagt sie.

»Du musst dir keine Sorgen machen, Key.« Ich hoffe, sie hört, wie ernst ich es meine.

»Also, da wir jetzt offiziell sind, wann führst du mich aus?«

»Wie wäre es mit morgen? Da ist ein Playoff-Spiel an

der Promise. Ich hole dich an der Anacostia ab, und wir gehen zusammen hin.«

Basketballspiele sind die perfekte Gelegenheit zum Angeben, weil da Kids aus der ganzen Stadt hinkommen, alle cool angezogen, um Eindruck zu machen. Aber nichts ist cooler, als ein heißes Girl am Arm zu haben. Jeder wird neidisch sein, weil Keyana jetzt mein Mädchen ist.

»Versprochen?«, fragt sie.

»Ich halte immer Wort. Kannst dich auf mich verlassen.«

»Ich glaube dir«, sagt sie.

Das ist Musik in meinen Ohren. Ich will diese andere Art Typ sein. Der, der immer da ist. Der loyal ist. Der ihr gehört.

»Schnarchst du?«, frage ich.

»Wie bitte?« Sie schnaubt, als wäre sie wütend.

»Schnarchst du, wenn du schläfst?«

»Neiiiin! Warum?«

»Weil wir die ganze Nacht reden werden. Ich habe 'ne Menge Fragen, und ich will nicht, dass du mir ins Ohr schnarchst.«

»Ja, klar. Ich wette, du schnarchst wie ein Weltmeister. Garantiert könntest du jeden Schnarchwettbewerb gewinnen.«

Wir lachen, bis ich Schluckauf bekomme.

Keyana und ich reden den Rest der Nacht am Telefon, schlafen zwischendurch ein und hören uns gegenseitig beim Atmen zu. Alles, um uns einander nahe zu fühlen.

Der Tag des Mords
J.B.

Kapitel drei

J.B.

Am nächsten Tag kann man mich in der Schule vergessen. Es fällt mir schwer, mich auf das zu konzentrieren, was die Lehrer sagen. Ich stecke in einer Blase, in der ich nichts als Keyanas Lachen höre. Meine Augen sind glasig, und ich fange an, von ihren Lippen auf meinen zu träumen. Davon, wie weich sich ihre Haut anfühlt. Wie ihr Hals riecht, wenn ich ihn küsse.

Gerade ist Mrs. Halls Fach dran, amerikanische Geschichte, aber Mr. Finley springt für sie ein, weil sie in Elternzeit ist. Die Wahrheit ist, dass die Promise als eine der besten Schulen in der Stadt gilt, sich die Lehrkräfte hier aber nie länger als zwei Jahre halten. Oft fühlt es sich an, als hätten sie eben hier angefangen und seien im nächsten Moment schon wieder weg. Ich bin mir nicht sicher, ob es an uns liegt oder an Direktor Moore. Ich habe gesehen, wie er mit ihnen redet – er ist schlimmer zu denen, als wir es sind.

Mr. Finley redet und redet, und ich wünschte, wir würden eines von Mrs. Halls abgedrehten interaktiven Lernspielen machen, mit denen wir uns die Fakten über den Zweiten Weltkrieg einprägen sollen. Ich denke daran, wie ich sie gestern gesehen habe, an die vielen Weinflaschen in ihrem Einkaufswagen und ihren traurigen Blick. Hoffentlich geht es ihr einigermaßen.

»Holt eines eurer Bücher für die freie Lektüre raus. Falls ihr keins habt, habe ich hier vorn welche. Und ich will euch alle lesen sehen! Den Blick fest aufs Buch gerichtet!« Mr. Finley schreit, als wäre es nicht schon vollkommen still im Klassenraum, als könnten wir ihn sonst nicht hören.

Ich brauche eine Pause. Ich halte drei Finger in die Höhe – der Code für *Toilette* – und tue so, als würde ich *Malcolm X. Die Autobiographie* lesen, während ich warte, dass Mr. Finley mich gehen lässt. Dabei beiße ich die Zähne zusammen, wappne mich für sein Nein, weil zu häufige Toilettengänge angeblich »den Unterrichtsverlauf stören«. Die Lehrerversion von Arschlochsein.

Doch Mr. Finley überrascht mich, denn er blickt von seinem Sudoku auf und nickt. Ich darf raus.

Ich gehe auf den Flur und achte auf den blauen Streifen, der sich an beiden Seiten des Korridors entlangzieht. Ich passe auf, dass ich genau darauf bleibe, damit mich kein vorbeigehender Schulpolizist oder Lehrer anspricht. *Der blaue Weg hält euch fern von der roten Zone*, sagt Direktor Moore immer, um uns daran zu erinnern, dass der Streifen uns helfen soll, die besten jungen Männer zu werden, die wir sein können – ohne Krawall oder Prügeleien. Was wohl auch stimmt, schätze ich.

Ich biege um eine Ecke. *Piep, piep* dringt es unter den Türen hindurch und hallt von den kalten, grauen Wänden wider, dass es den Korridor flutet. Der lange Marsch zu den Toiletten erinnert mich immer an die Besuche bei meinem Dad drüben im Gefängnis von Washington. Seine deprimierende Uniform, der Lärm der zugleitenden Metalltüren, die brüllenden Wächter, die Reihen von Insassen. Ich will nie wie er sein.

Ich biege links ab und will zur Toilette im Untergeschoss, dort ist weniger los, und es ist sehr viel sauberer.

Da lässt mich eine Stimme stehenbleiben.

»Ich sage es nicht noch einmal!«

Ich blicke mich um. Zuerst denke ich, jemand redet mit mir, aber ich sehe niemanden.

»Ich bin sehr fair, was meine Erwartungen betrifft!«

Die Stimme kenne ich – Dean Hicks. Direktor Moores Vollstrecker.

»Geh nicht einfach weg, wenn ich mit dir rede!«

Keinen Schimmer, mit wem er spricht. Aber ich habe heute auch keine Zeit, mich auf den Zorn des Deans einzulassen. Dieser weiße Mann liebt es, Leuten den Tag zu versauen. Und er tut so, als würde er nicht kapieren, dass er nicht wie *wir* ist. Aber wie bei einigen anderen Lehrkräften merkt man auch bei ihm, dass er weiß ist, weil er in dieser komisch hohen Stimme mit uns redet, als würde er ein freundliches Geplänkel versuchen. Sich mit uns *identifizieren* oder *cool* erscheinen wollen. Aber eigentlich klingt es so, wie Leute mit Tieren im Zoo reden.

»Geh nur!«, brüllt Dean Hicks.

Ich recke meinen Hals. Meine Neugier überwiegt mal wieder. Und jetzt gerade hört es sich an, als wollte er diesem Schüler den Arsch versohlen.

Zu spät wird mir klar, dass seine Stimme näher ist als

vorher. Dean Hicks kommt um die Ecke gerauscht und rennt beinahe in mich rein.

»Was machst du hier, Williamson?«, fragt er, und vor lauter Verärgerung wird seine Stimme zu einem Knurren.

Er ist ganz rot und verschwitzt, und ich frage mich, welcher Junge ihn so an die Kante gebracht hat. Da muss jemand richtig aus der Reihe geschert sein, dass Hicks so krass überkocht.

»Hast du mich gehört?«

»Toilette, Sir.«

»Und was stehst du dann hier herum?«, schreit er. »Beweg dich!«

Ich nicke nur und antworte »Ja, Sir«, weil ich früh gelernt habe, »Sir« und »Ma'am« zu sagen, damit mich die Lehrkräfte möglichst in Ruhe lassen.

Hastig laufe ich die Treppe runter. Sein zorniger Blick brennt mir Löcher in den Nacken. Meine Theorie ist, dass Dean Hicks, Direktor Moore und Mr. Reggie in meinem Alter die Loser waren. Und jetzt wollen sie sich mächtig fühlen und lassen ihre Probleme an uns aus. Das ist total verkorkst. Aber mir egal.

Ich gehe zur letzten Kabine und erledige mein Geschäft.

Hätte ich nur mein Handy, damit ich Keyana schreiben kann. Ich hasse die Handyregeln heute mehr denn je.

Ich will abziehen, aber es geht nicht. Der Hebel greift nicht mal. Ich gucke, ob ich das in Ordnung bringen kann. Es gibt nichts Schlimmeres, als wenn jemand nicht abgezogen hat. Der Deckel des Spülkastens ist ein bisschen verschoben.

Ich hebe ihn an, weil ich ihn wieder richtig aufsetzen will, und erstarre.
Da ist eine Waffe.
Eine große Knarre, viel größer als die, die Bando mir gestern gezeigt hat. Sie ist schwarz mit Rillen am oberen Teil. Sieht wie eine Militärwaffe aus. Sonderanfertigung für verdeckte Operationen, irgend so ein Scheiß, den man in einem Videospiel oder in Filmen sieht. Ich bin auf einmal wie betäubt.
Ist das eine Falle? Wie ist die überhaupt hergekommen? Wer hat die hergebracht? Schweiß läuft mir übers Gesicht. *Warum bringt jemand eine Waffe mit in die Schule? Was soll das denn?! Was mache ich jetzt?*
Zu den Lehrern kann ich nicht gehen. Wenn sich rumspricht, dass ich so was Heftiges gepetzt habe, könnte das ernste Folgen haben. Aber ich kann das Ding auch nicht hierlassen, denn wenn jemand vorhat, es zu benutzen, könnte das noch weit schlimmere Probleme geben.
Mist, Mist, Mist. Ich gehe auf und ab. Ich muss schnellstens hier weg. Mir rinnt Schweiß übers Gesicht, meine Hände sind verschwitzt und mein Herzschlag flippt aus, aber das ignoriere ich. Ich wasche mir die Hände und gehe. Mit jedem Schritt, den ich mache, fühlen sich meine Füße mehr wie Ziegelsteine an. Ich schlucke. *Geh weiter*, denke ich. So weit weg von hier, wie du kannst.
Als ich wieder auf dem Korridor oben bin, kommt ein kleiner Latino an mir vorbei. Ich habe seinen Namen vergessen, aber er nickt mir zu. Ich nicke auch. Er hält einen Beutel hoch.
»¡Mirá! Sag Bescheid, wenn du Hunger hast. Ich habe Pupusas«, sagt er.

Ich schüttle den Kopf. Im Moment kann ich nicht an Essen denken. Ich kann nicht mal sprechen, weil ich fürchte, dass ich dann kotze. Er reckt den Daumen hoch, bevor er sich wegdreht.

Als er weiter den Korridor hinunter ist, fällt es mir wieder ein. Das Kid, das dauernd was verkaufen will. Manchmal Essen, manchmal Getränke oder Süßigkeiten. Früher stand er vor dem Rocky's, aber da hat ihn der Besitzer verscheucht und ihm gesagt, er soll sich ja nicht wieder blicken lassen. Er erinnert mich an Bando. Immer drauf aus, schnelles Geld zu machen.

Ich halte den Atem an und blicke mich um, ob er in die Toilette geht. Tatsächlich verschwindet er drinnen. Er kommt mir nicht wie ein Typ vor, der eine Knarre mit in die Schule bringt. Allerdings kenne ich ihn auch nicht so gut.

Ich muss die Waffe aus dem Kopf bekommen. Ich versuche, über all die Dinge nachzudenken, die ich Keyana sagen will, wenn ich sie nach der Schule zum Spiel mitnehme. Vielleicht können wir hinterher noch bei ihr zu Hause abhängen.

Ich kassiere einen Minuspunkt, weil ich in Mathe nicht aufpasse, und versaue mir mein Punktekonto, aber das ist mir gerade völlig egal. Ich muss mich auf etwas konzentrieren, auf irgendwas anderes als die Waffe in der Toilette.

Mr. Kim lässt uns einige Minuten früher gehen, und ich bin wie der Blitz draußen.

Die Korridore sind nicht still wie sonst, aber das ist heute nicht unsere Schuld. Die Promise-Schüler gehen in

Reihen und packen ihre Sachen, aber da schwirren andere Leute rum. Die wichtigen Typen, die irgendwie hinkriegen, dass Direktor Moore strahlt, Hände schüttelt und übertrieben nett zu uns ist. Sponsoren wie Mr. Ennis laufen herum und machen Fotos. Und Ehrenamtliche bemalen Banner und hängen sie auf. Bei Events wie diesem sieht man die meisten Weißen in der Schule.

Ich weiche einem weißen Mädchen aus, das keine Ahnung von der blauen Linie hat. Sie geht mit versteinertem Gesicht unhöflich an mir vorbei, aber das kümmert mich nicht. Dean Hicks führt die Gäste einen anderen Korridor hinunter und außer Sichtweite.

Als ich zusammenpacke, rinnt mir immer noch Schweiß übers Gesicht. Ich kneife die Augen zu, und ganz gleich, was ich tue, immer wieder taucht das Bild von der Waffe in meinem Kopf auf, lockt mich, sie zu holen und *endgültig* loszuwerden, bevor sie das tut, was Waffen tun ... Leute töten.

Eine Stimme in mir flüstert: *Warum bin ich dafür zuständig?* Ich denke an das, was meine Mom sagen würde. Wenn ich mit dem Ding erwischt werde, riskiere ich, alles zu ruinieren. Keiner würde mir glauben, dass es nicht mir gehört, und es gäbe einen Eintrag in meine Akte. Verdammt, ich könnte in den Jugendknast wandern.

Ich sehe auf mein Handy, um mich von der schwierigen Entscheidung abzulenken – und wie ich mir dachte, sind da lauter Textnachrichten von Keyana. Ich lächle, als ich sie lese, denn sie werden immer verärgerter.

> Keyana: Hey, es bleibt bei dem Treffen, oder?

> Keyana: J.B.???

> Keyana: Im Ernst?????

> Keyana: J.B., echt, ignorier mich lieber nicht ... sonst bereust du es noch.

Irgendwie niedlich. Ich beginne, ihr zu antworten, dass ich mein Handy nicht bei mir hatte, und um unser Date zu bestätigen. Ich will nicht, dass sie gestresst ist. Sie soll sich niemals Sorgen machen.

Bevor ich SENDEN antippen kann, fliegt das Telefon aus meiner Hand.

Was zum ...?

Ich blicke auf. Direktor Moore stiert mich wütend an. Die Ader an seiner dunklen Stirn ist vorgewölbt. Seine Augen scheinen tiefer zu liegen als sonst, und seine Kleidung ist unordentlich, der oberste Hemdknopf sogar offen.

»KEINE Handys während der Schulzeit. Das weißt du!«, brüllt er. Schweißperlen stehen auf seiner Stirn.

»Ist das Ihr Ernst? Die Schule ist aus!«, erwidere ich.

Die Glocke schrillt. Moore hält einen Finger in die Höhe. »*Jetzt* ist die Schule aus. Das Handy gehört mir. Du sitzt nach.«

Das kann er nicht ernst meinen. Sogar für Direktor Moore ist das kleinlich.

Panik überkommt mich. Ich *darf* nicht nachsitzen. Nicht heute. Und selbst wenn, *muss* ich Keyana sagen, was los ist. Das Letzte, was ich gebrauchen kann, ist, dass sie denkt, ich versetze sie. Und das Letzte, was ich tun will, ist, sie zu versetzen.

»Mann, das ist Bullshit. Das können Sie nicht ernst meinen. Ich pack doch gerade zusammen, um nach Hause zu gehen.« Die Worte fließen alle ineinander, weil ich so wütend bin. »Mr. Kim hat uns früher gehen lassen. Das ist nicht fair.«

Direktor Moore neigt sich so nahe zu mir, dass ich seinen Atem rieche. Der Geruch von Säure und ... Alkohol weht mir ins Gesicht. »Pass auf, mit wem du redest, du kleines Stück Scheiße. Hast du mich verstanden? Du bist ein Kind, und fluch noch einmal vor mir, dann zeige ich dir, wo ein Kind hingehört.« Er spricht leise, flüstert fast.

Ich bin sprachlos. Wut kocht in mir hoch, und ich balle die Fäuste. Alle auf dem Korridor sind erstarrt. Was denkt er, wer er ist, mir mein Handy wegzunehmen? Mein Privateigentum! Ich halte mich an die Regeln. Ich tue alles, was die Lehrkräfte – und er – verlangen.

»Hast du mich gehört?«, brüllt Direktor Moore.

Ich habe ein Blackout. Mein Herz macht einen Rückwärtssalto. Ich spucke Moore ins Gesicht.

Er packt mich beim Kragen und stößt mich gegen ein Schließfach. Mein Kopf knallt an das Metall, Moore hält mich fest und ich kann mich nicht rühren.

»Ich werde dich brechen!«, kläfft er. Und jetzt spuckt er mir mehrmals ins Gesicht.

Klassenzimmertüren fliegen auf. Moore lässt mich los, und ich sacke zu Boden wie eine dämliche Stoffpuppe.

Kids strömen in die Korridore und gehen an uns vorbei, nehmen diesen Irren gar nicht wahr. Lehrerinnen und

Lehrer strecken die Köpfe aus den Klassentüren, um uns zu beobachten.

»Ich sehe dich beim Nachsitzen. In der Zwischenzeit mache ich die Papiere für deinen Verweis fertig.« Er fixiert mich mit glühenden Augen.

Mir wird flau. Ich denke an Mom. Ich denke daran, wie er sie deswegen anruft. Ich öffne den Mund, um mich zu entschuldigen. Wenn ich von dieser Schule fliege, wird es sie zerstören. Wie soll ich mit einem Verweis in der Akte aus der Stadt raus und aufs College kommen?

Mein Herz hämmert zehnmal schneller als normal, als wollte es aus meinem Brustkorb fliehen. Zorn baut sich in mir auf.

RUMMS! Ich ramme die Faust gegen den kalten, grauen Schrank. Unter dem Druck biegt sich das Metall nach innen. Die scharfen Kanten schneiden mir in die Handknöchel, und warmes Blut rinnt über meine Haut.

Jüngere Kids kommen vorbei und starren mich an wie die Überreste eines Verkehrsunfalls.

»Keine Sorge. Deine Mom wird das bezahlen«, droht Direktor Moore unheimlich ruhig. Dann geht er weg.

Meine Haut kocht. Alle möglichen Arten, auf die ich ihm wehtun könnte, fluten meinen Kopf. Ich bräuchte ihm bloß in sein Büro zu folgen, die Tür hinter uns verriegeln und ihn richtig gründlich zusammenzuschlagen. Ich denke, ich könnte ihn plattmachen.

»Wir sehen uns noch«, murmle ich und denke an die Waffe im Keller.

Ganz sicher sehe ich ihn noch.

TEIL ZWEI
Trey

THE WASHINGTON POST
DIE MOORE-METHODE RETTET LEBEN

Privatschulen. Schwerpunktschulen. Staatliche Übernahmen. All diese Lösungen werden immer wieder diskutiert, um die allgemeine Misere an Washingtons öffentlichen Schulen in den Griff zu bekommen. Die städtischen Schulen kämpfen mit veralteten Ressourcen, überfüllten Gebäuden bis hin zum weitverbreiteten und stetig zunehmenden Burnout der Lehrkräfte. Doch all das lässt sich zumeist auf eine einzige Ursache zurückführen.

»Der zwei Tonnen schwere Elefant in jedem städtischen Klassenzimmer ist die Armut«, sagt Wilson Hicks, Konrektor an der Urban Promise Prep, einer Schule, die das Problem der Bildungsungleichheit endlich gelöst haben könnte.

Hicks ergänzt: »Den Schülern mangelt es an Disziplin, nicht an Lernfähigkeit. Unterprivilegierte Kids wissen häufig nicht, was eine gute Schulbildung bringen kann. Wenn man in einer Gegend wohnt, in der die meisten Leute von der Hand in den Mund leben, fällt es schwer, Bildung als etwas wahrzunehmen, das sich zu erarbeiten lohnt. Deshalb funktioniert die Moore-Methode. Bei uns dreht sich alles um Disziplin.«

Hicks merkt an, dass der ehemalige Direktor Kenneth Moore seinen Schülern stets Exzellenz gepredigt hat. Seine Philosophie war, die Kids zu lehren, trotz aller Herausforderungen, die ihnen das Leben aufbürden mag, das Beste in sich hervorzubringen. Und diese Methode scheint zu wirken: Schon das dritte Jahr in Folge weist die Urban Promise Prep die höchsten Testergebnisse aller öffentlichen Schulen in Washington auf.

Leider wurde Moore kürzlich auf dem Schulgelände erschossen. Obwohl es noch keine offizielle Festnahme gab, ermittelt die Polizei zu drei Verdächtigen.

Heute

Solomon Bekele

Schüler der Urban Promise Prep

Ja, ich weiß, wer es war. Und auch warum.
Jeder denkt, J.B. war es, aber der ist es nicht gewesen. Er war einer der wenigen Schüler, die ich echt gemocht habe. Klar, er hat nicht viel geredet, aber wenigstens hat er mich nicht so gepiesackt wie die anderen.
Ramón kann es auch nicht gewesen sein. Jemanden auf dem Schulgelände ermorden? Nee, ich habe Mathe mit ihm, und er ist viel zu schlau für sowas. Er hat große Träume. Die würde er nicht aufs Spiel setzen, indem er was Blödes macht und lebenslang weggesperrt wird. Nein, der andere war's. Der, dem alles egal ist.
Trey.
Ihn habe ich nie gemocht. Ich habe keine Kurse mit ihm, aber ich sehe ihn ja dauernd beim Mittagessen und in den Pausen. Immer macht er eine blöde Bemerkung zu meinem äthiopischen Akzent, meiner Hautfarbe und darüber, wie meine Sachen riechen. Überhaupt macht er sich über das lustig, was ich anhabe. Und dabei tragen wir Uniform! Da ist das schon krass arschig!

Ich habe ihn echt gehasst. Aber ich bin froh, dass ich mich nie gewehrt habe, denn jetzt stellt sich heraus, dass er ein Mörder ist. Und er hat nicht bloß irgendwen umgebracht, sondern Direktor Moore.

Da braucht man wirklich Eier. Irgendwie bewundere ich ihn dafür. Dass er sich nichts gefallen lässt. Und genau das hat er einige Stunden vor dem Mord auch nicht, als Moore ihm Nachsitzen aufbrummte.

Eine Menge Kids legen sich mit Moore an, aber ich nicht. Meine Eltern haben mir Respekt beigebracht, und respektiert man Moore, kommt man super klar. Es ist ja buchstäblich sein Job, uns herumzukommandieren; er ist der Direktor und Gründer der Schule.

J.B. hatte Respekt. Ramón hatte Respekt. Aber Trey – Trey hat keinen respektiert. Meine Eltern würden mich KILLEN, sollte ich auch nur daran denken zu widersprechen.

Ich schätze, Trey ist anders erzogen worden.

Er muss wohl zum Morden erzogen worden sein.

Stanley Ennis

Unternehmer und Sponsor der Urban Promise Prep

Keiner hat Moores Vision so gut verstanden wie ich. Ich denke sogar, dass ich in dem, was er aufgebaut hat, mehr Potenzial gesehen habe als er selbst. Promise ist mehr als eine Schule ... Es ist eine Bewegung und, was noch wichtiger ist, ein Vermächtnis.

So hat es aber nicht jeder gesehen. Die Menschen sind oft zu kleingeistig oder neidisch, um es zu erkennen. Es gab immer welche, die sich darüber beschwert haben, wie Moore die Dinge handhabe: Lehrkräfte, Schüler, Eltern, sogar Gemeindemitglieder.

Natürlich ließ Moore sich davon nicht bremsen. Wir haben über einen Ausbau der Promise gesprochen, über ein Netzwerk von Schulen im ganzen Land, die exakt funktionieren wie die Promise in Washington. Die Resultate liefern, die wiederum das große Geld einbringen. Das erfordert Schneid und Know-how. Moore hatte das Know-how und ich definitiv den Schneid.

Moore wollte zunächst langsam wachsen. Aber nach

dem ersten Scheck, den ich der Schule ausgestellt hatte, fing er an, meine Vision zu teilen.

Die Expansion begann mit dem Basketballteam. Ein starkes Sportprofil kann landesweit Mittel einbringen. Deshalb ist es wahrlich ein Jammer, dass dieser Trey für das Team gespielt hat. Dieses Jahr fühlte sich wie verzaubert an. Wir waren auf dem besten Weg zur Meisterschaft, die Fotos unserer Jungs wären in sämtlichen Zeitungen und den landesweiten Nachrichten erschienen. Das hätte den vermögenderen Spendern die Brieftaschen geöffnet, und so hätten wir Promise aufs nächste Level heben können.

Mir hat es nichts ausgemacht, den Kids so viel Geld zu geben, wie sie brauchten, solange das Team so gut aussah. Moore konnte sogar eine neue Initiative für die Kids starten, den Promise-Fonds. Der hatte einen netten Slogan: »Wir fördern die größten Träume unserer Schüler und geben der Zukunft Gestalt.« So viel Geld, wie ich da reingepumpt habe, hätte Moore ihn den Ennis-Promise-Fonds nennen sollen! Das habe ich ihm auch gesagt.

Was für ein Jammer, dass er tot ist. Wir waren kurz davor, etwas zu erreichen, etwas Unglaubliches, und vielleicht können wir das immer noch. Ich frage mich, wer jetzt die Leitung übernimmt. Bei einer Tragödie dieses Ausmaßes bin ich zuversichtlich, dass ich beträchtliche finanzielle Unterstützung einwerben kann. Vielleicht benennen wir den Promise-Fonds ja doch noch um.

Brandon Jenkins

Schüler der Urban Promise Prep

Trey ist mein bester Freund hier. Ich spiele die Eins, er die Zwei.

Früher war unser Basketballteam nicht so besonders, aber dann ist Trey von New York hergezogen. Sobald er hier war, ging es aufwärts. Wir sind gut geworden.

Am Ende unseres Junior-Jahrs war Trey der beste Punktemacher im Team. Ohne Scheiß, er hat sogar mich besser gemacht. Nicht bloß hatten wir die beste Saison aller Zeiten; sogar die Colleges in der Gegend sind auf uns aufmerksam geworden. Das ist alles, was ich mir je erträumt habe – für ein College zu spielen.

Am Tag des Mordes war das Playoff gegen Dunbar, noch so eine Power-Schule in der Stadt. In den Nachrichten hieß es immer wieder, dass 'ne Menge Talentscouts vom College da sein würden. Trey und ich hatten Dunbars beste Spieler studiert und einen ziemlich klaren Plan, wie wir sie fertig machen. Ich war echt zuversichtlich.

Bis ich Trey an dem Morgen gesehen hab.

Ich wusste, dass irgendwas los war, weil er nicht lächelte. Er lächelt sonst jeden Tag, ganz besonders an Spieltagen.

»Alles gut, Slime?«, fragte ich.

»Ja, geht«, antwortete er leise.

Sage ich »Slime«, sagt er eigentlich »Goon«. Das ist unser Ding. Immer. Aber heute nicht.

Er ist schnell weg, aber ich habe ihm nachgerufen:

»Trey, was ist los?«

»Trey, rede mit mir.«

»Trey, was soll das?«

Schließlich ist er stehengeblieben. Er hat ungefähr eine halbe Minute gebraucht, um sich zu mir umzudrehen. Und dann hat er mich so komisch angeguckt, die Augen rot, und ist in die nächste Toilette.

Ich bin hinterher.

»Du musst VERSPRECHEN, dass du es keinem erzählst«, hat er gesagt.

Ich hab's versprochen.

Trey hat die Augen zugemacht, tief Luft geholt, und als er eben den Mund aufmachen wollte, ist ein Schwall von Kids reingestürmt gekommen. Trey hat die angeguckt, mich angeguckt und ist rausgerannt.

Ich weiß nicht, was er mir erzählen wollte, aber ich bin mit einem ganz merkwürdigen Gefühl im Bauch in den Unterricht gegangen. So ... so als würde was Schlimmes passieren.

Ich hab Trey dann erst beim Aufwärmen vorm Spiel wiedergesehen. Als er in die Sporthalle geschlurft kam, hat er noch übler ausgesehen als morgens.

»Alle zu mir«, hat Coach Robinson gerufen. »Trey hat was bekanntzugeben.« Der Coach hat die Zähne zusammengebissen, und ich habe geahnt, was Trey auch sagt, es wird mies.

»Ich kann nicht spielen«, hat Trey gemurmelt.

»Lauter, junger Mann!«, hat der Coach gesagt. »Steh zu deinem Fehler und den Folgen.«

»Ich habe Ärger gemacht.« Wieder murmelte er.

Anscheinend hatte Direktor Moore ihm Nachsitzen aufgebrummt, sodass er heute Abend nicht spielen konnte. Das ganze Team ist ausgetickt. Sie haben enttäuscht gestöhnt oder gejammert, einige Luft durch die Zähne eingesogen, andere resigniert die Köpfe hängen lassen. Und die Worte »*Verdammt, Trey*« hallten durch die ganze Sporthalle.

Aber ich bin still geblieben.

Ich konnte ihn gar nicht angucken, habe blind auf meine Schuhe geglotzt. Ich habe gemerkt, dass er mich anstarrt und wartet, dass ich was sage. »Ist schon gut«, oder, zum Team: »Wir packen das immer noch, Leute.« Aber das konnte ich nicht. Ich habe ihn nicht mehr angeguckt.

Als ich Trey das nächste Mal gesehen habe, wurde er in Handschellen von den Cops aus der Schule geführt.

Ich will nicht glauben, dass er Direktor Moore umgebracht hat. Ich kenne ihn, wie er *wirklich* ist, die Seite von Trey, die keiner sonst zu sehen bekommt. Deshalb hat er es verdient, dass ich an seine Unschuld glaube. Aber dann denke ich daran, wie schräg er an dem Morgen drauf war. Es sieht nicht gut für ihn aus.

Onkel T

Treys Onkel

Ich hoffe sehr, dass Trey nicht meine Waffe genommen hat. Für mich *und* für ihn. Ich meine, Trey ist alles Mögliche, aber er ist nicht dumm. Und er ist kein Killer. Das weiß ich, weil ich einer bin.

Über zwanzig Jahre habe ich bei den Marines diesem Land gedient, Special Operations. Drei Einsätze. Viel erlebt, viel gelernt. Und das Böse, das ich da gesehen habe, gibt es in Trey nicht.

Trotzdem hatte mein Neffe praktisch »Schwachkopf« auf der Stirn stehen, als ich ihn in New York abholte. Genau wie ich in seinem Alter, auch wenn ich mich weit schlimmer benommen hab. Hing nur auf der Straße rum und hatte Tod, Knast oder das Militär als Optionen. Der Krieg hat mich gerettet, wenn ich ehrlich bin. Was bizarr ist, wenn man drüber nachdenkt. Ins Ausland verschifft zu werden, um für ein Land zu kämpfen, das einen nicht liebt, und Fremde zu töten als einzige Möglichkeit, zu überleben. Aber Trey hätte nicht das Zeug dazu, das weiß ich genau.

So oder so war ich es meiner Schwester schuldig, Trey aufzunehmen und dafür zu sorgen, dass er es besser trifft als die Typen, mit denen ich groß geworden bin. Womit ich nicht gerechnet hatte, ist seine miese Einstellung. Immer auf Kontra gebürstet, widersetzt sich den Regeln und so, all die Sachen, die man sich als Schwarzer nicht leisten kann. Wahrscheinlich liegt es daran, dass sein Vater so jung gestorben ist. Der Krebs hat ihn geholt, sodass Trey allein von einer Frau aufgezogen worden wäre. Also habe ich es mir zur Aufgabe gemacht, ihn hinzubekommen. Koste es, was es wolle.

Feste Zeiten, zu denen er zu Hause sein muss, klare Abläufe, sodass er die meiste Zeit entweder in der Schule oder zu Hause ist und null Raum hat, sich in Schwierigkeiten zu bringen. In dieser Stadt kann man sich einen Haufen Mist einhandeln.

Klar, ab und zu sind wir aneinandergerasselt, am Anfang besonders. So ein Übergang ist für jeden hart. Und Trey hat es uns nicht leicht gemacht, meine Geduld immer wieder auf die Probe gestellt. Kam zu spät nach Hause, war undankbar, hat seine Pflichten vernachlässigt. Ich habe ihm gesagt, dass es eine einfache Art gibt, Dinge zu tun, und eine schwierige. Er hat sich jedes Mal für die schwierige Art entschieden, und einmal musste ich ihm eine schallern, damit er es kapierte.

Es ist ja nicht so, als hätte ich das gewollt, aber ich wusste wirklich nicht, was ich sonst machen soll. Und ich hatte ja noch nie einen Jungen großgezogen. Ich weiß, wie ich aufgewachsen bin, und am Ende habe ich mich gut gemacht. Besser als die meisten.

Nachdem ich verstanden hab, dass meine Hände das

Einzige sind, was wirkt, habe ich ihm hin und wieder eine gewischt, damit er begriff, dass ich es ernst meine. Irgendwann haben wir einen Rhythmus gefunden, und er fing an, sich zu Hause an die Regeln zu halten. Aber dann ging der Ärger in der Schule los.

Aus irgendeinem Grund schienen die Leute an der Promise immer ein Problem mit Trey zu haben. Ein paarmal verlangten sie sogar von mir, dass ich mit in der Klasse sitze, und natürlich hat er sich *da* wie ein Engel benommen.

Ich habe ihn mir manchmal zur Brust genommen und dachte, wir wären über den Berg. Seit Wochen schon hatte ich nichts mehr von der Schule gehört und fing an zu glauben, dass ich es wirklich geschafft habe, meinen Neffen auf einen neuen Weg zu lenken.

Ich will ehrlich sein: Mir liegt viel an dem Jungen, wirklich. Ich weiß, dass er denkt, ich will ihn nur drillen, aber er versteht nicht, dass diese Welt ihn zum Frühstück verputzt, wenn er nicht aufpasst. Schwarze Männer kriegen keine zweite Chance, doch ich biete Trey eine. Ich kann nicht erlauben, dass er die vergeudet.

Und ich muss ihm lassen, dass er es in letzter Zeit versucht hat. Ich bin stolz auf die Fortschritte, die er im Basketball gemacht hat. Bei einigen seiner Spiele bin ich gewesen, und der Junge hat Eindruck auf mich gemacht. Ich hatte sogar einen meiner Kumpel aus der Navy zu seinem Playoff-Spiel eingeladen und mit Trey angegeben. Habe erzählt, mein Neffe wäre der Starspieler und ein gutes Kid. Mein Kumpel saß auf der Tribüne und wartete darauf, den berühmten Trey Jackson kennenzulernen, den nächsten

NBA-Star. Aber natürlich hat Trey gar nicht mitgespielt. War selbst schuld. Das ist mir sagenhaft peinlich gewesen. Ich weiß, dass Trey dem Direktor Moore nichts getan hat, kann aber auch nicht ignorieren, dass meine Pistole verschwunden ist. Wieso konnte Trey nicht einfach das Richtige tun? Hätte er nicht nachsitzen müssen, wäre er bei dem Spiel gewesen und seine Unschuld wäre gar keine Frage. Genau das habe ich dem Jungen zu erklären versucht. Als Schwarzer kriegt man keinen Vertrauensvorschuss. Da darf man sich nicht den kleinsten Patzer erlauben.

Mann, ich bin völlig durcheinander. Mir geht endlos durch den Kopf, was ich hätte anders machen können. Ich habe mir solche Mühe gegeben, ihn zu ändern, besser zu machen, und trotzdem hat er sich in diesem verkorksten System verfangen. Hier ist es einfach zu schwer für einen Schwarzen Mann.

Ich weiß nicht, vielleicht bin ich auch zu streng zu ihm gewesen.

Coach Robinson

Basketballtrainer an der Urban Promise Prep

Ich will nicht lügen, die Nummer hat mich eiskalt erwischt. Von allen Seiten. Direktor Moore hatte mir eine Chance gegeben, als es andere nicht wollten. Vor diesem Job habe ich Amateurteams auf unterster Ebene trainiert. Alles aus Liebe zum Spiel, denn Geld hat mir das nicht eingebracht.

Moore und ich kennen uns schon ewig. Wir waren zusammen auf der Hampton University. Da hatte ich mir auf dem Campus Ärger eingehandelt und flog aus dem Team. Das hat mir die Chancen versaut, es in die Liga zu schaffen. Coaching war für mich das Zweitbeste. So bleibe ich dicht am Spiel.

Als Moore beschloss, ein Team an der Urban Promise zu gründen, war ich der Erste, den er angerufen hat. So ist Moore. Kümmert sich immer. Sorgt dafür, dass jeder um ihn herum zu essen hat. Sogar einige der Spieler.

Moore meinte, je besser sich das Team macht, desto mehr Sponsorengelder kommen rein. Er ließ mich und die anderen Trainer von hier bis New York nach Spielern suchen und hat persönlich Kids an die Promise eingeladen. Ihnen sogar Geld gegeben, wenn sie das gebraucht haben, um herkommen zu können. Der Mann hat so vielen Familien geholfen!

Nach einigen Jahren konnten wir tatsächlich langsam mithalten, statt jedes Spiel zu verlieren. Dann kam dieser Junge, Brandon, und da nahmen die Dinge richtig Fahrt auf.

Und danach ist Trey aufgetaucht.

Der erinnert mich so sehr an mich, aber mit mehr Talent. Das ist das Traurige. Zu viele Kids mit 'ner Menge Potenzial knicken unter dem Druck des Systems ein. Das ist wie ein unsichtbares Gewicht, das sie unten hält. Sie selbst können es nicht mal sehen.

Aber der Punkt ist, Trey ist das mit Moore nicht gewesen. Der könnte keiner Fliege was zuleide tun. Trey ist sogar eines der liebsten Kids, die ich kenne. Ein Beispiel: Einmal ist Moore richtig ausgeflippt, hat es einem Jungen total schwer gemacht – keinem meiner Spieler, sondern einem von der stillen Sorte. Omar, glaube ich. Omari? Na, jedenfalls hat der keinen Gürtel getragen und sollte dafür aufgeschrieben werden. Und ratet mal, was passiert ist! Trey ist hin und hat dem Jungen seinen Gürtel gegeben. Er war in seinem Basketballzeug, deshalb konnte Moore ihn nicht aufschreiben, und er hat dem Jungen geholfen, einfach so. Das ist Trey. So ist er.

Aber selbst wenn er unschuldig ist, denke ich, diese Nummer wird ihn vernichten. Ich glaube, er wird traumatisiert da rausgehen, und das ist meiner Meinung nach der Fehler im System. Sobald es dich irgendwie betrifft, bist du für immer gezeichnet, schuldig oder nicht. Dasselbe ist mir passiert.

Jetzt ist Moore nicht mehr da. Und Trey ist nicht mehr da.

Ich weiß nicht, Mann, ich bin einfach nur fertig.

Antoine Betts

Schüler der Urban Promise Prep

Mhm, ich habe alles gesehen. Alles.

Trey ist mit der ersten Mittagsschicht reingekommen, Block A. Es heißt, Block A sind die schlimmen Kids, aber mir sind die am liebsten, denn sie sind total witzig, da krieg ich mich oft gar nicht ein vor Lachen.

Ich bin da gewesen, weil ich im KD-Programm bin – Küchendienst für ältere Schüler. Da kriege ich Bescheinigungen fürs Kochen, damit ich mich nach der Highschool mal in einem Restaurant bewerben kann, wer weiß?

Anscheinend war das Programm die Idee von diesem Ramón. Die Cafeteria-Frauen finden es cool, weil sie viel zu wenige sind, und wenn ich und die anderen KD-Typen Dienst haben, erleichtert es ihnen die Arbeit ganz schön. Wir wissen ja, wie wir mit den Jungs umgehen müssen.

Na, der Tag war auf jeden Fall heftig. Die Kids kamen einer nach dem andern rein, die Hände auf dem Rücken und die Köpfe gesenkt, wie immer. Erstmal sah das wie eine ganz normale Mittagspause aus. Keine Prügeleien, keiner, der mit Essen wirft oder versucht, sich in der

Schlange vorzudrängeln. Lag wohl daran, dass es Pizza gab.

Es ist nämlich so, wenn sich jemand in der Pause danebenbenimmt, wird er aus der Cafeteria geworfen, ohne was zu essen zu bekommen. Deshalb sind alle immer ganz brav, wenn wir was Beliebtes servieren. Und Pizza mag ja jeder, nich?

Tja, die haben alle still gegessen, denn die Nicht-Reden-Regel gilt immer, und da fingen einige der Jungen an einem Tisch zu lachen an. Ich habe von hinten hingeguckt, weil ich nie eine Chance auf was Witziges verpasse.

Ein Lehrer ist hin und hat erst alle am Tisch verwarnt, dann noch mal den Jungen, der die Witze gemacht hat. Trey. Danach haben sie sich alle wieder eingekriegt. Trey ist ja nie so *richtig* schlimm gewesen.

Aber es muss ungefähr fünf Minuten später gewesen sein, da prusten wieder alle an dem Tisch los. Diesmal wegen was, das Trey mit seinem Essen gemacht hat, irgendwelchen Quatsch. War aber total mieses Timing, denn Moore ist reingekommen.

Der Lehrer von vorher ist wieder hin und hat Trey einen Punkt abgezogen. Als er wieder an seinen Platz zurück ist, stampft Moore zu ihm.

»Macht der Ihnen Probleme?«, fragte er.

»Wissen Sie doch«, hat der Lehrer geantwortet.

Moore ist noch ein bisschen geblieben, um die Tische herumgegangen, die Arme vor der Brust verschränkt und mit total finsterem Blick. Alle Jungs haben ganz aufrecht dagesessen. Er hat uns total in seinem Bann gehabt. Oder wir wollten nie Ärger mit ihm, wenn es sich vermeiden ließ. Der ist immer gleich in die Vollen gegangen.

Irgendwann ist Moore dann wieder weg oder hat wenigstens so getan als ob. Und, Mann, wie aufs Stichwort, reißt Trey wieder einen Witz, diesmal laut und über Moore. »Die Stirn von dem Typ sieht aus wie 'ne Landebahn, Alter!«

Die anderen haben sich kaputtgelacht, da ist Moore auf einmal wieder da. Und jetzt wird es total krass. Sowas habe ich noch nie gesehen. Moore hat völlig die Fassung verloren.

Er ist quer durch die Cafeteria gestürmt. »Was hast du gesagt?«

Trey hat keinen Mucks gemacht, logisch.

»Ah, du willst der Clown sein, dann sei ein Clown. Erzähl einen Witz«, brüllt Moore ihn an.

Aber Trey hat den Mund gehalten.

»Erzähl einen *Witz*, Jackson!«, hat Moore wieder gebrüllt.

Und wieder hat Trey ihn ignoriert.

Ich dachte schon, schlimmer kann es nicht mehr werden, da beugt Moore sich ganz dicht zu ihm und schreit richtig: »Ich habe gesagt, erzähl einen verdammten Witz!«

Einige der anderen haben leise gekichert, so die Art Kichern, wenn man eigentlich heulen will. Andere haben sich vor lauter Angst immer mehr Pizza in den Mund gestopft.

Trey hat sehr unsicher ausgesehen, in alle Richtungen geguckt. Und dann hat er gekontert: »Geh mir nicht auf die Eier, Mann!«

»Oder was?«, hat Moore gebrüllt.

»Oder ich bring dich um!«

Der ganze Raum ist verstummt. Nicht mal mehr die

Cafeteria-Frauen haben gewagt, sich zu bewegen. Und mir lief es eiskalt über den Rücken.

In dem Moment habe ich nicht gedacht, dass er es ernst meint. Mir ist es eher wie ein Abwehrmechanismus vorgekommen. Aber nach dem, was ich jetzt weiß ... Ich glaube, der Junge hat es verdammt ernst gemeint.

Als der Schock verflogen war, hat Moore Trey beim Kragen gepackt und ihn praktisch aus der Cafeteria geschleift.

Den Rest kennt ihr.

Mrs. Hall

Lehrerin an der Urban Promise Prep

Meine armen Schüler! Meine armen kleinen Jungs! Ich habe gleich im Gründungsjahr an der Urban Promise angefangen. Und bin seitdem hier.

Diese Schule war magisch, als die Türen zum ersten Mal aufgingen. Vernachlässigte Jungen von überall in der Stadt fanden hier endlich einen Ort, den sie ihr Zuhause nennen konnten. Einen Ort, an dem es der Schulleitung darum ging, ihnen eine faire Chance zu geben. Das hat Moore wirklich getan. Sicher, er ist immer ein bisschen streng gewesen, aber das muss man bei diesen Kids sein. Nicht aus Angst, Hass oder Fehleinschätzung, nein. Aus Liebe.

Die ersten paar Jahre hat die Urban Promise nicht die Ergebnisse gebracht, die wir uns erhofften, also zumindest in Moores Augen nicht. Ich fand, dass wir Fortschritte machten. Fraglos hätten wir besser sein können, aber Moore wollte, dass wir *die Besten* sind.

Also haben wir an anderen Schulen hospitiert, waren bei Tagungen, Workshops und so weiter, um die besten

Herangehensweisen zu lernen. Eine kleine Korrektur hier und da, und ehe ich mich's versah, gingen wir mit den Jungen um, als würden wir Vieh hüten. Das waren keine Kids mehr. Das waren Gefangene.

Vor Kurzem war ich bei Moore, um meinen Unmut bezüglich der Schulpolitik zu äußern, und hat er mir doch allen Ernstes gesagt, ich solle meinen Kram packen und gehen, wenn es mir nicht gefällt! Er hat sich verändert, ist ein vollkommen anderer Mensch als der, für den ich arbeiten wollte. Wütend. Kalt. All die Energie und Mühe, das Blut, der Schweiß und die Tränen, die ich in diese Schule gesteckt habe, und er hat den Nerv, mich einfach ... wegzuwerfen?!

Ich werde schon wieder ganz aufgebracht, wenn ich nur daran denke.

Ach, und Trey soll ein Tatverdächtiger sein? Der Junge würde keiner Fliege etwas zuleide tun. Er spuckt große Töne, ja, aber das durchschaue ich sofort. All diese Jungen tun das. Man schenke ihnen ein wenig Liebe, und sie schmelzen dahin. Viele scheinen es zu vergessen, aber das sind doch Kinder! Egal, wie groß sie sind. Egal, welche Hautfarbe. Egal, wie sie sich aufführen.

Trey hatte nie eine faire Chance, nicht einmal an der Promise. Es war gerichtlich festgelegt, dass er eine pädagogische Begleitung braucht, um optimal zu lernen. Das hat Moore glattweg ignoriert und gesagt, so eine Kraft einzustellen sei zu teuer. Er meinte, die Schule hätte schon genug finanzielle Probleme, ohne noch mehr Schulden zu machen. Ich konnte es nicht fassen.

Was Moore so verändert hat, weiß ich nicht. Aber es gehen Gerüchte um: Untreue und eine enttäuschte Ehefrau, eine hässliche Scheidung, gescheiterte Geldanlagen, irgendwelche finanziellen Probleme.

Jedenfalls fing der Aufruhr in seinem Privatleben in letzter Zeit an, sich auf die Arbeit auszuwirken. Er kam zu spät und ungepflegt zur Schule oder meldete sich sogar krank. Und er hat seinen Frust an den Kids ausgelassen, auch an den Lehrkräften. Aber ich war es leid, mich anbrüllen zu lassen.

Am Tag des Mordes bin ich an der Promise gewesen. Ich bin in sein Büro marschiert, um ihm meine Kündigung persönlich zu überbringen. Ich hielt es nicht mehr aus. Als ich dann gehört habe, dass Moore tot ist, war mein erster Gedanke: *O Gott, er hat es getan. Er hat sich das Leben genommen.*

Treys Befragung

(Transkript des offiziellen Verhörs)

DETECTIVE BO: Sag bitte deinen Namen für das Protokoll.
TREY: Trey.
DETECTIVE ASH: Den vollen Namen.
TREY: Das ist mein VOLLER Name.
DETECTIVE ASH: Hältst du den Mist für witzig? Willst du, dass wir dich gleich wegsperren?
TREY: Jackson. Trey Jackson.
DETECTIVE BO: Wo wohnst du?
TREY: Southeast, nahe dem Navy Yard.
DETECTIVE BO: Ah, stimmt. Dein Onkel ist ein ehemaliger Marine.
TREY: Sie haben mit meinem Onkel geredet?
DETECTIVE ASH: Wir stellen die Fragen. Wo bist du am zehnten Oktober ungefähr um halb sieben Uhr abends gewesen?
TREY: Sie wissen, wo ich war.
DETECTIVE BO: Oh, also warst du in Moores Büro? Hast ihm eine Waffe an den Kopf gehalten?
TREY: Nein, ich war beim Nachsitzen. Wie ich schon eine Million Mal erzählt habe.

DETECTIVE BO: Warum musstest du nachsitzen? Machst du gerne Ärger?
TREY: Ach, kommen Sie schon, echt jetzt. Sehe ich aus wie einer, der Stress macht?
DETECTIVE BO: Tatsächlich siehst du wie die Art Kid aus, die gerne mal für Aufruhr sorgt.
DETECTIVE ASH: Laut den Lehrern an deiner Schule bist du das.
TREY: Das ist bloß, weil die Lehrer mich nicht mögen.
DETECTIVE BO: Dafür haben sie einen Grund, oder?
TREY: Wenn Sie das sagen, Mann.
DETECTIVE ASH: Hast du beim Nachsitzen irgendwas gehört?
TREY: Ich hab gehört, dass ich das Recht auf einen Anwalt hab.
DETECTIVE BO: Wofür brauchst du einen Anwalt? Du hast doch nichts ausgefressen, oder?
TREY: Nein.
DETECTIVE ASH: Dann rede mit uns. Du kannst uns vertrauen. Wir können dir helfen.
TREY: Ich brauche Ihre Hilfe nicht. Ich brauche einen Anwalt.
DETECTIVE BO: Das spielt keine Rolle. Der andere hat nämlich schon gegen dich ausgesagt.
TREY: Hä? Was ausgesagt?!
DETECTIVE BO: Was du getan hast.
TREY: Aber ich hab gar nichts getan! Was hat der gesagt?
DETECTIVE BO: Da haben wir etwas anderes gehört. Erzähl uns einfach die Wahrheit, aus deiner Sicht. Weißt du vielleicht etwas über eines der anderen Kids?

TREY: ...
DETECTIVE ASH: Wenn du es auf die harte Tour willst, das können wir gut, und es wird dir nicht gefallen.
TREY: ...
DETECTIVE ASH: Okay, wie du willst.

Ein Tag vor dem Mord

Trey

Kapitel vier

Zu spät

Trey

»AAAALTER, ich mach dich gleich fertig!!«, brülle ich Brandon an, meinen Wingman. Er spielt die Eins, ich die Zwei. Und er ist der einzige Dude im Team, der meine Witze verträgt. Wahrscheinlich weil Brandon das coolste Kid auf dem Planeten ist und nie was zu persönlich nimmt. »Dein Kopf sieht wie ein PT Cruiser aus.«

Das Team schmeißt sich weg vor Lachen, sogar der Coach. Ich liebe es, in der Umkleide Jokes zu landen. Wegen dem Hall hört es sich da irgendwie an, als würde die ganze Schule lachen. Ich frag mich, wie es sich in echt anhören würde, wenn die ganze Schule auf meine Witze abgeht. Das wäre episch! Ich könnte 'n fetter Comedian werden, falls das mit dem Basketball nichts wird.

»Okay, alle mal runterkommen jetzt«, sagt der Coach. »Morgen haben wir das größte Spiel der Saison. Da geht's um alles. Wir denken noch nicht mal an die Meisterschaft, verstanden? Das *ist* unsere Meisterschaft. Wir geben alles auf dem Feld, sonst fliegen wir raus. Ist das klar?«

»Ja, Sir!«, rufen wir im Chor.

»Tolles Training heute. Kommt alle gut nach Hause, ruht euch aus, und seid morgen bereit zu spielen. Mit allem, was ihr habt!«

Wir drängen uns zusammen und strecken die Hände in die Mitte. Brandon ist der Captain, deshalb leitet er den Schlachtruf ein.

»Wir packen das!«
»WIR PACKEN DAS!«
»Wir sind am Ball!«
»WIR SIND AM BALL!«
»Wir packen das!«
»WIR PACKEN DAS!«
»Wir versprechen es!«
»WIR VERSPRECHEN ES!«

Unsere Hände fliegen nach oben, bevor wir alle zu den Duschen laufen.

»Jo, Trey, komm mal zu mir«, ruft der Coach.

Ich jogge zu ihm. Wir gehen hinter die letzte Spindreihe, außer Hörweite von meinen Teamkollegen.

»Trey, wir brauchen dich morgen, also konzentrier dich, verstanden?«

»Ja, Coach, schon klar.«

»Das höre ich gerne, Mann. Jetzt geh duschen.«

Den Coach sagen zu hören, dass das Team mich braucht, ist das beste Gefühl der Welt, vor allem weil Basketball das Einzige ist, in dem ich gut bin. Ich glaube nicht, dass mir sonst schon mal irgendwer gesagt hat, er würde mich für irgendwas brauchen.

Ich gehe durch die blaugoldene Umkleide zu den Duschen, wo einige der Jungs sind.

»Jo, B«, sage ich zu Brandon.

»Was hat der Coach gewollt?«, fragt er.

»Hat mir nur gesagt, dass ich für morgen bereit sein soll.«

»Auf jeden Fall! Wir müssen das Spiel gewinnen.«

»Logisch. Jetzt muss ich aber meinen Bus kriegen. Bis morgen, Goon.«

»Bis morgen, Slime.«

Brandon und ich machen unseren Handschlag, und ich renne los, lasse die Dusche aus, weil ich das winzige Zeitfenster nicht verpassen darf, in dem ich den Bus noch erwischen kann. Mein Onkel T hat die Zeit, zu der ich zu Hause sein muss, streng festgelegt, und bin ich auch nur ein paar Minuten zu spät, kann er voll sauer werden. Heute Abend will ich keinen Ärger mit ihm.

Ich halte am ersten Trinkbrunnen, den ich sehe, weil mein Mund nach dem Training mega trocken ist. Wir dürfen nur jeweils drei Sekunden am Brunnen sein, aber weil die Schule aus ist, ist keiner in der Nähe, der mich hetzt.

An meiner letzten Schule in der Bronx gab es kaum fließend Wasser. Die Brunnen funktionierten nie, man konnte die Klos nicht abziehen, und manchmal ging im Winter die Heizung nicht, was richtig scheiße war. Immerhin war den Lehrkräften komplett egal, was die Kids gemacht haben, sodass ich praktisch mit allem davongekommen bin.

Die Urban Promise ist das genaue Gegenteil.

Alles ist sauber, blitzblank, vom Besten. Doch die Masse an Bullshit, mit der man es hier zu tun kriegt, stinkt echt heftig.

Im Unterricht dürfen wir uns nicht mal zurücklehnen.

Und dann haben die auch noch die Nerven, uns von sieben Uhr morgens bis fünf Uhr nachmittags hierzubehalten. Wer kann denn zehn Stunden lang stillsitzen?! Ich nicht. Aber natürlich kassiere ich eine Verwarnung, wenn ich nicht exakt so sitze, wie sie wollen. Bei der dritten Verwarnung gibt es einen Punktabzug, dann geht mein Konto nach unten. Als das oft genug passiert war, wurde ich zum Problemfall, den keiner in seiner Klasse haben wollte.

Das ist die eine Sache, in der sich die Promise und meine alte Schule gleichen. Was die Lehrer von mir halten. Wie sie mich ansehen. Wie sie mit mir reden. Wie sie über mich reden. Aus irgendeinem Grund kommen Trey Jackson und das Personal einfach nicht klar aufeinander, und immer ist das angeblich meine Schuld.

Die sagen Dinge wie:

»Trey ist einer unserer *speziellen* Schüler.«

»Viel Glück mit *dem*.«

Oder ihr Favorit ... »Er braucht ein bisschen *Extraliebe*.«

Alle möglichen schmierigen Bemerkungen.

Aber ich bin nicht blöd. Ich weiß, dass sie in einem Lehrer-Code reden und eigentlich sagen wollen:

»*Wäre Trey doch nicht hier!*«

»*Würde Trey doch nur nicht existieren.*«

Ich wische mir das Wasser vom Kinn und gehe zu meinem Schließfach, um meine Sachen zu holen. Nach Unterrichtsschluss ist es weniger stressig hier. Keine anderen Kids, keine nörgelnden Lehrkräfte. Der Laden kommt einem beinahe normal vor. Ich greife nach dem Schloss von meinem Fach, da höre ich meinen Namen.

Ich drehe mich um und sehe Mr. Finley aus seinem

Klassenraum spähen. Seinen bleichen Hals reckt er so weit, dass er wie ein beknackter Strauß aussieht.

»Ja?« Ich versuche, höflich zu fragen.

»Warum gehst du nicht auf der Linie?«

Wenn Leute mir blöde Fragen stellen, brauche ich immer extralange für die Antwort.

»Die Schule ist aus. Es ist nicht mal jemand anders auf dem Flur.«

»Und nur weil keiner hinsieht, beschließt du, dich falsch zu verhalten? Was ist der vierte Grundwert?« Er verschränkt die Arme vor der Brust.

Ich seufze. »Integrität.«

»Wo kommst du her?«

»Vom Training.«

»Dann geh zurück zur Sporthalle und versuch es noch einmal.«

Ich schnappe nach Luft. »Mr. Finley, das kann nicht Ihr Ernst sein. Ich verpasse meinen Bus.«

»Du musst lernen, bessere Entscheidungen zu treffen.«

Ich stöhne laut, was er nicht leiden kann, und stampfe davon, um ihn noch mehr zu ärgern.

So schnell ich kann, gehe ich auf der Linie den Korridor runter. Ich würde rennen, aber dann lässt Mr. Finley es mich bloß immer wieder machen.

Mr. Finley ist berühmt dafür, Schüler alles endlos wiederholen zu lassen. Folter. Ich schwöre, manchmal denk ich, er mag mich einfach nicht. Dabei sollte Lehrern nicht erlaubt sein, Kids nicht zu mögen.

Ich guck mich um, und selbstverständlich beobachtet Mr. Finley mich noch, als hätte er sonst nichts zu tun, keine Arbeiten zu zensieren, keine Eltern anzurufen, keinen

Apfel zu essen oder was auch immer die Lehrer zu tun vorgeben.

Ich gehe weit genug, dass ich die Sporthalle sehe, dann drehe ich mich um. Die Wanduhr sagt mir, dass ich schon zwei Minuten zu spät dran bin, und das stresst mich. Seit zwei Wochen bin ich nicht mehr zu spät gekommen, und ich will Onkel T nicht ausgerechnet am Tag vor dem großen Spiel anpissen. Wer weiß, was er tun könnte. Und den Stress brauche ich jetzt gerade nicht. Ich muss morgen ein perfektes Spiel abliefern, da brauche ich einen klaren Kopf.

Ich habe keine Ahnung, was das Gericht meinem Onkel über mich erzählt hat, aber er scheint zu glauben, dass ich in New York riesige Probleme gemacht habe. Ja, ich bin ein paarmal von der Schule suspendiert worden, aber ich bin in keiner Gang. Ich verticke keine Drogen, wie einige meiner Freunde zu Hause. Ich bin bloß ein normaler Typ.

Ich renne zu meinem Schließfach, vorbei an Mr. Finleys Raum. Wie es aussieht, ist er in dem Moment nach Hause gegangen, in dem ich außer Sicht war.

So schnell ich kann, schnappe ich mir meine Sachen und laufe aus dem Gebäude.

Die frische Luft draußen fühlt sich gut an.

Doch als ich um die Ecke komme, wird mein Albtraum wahr, und ich sehe den Bus mit der 90 von der Haltestelle losfahren.

»NEIN! Warten Sie, warten Sie!« Ich sprinte hinterher. Aber hört der Fahrer mich?

Natürlich nicht. Der fährt weiter.

Mir wird schlecht, als ich darüber nachdenke, was Onkel T sagen wird ... und tun.

Kapitel fünf

Trey

Ich bin erst nach Sonnenuntergang zu Hause, was Onkel T nicht gefallen wird.

Er wohnt in Southeast, nahe an dem Navy Yard. Es ist eine ziemlich nette Gegend, mit einem Stadion in der Nähe und allem. Er hat ein Haus, also muss er reich sein, auch wenn er sich nicht so benimmt. Dauernd redet er davon, wie viel Geld ich ihn koste. *Mach das Licht aus, wenn du aus dem Zimmer gehst; Finger weg vom Thermostaten, kein Nachschlag beim Abendessen.*

Ich halte den Atem an und gehe nach drinnen. Er sitzt auf der Wohnzimmercouch, wie immer mit einem Bier in der Hand. Ich drücke mich dicht an die Wand und hoffe, dass er mich nicht bemerkt. Mir fällt der Teil von *Peter Pan* ein, in dem Peter mit seinem Schatten kämpft. Ich konzentriere mich darauf, dieser Schatten zu sein.

Als ich auf die Treppe zuschleiche, höre ich seine Stimme. »Wo bist du gewesen, Trey?« Er klingt wie ein Dämon.

»Nirgends. Ich komme vom Training.«

»Das Training geht bis halb sieben. Und der Weg nach Hause dauert nur eine Stunde. Warum kommst du erst um neun?«

»Ich habe den Bus verpasst.«

»Warum?«

Ich senke den Kopf.

»Er ist zu früh gefahren.«

»Komm her!«, schreit er. Er weiß, dass ich lüge – das weiß er immer.

Meine Füße sind wie Betonklötze, als ich zu ihm gehe. Ich hasse es, wenn er mich zu sich ruft. Er wird wütend, wenn ich mich zu langsam bewege, aber warum sollte ich mich beeilen? Erwachsene verstehe ich nie.

»Ja?«

»Ja, was?«, fragt er streng.

»Ja, Sir?«

»Belügst du mich, Junge?«

»Nein, Si–« Noch ehe ich ausgeredet habe, weicht sämtliche Luft aus meinem Körper. Meine Brust scheint gegen meine Wirbelsäule zu schlagen, und unweigerlich mache ich drei Schritte zurück.

Ich hasse es, auf die Brust geboxt zu werden.

Noch mehr hasse ich, dass egal ist, was ich sage. Onkel T hat sowieso schon eine feste Meinung zu mir. Genau wie die Lehrer an der Promise.

Von New York nach Washington zu ziehen und auf die Promise zu kommen, hat mein Leben richtig umgekrempelt. Hauptsächlich zum Guten. Zu Hause in der Bronx habe ich meine Mom nicht oft gesehen. Eine Weile lang war die Freiheit cool, aber dann fing Mom an, dauernd fremde Dudes mit nach Hause zu bringen. Einige Male wurde das richtig schräg für mich, und ich wollte da raus.

Als das Jugendamt gesagt hat, dass ich nicht mehr bei ihr wohnen kann, war ich erleichtert. Und ich war sogar froh, als ich erfahren hab, dass Onkel T mich bei sich aufnimmt. Die wenigen Male, die ich ihn bis dahin gesehen hatte, fand ich ihn ziemlich cool. Er hatte einen Cadillac, und das war der Hammer für mich. Doch als er mein Vormund wurde, hab ich eine andere Seite von ihm kennengelernt.

Onkel T hat ein ernstes Alkoholproblem. Ich weiß, dass er ein Marine war, und ich glaube, manchmal denkt er, er ist immer noch einer. Jeden Tag macht er dasselbe. Geht zur Arbeit, trainiert, trinkt Bier, guckt fern und reinigt seine Waffe. Und wenn er nichts davon tut, kommandiert er mich herum. Es ist fast, als würde er mich auch fürs Militär trainieren. Er meint, so lerne ich Disziplin, so macht er mich zu einem Mann.

Manchmal überlege ich zurückzuschlagen, kneife aber immer, wenn ich seine Muskeln sehe.

»Lüg mich lieber nicht an, Trey«, sagt er.

»Tue ich nicht, Sir. Ich habe den Bus verpasst.«

»Warum?«

Ich suche nach einer anderen Antwort als der Wahrheit. Auf keinen Fall kann ich sagen, dass ich Ärger bekommen habe, weil ich nicht korrekt über den Flur gegangen bin. Das würde nur beweisen, dass es meine Schuld war.

»Das Training ging ein bisschen länger, weil wir morgen ein großes Spiel haben.«

Als ich ihn an mein Basketballspiel erinnere, scheint

sich sein Gesicht zu entspannen. Es gefällt ihm, dass ich gut im Basketball bin.

»Das ist morgen, oder?«

Ich nicke. Er seufzt. Das ist das Äußerste, was er jemals an Entschuldigung zustande bringt.

»Warum hast du das denn nicht gleich gesagt, Trey?«

»Weiß ich nicht. Ist mir eben erst eingefallen.«

Er schüttelt den Kopf.

»Setz dich kurz.«

Ich sacke auf das andere Ende der Couch. So weit weg, wie ich kann.

»Du weißt ja, dass es einen Grund gibt, weswegen ich streng mit dir bin. Ich will nicht, dass du dieselbe Bahn einschlägst wie deine Mutter.«

Er hat immer solche Ausbrüche im Suff, bei denen er gemeine Sachen raushaut, als würden sie mich nicht verletzen.

»Übrigens habe ich sogar einen alten Freund von der Navy eingeladen«, redet er weiter, »damit er dich sieht. Mal abwarten, ob er dir ein Stipendium für die Navy besorgen kann.«

Ich hasse die Navy. Deren Farben sind zum Kotzen.

»Danke, Onkel T«, sage ich.

»Dank mir, indem du morgen aufkreuzt, verstanden?«

»Ja, Sir.«

»Gut. In der Küche sind noch Fertiggerichte. Iss was.«

Ich verzieh mich aus dem Wohnzimmer und geh nach oben auf mein Zimmer. Das Essen lasse ich ausfallen.

Je schneller ich einschlafe, desto eher ist morgen. Und alles, woran ich denken kann, ist, bei dem Basketballspiel mitzuspielen.

Ja. Morgen wird alles besser.

Der Tag des Mordes

Trey

Kapitel sechs

Trey

Fast erschrecke ich mich zu Tode, als mein Handywecker losgeht.

Ich springe aus dem Bett und ziehe die Uniform von gestern an, um Zeit zu sparen. Wenn ich zu spät komme, heißt das automatisch Nachsitzen. Das geht gar nicht. Dieses Spiel verpasse ich auf keinen Fall.

Ich sehe mich nach meiner Büchertasche um, kann sie aber nirgends entdecken. Ohne Büchertasche lassen sie einen an der Promise gar nicht erst rein. Und kommt das oft genug vor, fliegt man.

Ich renne ins Wohnzimmer und sehe meine Tasche neben der Couch. Schnell greife ich sie mir und renne nach draußen. Zum Glück ist Onkel T schon auf seinem Morgenlauf.

Ich jogge die Straße runter und bete, dass ich nicht wieder den Bus verpasse, denn nach einem Tag wie gestern kann man nie wissen, was einem blüht. Als ich um die Ecke laufe, steigen die Leute ungefähr zwei Blocks weiter bereits in den Bus ein. Ich flippe halb aus, bis ich eine alte

Frau im Rollstuhl hinten in der Reihe sehe. Die wird mir ein bisschen Zeit verschaffen.

Ich werde schneller, renne zweimal über Rot und schaffe es tatsächlich, kurz bevor die Bustüren zugehen.

Ein bisschen Glück am Tag eines meiner bisher größten Basketballspiele. Im Kopf gehe ich vergangene Spiele durch, probe gedanklich alles, woran Brandon und ich gearbeitet haben. Ich stelle mir das letzte Viertel vor, wenn Brandon mir am Ende den Ball zupasst und ich den Gewinnerkorb werfe. Vielleicht auch andersrum, dass ich ihm zuspiele und er den letzten Ball versenkt. So oder so sind wir ein Team, und das fühlt sich gut an.

Als der Bus gegenüber der Promise langsamer wird, drücke ich den Knopf für die hintere Tür und warte, dass das Ding hält. Sobald die Türen aufgehen, bin ich draußen.

Auf dem Weg nach drüben suche ich nach meinem Schulausweis, während ich daran denke, wie der Coach gesagt hat, dass er mich braucht. Wenn ich mich heute gut mache, wird er stolz sein. Ich denke an den Freund meines Onkels von der Navy und an die Chance, auch Onkel T stolz zu machen. Und dass Brandon seine Eltern stolz machen wird.

Der Ausweis ist in keiner meiner Jackentaschen, deshalb sehe ich in meiner Schultasche nach. Und da stockt mir der Atem.

Ach. Du. Scheiße.

Da sind nicht mein Ausweis, meine Sportsachen oder meine Lehrbücher ... Stattdessen starre ich auf Onkel Ts Pistole. Ich erinnere mich, dass ich meine Tasche neben der Couch gelassen hatte, gleich neben der von Onkel T.

Sie sehen gleich aus, und ich muss aus Versehen seine gegriffen haben.

Mir dreht sich der Magen um, und mein Herz fühlt sich an, als würde es explodieren.

Ich flippe aus! Hiermit kann ich nicht in die Schule gehen. Da werde ich gleich an den Metalldetektoren verhaftet!

Zurück nach Hause kann ich auch nicht, weil ich dann die Hälfte der Unterrichtsstunden verpasse, und wenn das passiert, darf ich nicht spielen. Ich wünschte, ich könnte einfach Onkel T anrufen, ihm sagen, dass ich einen Fehler gemacht habe, und ihn um Hilfe bitten. Aber so läuft mein Leben nicht. Er wird denken, ich hätte die Waffe absichtlich genommen. Da gibt es keinen Vertrauensvorschuss. Fehler oder Entschuldigungen kommen in seiner Welt nicht vor.

Was zur Hölle mache ich jetzt?

TEIL DREI
Ramón

Heute

Rachel Barnes

Ältere Schwester von Anthony Barnes, Schüler der Urban Promise Prep

Ich glaube, dass es eines von den Kids war. Und keines der Schwarzen.

Ich wohne ja in derselben Gegend wie Ramón, in Columbia Heights. Ab und zu sehe ich ihn mit Jungs von hier, *echten* Gangtypen. Von der gruseligen Sorte. Dioses del Humo.

In meinem Viertel sind die Dioses del Humo richtig groß, und die spielen nicht rum, das kann ich euch sagen. Mord ist für die kein Problem. Jeden zweiten Tag, wenn ich die Nachrichten gucke, geht's wieder um Ganggewalt, die auf deren Konto geht. Mit Gangstern als Nachbarn bin ich aufgewachsen, aber die Dioses sind anders. Es ist, als würden sie *gerne* morden.

In letzter Zeit sehe ich Ramón immer öfter mit ihnen abhängen, und zuerst habe ich mir nicht viel dabei gedacht. Aber vor einigen Wochen wollte ich meinen Bruder von der Schule abholen, und da habe ich gesehen, dass Ramóns Cousin auch da war.

Und Ramóns älterer Cousin ist der Anführer der Gang.

Ich bin keine Petze, aber weil ich ein besorgtes Gemeindemitglied bin und so, habe ich gedacht, es wäre gut, das Moore zu erzählen, nur vorsichtshalber. Den Mist brauchen sie an der Urban Promise Prep sicher nicht. Ich meine, mein Bruder geht da zur Schule! Und er soll da sicher sein.

Moore hat gesagt, er überprüft das. Später habe ich nicht mehr daran gedacht, aber dann, am Tag, bevor Moore ermordet wurde, habe ich gesehen, wie Ramóns Cousin vor der Schule verhaftet wurde.

Moore war ja der Typ, der alles getan hat, um diese Jungs zu schützen, und ich meine wirklich *alles*.

Und am nächsten Tag wird Moore ermordet.

Deshalb denke ich, das war Ramón, aus Rache. An einem Mann, der versucht hat, ihn vor sich selbst zu retten.

Wie gesagt, Mord ist für die kein Problem.

Anthony »Tony« Barnes
Schüler der Urban Promise Prep

Das ist das Ding an der Promise – entweder liebt man sie oder man hasst sie. Wenn man sie liebt, hält man sich an die Regeln, und alles ist gut. Wenn man sie hasst – na ja, weiß ich nicht. Ich versuche eben immer, das zu nutzen, was ich habe, um zu kriegen, was ich will. Und auch wenn ich es nicht ans College schaffe, sieht ein Abschluss an der Promise in dieser Stadt gut aus. Ich will eigentlich was mit meinen Händen machen – Schweißer werden, wie mein Dad. Aber erzählt meiner Schwester Rachel nicht, dass ich das gesagt habe. Für sie dreht sich alles ums College, so wie an der Promise auch.

»Nur so schaffst du, was du willst, Tony! Du passt an der Promise auf, und die sorgen für dich.« Und vielleicht hat sie recht ... Direktor Moore sorgt für uns, auf seine Art. Trotzdem gibt es mehr als eine Art, das zu kriegen, was man will.

Ramón ist das beste Beispiel, auch wenn Rachel denkt, der Typ ist gefährlich. Es ist eine Sache, ihn in der Gegend zu sehen. Da kann es übel zugehen. Aber wäre Rachel an der Promise, könnte sie sehen, was sie zu Hause nicht sieht.

Wir nennen ihn Koch Ramón. Ich meine, der Typ kann kochen! Wäre Ramón nicht da, müsste man schon die besseren Wohnviertel aufsuchen, um an die Pupusas seiner Abuelita zu kommen, aber Ramón ist schlau und vertickt die in der Schule. Blöd ist natürlich, dass Moore so was nicht duldet.

Aber, echt, wir wollen ja essen, und die Cafeteria ist total unterbesetzt. All das Geld aus der Politik und von reichen Leuten, und trotzdem ist das Einzige, was Moore bisher nicht abgeschafft hat, das Küchendienstprogramm, in dem ältere Schüler in der Küche aushelfen. Sogar Rachel gibt zu, dass Moore eben kein Geld für mehr Küchenpersonal ausgeben *will*.

Die anderen Lehrkräfte beschweren sich dauernd deswegen. Ich habe mal gehört, wie sie untereinander gesagt haben, dass es noch andere Sachen gibt, für die Spendengelder vorgesehen sind, aber Moore meint, die Kohle soll woanders investiert werden. Und der Mann hat das Sagen. Ich habe aber keinen Schimmer, wo das ganze Geld eigentlich landet.

Jedenfalls hat Koch Ramón nicht bloß geniale Pupusas gemacht, sondern auch andere Sachen. Immer experimentiert er rum. Manchmal hat er uns auf der blauen Linie eine Kostprobe zugesteckt. Scheint ein gutes Geschäft zu sein. Er hat ja auch seinen Freund Luis, der ihm aushilft. Würde ich so viel Geld machen wie Ramón, ich hätte dauernd neue Turnschuhe an. Aber Ramón sagt, das Geld ist für seine Abuelita und ihren Laden, und für seinen *Vorrat*. Keine Ahnung, was das heißt.

Jedenfalls habe ich nie geglaubt, dass er so schlimm ist, wie Rachel denkt.

Einmal sind Ramón und ich zusammen aus der Schule gekommen, und da hat sie mich echt fast am Ohr weggezogen, weil sie gedacht hat, ich würde da, mitten auf der Treppe der Promise, bei den Dioses del Humo einsteigen. Dabei geht das nicht mal so!

Aber Rachel hat auch eine Menge auf dem Zettel. Unsere Eltern arbeiten zwei, drei Jobs, deswegen bleibt viel von dem, was die machen sollten, an ihr hängen – wegen dem Elternsprechtag anrufen und so. Manchmal finde ich, dass sie ein bisschen zu ernst ist.

Aber vielleicht hat sie ja recht. Jetzt, wo Direktor Moore tot ist, fühlt es sich für mich komisch an, wieder an der Promise zu sein. Alles, was vorher passiert ist, kommt mir relevant vor: Dass Moore Ramón verboten hat, Essen zu verkaufen. *Wir bilden Männer aus, Könige, keine Penner!* Ich weiß nicht, warum Moore das gemacht hat.

Seit er ermordet wurde, denke ich viel nach und versuche, alles einzuordnen, was passiert ist. Wenn ich an das denke, was Ramón an dem Tag gesagt hat – dass er Geld für seinen geheimen Vorrat spart –, frage ich mich, was er gemeint hat. Hat er etwa gedealt? Jemand hat gesagt, dass der Schütze die Waffe in der Promise versteckt hatte.

Wer weiß, was Ramón für einen Vorrat meinte? Was, wenn ich ihm geholfen habe, die Waffe zu finanzieren, indem ich ihm Pupusas abgekauft habe? Wäre das Beihilfe zum Mord?

Erzählt es bitte nicht Rachel.

César

Ramóns Cousin

Ich habe nichts zu sagen.

Denn ich weiß, wie die Leute meine Worte verdrehen. Wenn ich sage, dass ich meinen Primo liebe, wird das verdreht zu: *Ich habe die Liebe meines Cousins ausgenutzt, um ihn anzustiften* ... Wenn ich sage, dass wir uns nicht nahe waren, wird es zu: *Er lügt für Ramón, weil sie zusammen in einer Gang sind. Gangster decken einander immer.*

Es ist kein Geheimnis, wer ich bin. Soll ich es aussprechen? Meine Tattoos sprechen für sich. Deshalb habe ich die ja – damit man mich erkennt. In dieser Welt braucht es bloß einen Tag, um zu begreifen, dass die Leute einen so sehen, wie sie wollen, und dann machen, was sie wollen. Mit diesen Tattoos sind wenigstens einige Sachen gleich klar. Ich weiß, wer für mich ist und wer gegen mich.

Das ist mehr, als mein Primo sagen kann, oder? Seine Abuela hat ihn auf diese Schule geschickt, damit er in Sicherheit ist. Und wie sicher ist er jetzt? Er hat doch am Ende denselben Stress, als wäre er auf der Straße. Der einzige Unterschied ist, alle sind viel schockierter, dass so was *an* der *Promise* passiert.

Ich habe schon Fernsehkameras gesehen, die in meiner Gegend filmen, ordentlich auf die eingeschmissenen Fenster und die Dudes an den Ecken halten. Und dann sehe ich Fernsehaufnahmen von den Fluren der Promise – in beiden Fällen werden wir als Tiere dargestellt. Nur gilt die eine Sorte als gezähmt.

Aber so nobel diese Flure auch aussehen, die Leute verstehen nicht, dass man arme Jungen in eine Schule stecken kann, aber nicht erwarten darf, dass sie was werden, was sie nicht sind. Ich bin kein toller Schuldirektor, aber sogar ich weiß, dass es Bullshit ist. Der einzige Unterschied zwischen den Promise Boys und mir ist die Uniform, die wir tragen. Die haben ihre, ich meine, aber wir sind alle gleich. Löwen im Dschungel, die darum kämpfen, König zu werden.

Doña Gloria
Ramóns Abuela

Mein Ramón ist das nicht gewesen.

Wenn solche Sachen Braunen Jungs passieren, sind sofort ihre Gesichter im Fernsehen, und die finden das eine Foto unter Tausenden, auf dem sie wie Kriminelle aussehen. Aber wenn Ramón wirklich schuldig ist, würde es heißen, dass ich meinen Enkel gar nicht gekannt habe.

Das tat ich aber. Tue ich. Tief in meinem Herzen.

Mein Enkel ist weich wie Kuchenteig. Er ist süß wie Honig. Er hat das nicht getan. Er hilft mir, Pupusas zu backen, ohne dass ich ihn bitten muss. Er fragt mich, wie man all die Gerichte kocht, die ich aus meiner Kindheit kenne, ohne dass ich ihn dazu ermuntere. Jedes Kind hat Träume, bis die Welt sie ihm austreibt. Aber noch hat die Welt meinem Ramón die Träume nicht zerstört. Nein, noch nicht, obwohl sie sich Mühe gibt.

Die Leute haben ihre eigenen Vorstellungen, wie es ist, zu emigrieren. Manche denken, dass es leicht ist; dass es leicht ist, seine Sachen zu packen, seine Heimat zu verlassen und irgendwo neu anzufangen; dass es leicht ist, Englisch zu lernen. Ist es aber nicht. El Salvador zu verlassen und herzukommen, das war harte Arbeit. Und für ein älteres Kind, wie Ramón es damals war, ist es noch härter. Wir haben Mühe, diese Sprache zu lernen, vor allem er. Ich konnte sehen, welche Probleme es ihm gemacht hat, schon als kleiner Junge. Die Scham. Scham, die zu Wut werden kann.

Ja, er musste nachsitzen. Sowas spricht sich immer schnell herum: *Nachsitzen. Ärger. Suspendierung. Verweis.* Was viel langsamer die Runde macht, ist die Wahrheit: Nachsitzen, weil er an der Schule Pupusas verkauft. Ärger, weil er lacht. Suspendierung, weil er unerlaubt Essen verkauft. Ja, ihm wurde gesagt, dass er das nicht soll. Also hat er einen Stand in der Cafeteria aufgemacht. Er hat einen Weg gefunden, das zu tun, was er liebt, und sich gleichzeitig an die Regeln zu halten. An der Promise heißt es doch immer, dass sie Innovation belohnen.

Wo ich herkomme, lachen Männer, sie tanzen und umarmen sich. Das ist unsere Kultur. Warum will Direktor Moore uns die nehmen?

Ganz ehrlich: Ich habe lange und gründlich darüber nachgedacht, Ramón von dieser Schule zu nehmen. Ramón stand in letzter Zeit so unter Druck. Mein süßer Junge, so wütend, wie es sein Tío sein konnte. Wir haben seinen Onkel nicht oft gesehen. Aber Ramón hat genug von César mitbekommen, und ich denke, er hat gewusst, dass er sich von diesem Weg fernhalten soll.

Das musste ich ihm nicht sagen. Er wusste es einfach.

Aber das hat César nicht abgehalten, hinter Ramón her zu sein, damit er den Dioses del Humo beitritt. César muss klar gewesen sein, dass die Dioses Ramón nicht in

Ruhe lassen würden. Manchmal kann ein Wolf einen anderen nur schützen, wenn sie zusammen in einem Rudel sind. Sonst wendet sich das Rudel gegen ihn. Aber das ist es ja – mein Ramón ist kein Wolf. Er ist ein sanfter Junge! Ich musste ihm sogar sagen, dass er sich gegen jeden verteidigen muss, der ihm wehtun will.

Es hat Tage gegeben, da hat er gekocht vor Wut auf diese Schule. Er hat Geld gespart für ein Lokal. Seine Träume sind zu groß für dieses Haus, sogar für diese ganze Stadt. Er hat getan, was er tun musste, um sie zu verwirklichen. An einem Tag ist er nach Hause gekommen, ganz rot im Gesicht und mit Tränen in den Augen. Ich habe ihn gefragt, was passiert ist, und er hat nur gesagt: »Moore ...«, aber mehr nicht. Er meinte, ich hätte schon genug Sorgen.

Warum wissen Kinder nicht, dass nur sie uns wichtig sind? Dass alle anderen Sorgen klein sind, leicht wegzupacken? Ich konnte es nicht aus ihm herausbekommen, und jetzt ist es so weit gekommen.

Ich habe ihm gesagt, er soll sich verteidigen, egal wer ihm wehtut.

Magdalena Peña
Ramóns Cousine

Das Ding ist, wenn man die Schwester von einem wie César ist, behandeln einen alle, als wäre man seine Mutter. *Warum kannst du ihn nicht dazu bringen, dass er aufhört? Warum redest du nicht mit ihm?* Würden die César so kennen wie ich, dann wüssten sie, dass er eine Festung um sich herum gebaut hat, aus all dem, was ihm je wehgetan hat. Und nichts auf der Welt holt ihn da raus, ehe er nicht will. Seine Mutter nicht, sein Vater nicht und ich auch nicht. Deshalb halte ich mich fern von ihm, was mich traurig macht. Aber ich schreibe ihm immer Textnachrichten, damit er weiß, dass ich für ihn da bin, wenn er reden will.

Ich glaube, Ramón weiß genau, wie das ist. Außer meinen Eltern ist Ramón der Einzige, der César so sehr liebt wie ich. Er weiß, wie es ist, von jemandem, den man liebt, innerlich so verletzt zu werden. Die Leute sehen in César nur die Dioses del Humo. Und wenn sie die Dioses sehen, denken sie an Knarren, an Rasierklingen. Aber Knarren und Rasierklingen sind schnell und brutal. Es gibt andere, langsamere und qualvollere Arten, andere zu verletzen.

Manchmal ist Ramón spät von Abuelita zurückgekommen, wenn er ihr im Laden geholfen hat. Er hatte immer ein schwarzes T-Shirt an, wenn er nicht in der Promise war, und das wurde dann schmutzig, voller kleiner, angetrockneter Teigkrümel. Er musste an unserem Haus vorbei zu seinem, und dann blieben er und César stehen und redeten ein bisschen. Das waren die einzigen Zeiten, in denen die beiden wirklich unter sich waren – normalerweise waren immer die anderen Dioses bei César, wenn er mit jemandem geredet hat, und das hat die Gespräche völlig verändert.

Diese Abende waren die einzigen Male, die ich César entspannt gesehen habe. Ramón konnte ihn immer zum Lachen bringen. Manchmal hat unser Nachbar, Don José, nach draußen gesehen und ihnen was zugerufen, und sie haben alle gelacht. Don José kennt uns alle seit Jahren. Er ist einer der wenigen Menschen außerhalb unserer Familie, die keine Angst vor César haben.

Doch auch wenn Ramón zu César aufgeschaut hat, haben sie sich hin und wieder gestritten. Einen Abend, als ich rausgegangen bin, um zuzuhören, hat César immer wieder gesagt: »Wie kommst du darauf, dass ich dich zu was Falschem verleiten will? Ich weiß doch, wie du dich abkämpfst! Lass mich dir helfen!«

Und Ramón hat nur immer wieder den Kopf geschüttelt, bis César ein bisschen laut geworden ist und gefragt hat: »Hältst du mich für einen üblen Typen? Denkst du, meine Brüder sind üble Typen?« Und schließlich hat Ramón gebrüllt: »Ja! Tue ich!«

An dem Abend haben sie sich gestritten. Aber das war, bevor Moore César festnehmen ließ. Das ging sofort durch den ganzen Block, und auf einmal hat sich alles anders angefühlt. Ramón stand schon vorher viel zu stark unter Druck, aber jetzt kam es mir vor, als wäre er fast am Ende. Don José hat meiner Mutter erzählt, dass er Ramón mit einigen der Dioses an der Ecke gesehen hatte, an dem Tag, als César verhaftet wurde. Er meinte, sie hätten ausgesehen, als würden sie Ramón aufmuntern, und dass es zum ersten Mal gewirkt hätte, als würde Ramón sich wohlfühlen.

Die letzte Textnachricht von Ramón an mich, am Tag bevor Moore erschossen wurde, war:

> Ramón: Was machst du, wenn du keine Wahl mehr hast? Wenn es sich anfühlt, als hätten dir alle Leute, denen du vertrauen sollst, gezeigt, dass man ihnen nicht trauen kann?

Ich weiß bis heute nicht, ob er Moore oder César gemeint hat.

Niemand
Schüler der Urban Promise Prep

Es heißt, dem Mörder wäre schon anzusehen gewesen, dass er kurz vorm Durchdrehen ist.
Aber keiner guckt je die richtige Person an.
Alle sind zu sehr von dem ganzen anderen Lärm abgelenkt.

Ramóns Befragung

(Transkript des offiziellen Verhörs)

DETECTIVE BO: Sag bitte deinen Namen für das Protokoll.
RAMÓN: Ramón. Ramón Antonio Torres Zambrano.
DETECTIVE BO: Das sind eine Menge Namen.
RAMÓN: Ja, das kann man wohl meinen, wenn man kein Latino ist.
DETECTIVE ASH: Bisher bist du sehr kooperativ gewesen. Das wissen wir zu schätzen. Du sollst wissen, dass es sicher ist, uns die Wahrheit zu sagen.
DETECTIVE BO: Egal, was du getan hast, wir können dafür sorgen, dass man sich um dich kümmert.
RAMÓN: Ich habe Ihnen doch gesagt, ich habe gar nichts getan.
DETECTIVE BO: Ramón. Ramón. Es ist okay. Wir sind hier auf deiner Seite. Direktor Moore hat dir oft im Nacken gesessen.
DETECTIVE ASH: Ich käme nicht damit klar, wenn mir jemand dauernd so zusetzt. Wahrscheinlich würde ich ausflippen.
RAMÓN: Ich habe Direktor Moore nicht umgebracht. Ich habe nachgesessen. Ich würde niemanden umbringen.

DETECTIVE BO: Lassen wir den Quatsch, Junge. Du würdest keinen umbringen? Ich denke nicht, dass man bei den Dioses del Humo mitmachen darf, wenn nicht das Gegenteil zutrifft.

RAMÓN: Ich bin kein Dios! Reden Sie nicht über Sachen, von denen Sie keine Ahnung haben.

DETECTIVE BO: Aber, aber. Jetzt klingst du ein bisschen wie dein Cousin.

RAMÓN: Sie wissen einen Dreck über meinen Primo.

DETECTIVE ASH: Ich habe gewusst, dass er ein bisschen hitzig werden kann, Bo, stimmt's?

DETECTIVE BO: Ja, hast du. Pass auf, was du sagst, Junge. Im Moment sind wir beide nett, aber das kann sich jederzeit ändern. Und glaub mir, du willst nicht, dass das passiert.

RAMÓN: Ich sage gar nichts mehr.

DETECTIVE ASH: Na komm, wie wär's, wenn wir uns alle entspannen? Wir sorgen dafür, dass man sich um dich kümmert. Du willst doch, dass deine Grandma in Sicherheit ist, oder?

RAMÓN: Was ist mit meiner Abuela?

DETECTIVE BO: Nichts ... bisher. Aber du kennst doch die Dioses. Keiner ist sicher vor ihnen. Sie hören, dass du hier bist, mit uns redest, und könnten auf falsche Gedanken kommen.

RAMÓN: Aber ich rede nicht! Ich sage nichts mehr.

DETECTIVE BO: Dann weißt du also etwas.

RAMÓN: Hä? Sie bringen mich durcheinander! Hören Sie auf, mit mir zu reden!

DETECTIVE ASH: Hör mal, wenn du uns gibst, was wir wollen, können wir vielleicht einen Deal wegen Moore für dich rausholen. Damit du eher rauskommst und dafür sorgen kannst, dass Abuela auch sicher ist.

RAMÓN: Ich habe gar nichts getan! Warum denken alle, dass ich ein Dios bin? Ich habe nichts mit denen zu tun, und ich habe Moore nichts angetan! Lassen Sie mich in Ruhe!

DETECTIVE ASH: Dann war dir egal, dass Moore deinen Cousin verhaften ließ?

RAMÓN: Ich habe nicht gesagt, dass es mir egal gewesen ist. Und ich habe Ihnen schon gesagt, reden Sie nicht über meinen Primo!

DETECTIVE BO: Da ist das Hitzige wieder! Du bist ziemlich wütend. Und zum Tatzeitpunkt musst du auch ziemlich wütend gewesen sein.

RAMÓN: Ich war wütend, aber ...

DETECTIVE ASH: Ich weiß ja nicht, wie es bei dir ist, Bo, aber wenn ich wütend werde, tue ich manchmal Dinge, auf die ich hinterher nicht so stolz bin.

DETECTIVE BO: Oh ja, ich auch. Du warst wütend, Ramón. Das ist nur menschlich. Also, was haben die Dioses del Humo gesagt? Haben sie dir geholfen, die Waffe zu bekommen, oder hast du das alleine geschafft?

RAMÓN: Ich habe noch nie eine Waffe abgefeuert. Ich habe überhaupt noch nie eine Waffe in der Hand gehabt!

DETECTIVE ASH: Ramón, komm schon. Ich finde das sehr schwer zu glauben. In deiner Gegend?

RAMÓN: Warum wollen Sie mir nicht glauben?!

DETECTIVE ASH: Junge, dein Eigentum wurde am Tatort gefunden. Es wird Zeit, reinen Tisch zu machen.

RAMÓN: Ich war beim Nachsitzen!

DETECTIVE BO: Wir können den ganzen Tag so weitermachen, Ramón. Und glaub mir, wir finden die Wahrheit heraus, koste es, was wolle.

Ein Tag vor dem Mord
Ramón

Kapitel sieben

Ramón

Piep, piep.
Meine Träume werden immer unterbrochen. Weil ich nie richtig schlafen kann. Jede Nacht ist es laut in meiner Gegend. Polizei, Krankenwagen, Feuerwehr, hupende Autos, Hubschrauber, alles. Es ist nie Ruhe, und erst recht gibt es hier keinen Frieden. Tatsächlich habe ich vor allem Ruhe, wenn ich in der Schule bin. Der Promise.
Meine Abuela war so froh, mich auf diese Schule zu bekommen. Je weiter weg von meinem Primo César, desto besser. Sie liebt ihn so sehr wie mich, aber es ist eine enttäuschte Liebe. Vielleicht könnte diese Enttäuschung seine Entscheidungen beeinflussen, wäre er ihr so nahe wie ich. Ich weiß, dass ich nie etwas tun könnte, was sie dazu bringt, mich so anzusehen, wie sie César ansieht. Trotzdem sind wir eine Familie. Sie liebt uns alle.
Aber meine Abuela und ich sind uns immer am nächsten gewesen. Mussten wir sein, schätze ich. Es ist nicht nur, weil wir zusammen wohnen. Wir haben so vieles gemeinsam.

Wo wäre ich, würde ich nicht mit meiner Abuela backen? Alle meine Zukunftsträume bestehen aus Masa, aus Teig.

Aber mein Wecker schrillt los, als ich gerade in einen tiefen Schlummer falle, womit jede Chance tot ist, heute noch zu träumen. Während ich langsam aufstehe, muss ich den Frust abschütteln, der mir in die Knochen kriecht. Stattdessen rufe ich mir in Erinnerung, warum ich so früh aufstehe: Um mehr Zeit mit Abuela zu haben und ihr zu helfen, ihre Sachen für den Laden vorzubereiten. Jeden Morgen, wenn ich aufstehe, ist sie schon in der Küche, hat angefangen und wartet auf mich.

Aber heute will sie meine Hilfe nicht. Sie scheucht mich aus der Küche.

»Nein, nein, heute nicht«, sagt sie. »Es soll Regen geben. Dein Bus ist immer zu spät, wenn es regnet, also musst du einen früher nehmen.«

»Abuela –«

»Geh, geh! Du darfst nicht zu spät zur Schule kommen – sonst versäumst du noch etwas!«

Abuela nimmt die Schule extrem ernst. Sie hatte keine Chance, in El Salvador aufs College zu gehen. Die Promise sieht sie als *die* Gelegenheit für mich, die ich nutzen soll. Ich sehe es wohl auch so, solange ich den Abschluss schaffe.

Ich meine, versteht mich nicht falsch, ich mache mich ganz okay an der Promise. Aber ich habe von Leuten in der Abschlussklasse gehört, die rausgeflogen sind, weil sie nicht mithalten konnten. Manchmal habe ich ein schlechtes Gewissen, weil ich Abuela so viel verschweige. Wenn ich eine schlechte Punktzahl in einer Prüfung habe oder nachsitzen muss. Manchmal erzähle ich ihr nicht mal von den Elternsprechtagen, damit sie keinen Bericht über mich bekommt. Sie zu belügen, tut weh, aber ich mache es trotzdem.

Zum Beispiel habe ich ihr erzählt, dass der Bus schuld an meinem Zuspätkommen war, was gar nicht stimmte. Ab und zu steige ich eine Station früher aus und gehe in Adams Morgan herum, um mir mein zukünftiges Restaurant anzusehen. Ich meine, noch ist es bloß ein Traum. Aber solange das Schaufenster leer ist, fühlt es sich beinahe an, als würde das Lokal auf mich warten. Warten, dass ich meinen Abschluss mache. Dass ich auf eine Spitzen-Kochschule gehe. Dass ich all meine Träume wahrmache.

Ich küsse Abuela auf die Wange und habe vor schlechtem Gewissen ein flaues Gefühl im Bauch. Denn sie hat recht – ich sollte direkt zur Schule. Doch das Lokal ruft nach mir. Ich gehe zur Bushaltestelle, und das Schuldgefühl vergeht, als die Vorfreude einsetzt.

Piep. Piep.

Ein Bus in der Nähe, nicht meiner, lässt die Rampe herunter, damit ein alter Mann weniger umständlich aussteigen kann. Wahrscheinlich ist er der Abuelo von jemandem, braucht Hilfe, und ich wünschte, ich hätte Zeit für ihn. Ich schüttle den Kopf, um das Piepen loszuwerden. Da höre ich jemanden meinen Namen rufen.

»Primo, hörst du mich nicht?«

Das Herz rutscht mir in die Hose. Diese Stimme kenne ich. Aber hier auf der Straße klingt sie ganz anders als zu Hause, wenn wir alleine reden.

»Hi, César«, sage ich und drehe mich um. Er kommt zu mir gelaufen, die Hände in den Taschen. Dieser Tage lächelt er nicht oft, dabei erinnere ich mich, dass er so fröhlich war, als wir beide noch klein waren.

»Was soll das, mich zu ignorieren?«, fragt er. Er grinst, aber seine Augen machen es nicht mit. Ich erkenne, dass er die Wahrheit verlangt – habe ich ihn etwa ignoriert? Dies ist es, wozu mein Cousin tagsüber wird – der Dioses-Anführer an erster Stelle, mein Cousin an zweiter.

»Ich hatte dich nicht gehört«, sage ich. »Weil ich nur daran gedacht habe, zur Schule zu kommen.«

»Und wieso gehst du in diese Richtung? Ist deine Haltestelle nicht da drüben?« Er nickt die Straße hinunter.

»Äh, ich mach bloß einen Umweg, weil ich mir was ansehn will.«

»Ein Mädchen?«

»Nein, kein Mädchen.«

Mein Cousin schaut sich um. »Tja, sei vorsichtig. Hier gab's neulich Stress, und es könnte zurückgeschlagen werden.«

Ich nicke nur. Ich hasse es, dass sich Césars Mist auf die ganze Familie auswirkt, aber ich weiß auch, dass er alles tun würde, um uns zu schützen. Und ich meine wirklich alles.

Er mustert mich, und ich merke, wie ich unwillkürlich alle Muskeln anspanne. Er wird fragen. Tut er immer.

»Du bist ganz alleine hier draußen«, sagt er finster. »Bei uns wärst du sicherer. Du musst klug sein und zu mir und den Dioses kommen.«

»Mach dir keine Sorgen um mich, Primo. Ich gehe bloß zur Schule.«

»Du hast eben gesagt, dass du *nicht* zur Schule gehst«, sagt er, und da ist ein Blitzen in seinen Augen.

»Doch, ich gehe zur Schule, nur vorher kurz woanders hin.«

César sieht mich an und blinzelt dabei so wie immer, wenn er jemandem nicht traut.

»Okay, ich will ja nur sicher sein, dass bei dir alles gut ist. Wir sind eine Familie.«

Sind wir. Und in vielem ist César eher wie mein großer Bruder als mein Cousin. Deshalb ist Magda, Césars kleine Schwester, auch wie eine Schwester für mich. Das ist eine Sache, die César und ich gemeinsam haben: Wir beide wollen unbedingt Magdalena beschützen. Ich habe ihr einmal gesagt, dass ich denke, César hat sich auch auf die Dioses eingelassen, weil er weiß, dass jeder scharf auf Magda ist. Wäre ich auch.

»Was ist in der Tasche?«, fragt er.

»Schulsachen.«

»Ich rieche Pupusas. Vertickst du die immer noch?«

Ich fühle, wie mein Gesicht heiß wird. Nicht, dass mir das Kochen und Backen peinlich wäre – erst recht nicht vor César. Er hat früher sogar mitgemacht, als wir noch Kinder waren. Am liebsten backte er Süßes. Und war auch gut darin. Ich denke nur, er sieht das Kochen bei mir mittlerweile als etwas, das mich davon abhält, mich den Dioses anzuschließen.

»Ja«, gebe ich zu.

César grinst spöttisch. »Hast du da auch was zu trinken, 'ne Flasche Horchata oder so?« Er greift nach meiner Tasche.

»No jodás, lass den Scheiß«, sage ich und ziehe die Tasche weg.

Als er sieht, dass ich keinen Spaß mache, richtet er sich

gerade auf. Typen wie César respektieren es, wenn man sich durchsetzt. Es zeigt, dass man Mumm hat.

»Okay, okay, dann hast du eben dein eigenes kleines Business, verstehe.« Es ist nicht mal eine Sekunde, aber ich erkenne, dass César stolz auf mich ist. Und dieser Blick gibt mir das Gefühl, dass nur wir hier auf der Straße sind. Aber das hält nicht lange, denn hier draußen wird man immer beobachtet.

»Ja, habe ich. Ich werde sogar mein eigenes Lokal aufmachen ...«

Das wollte ich nicht laut sagen. Es ist mir rausgerutscht, weil ich zu locker geworden bin. Sobald es heraus ist, lacht César los.

»Ein Lokal? Wie ein Restaurant?«

»Ja«, antworte ich verlegen. »Irgendwann.«

Er lacht noch mehr. Früher hat es mir was ausgemacht, aber inzwischen bin ich es gewohnt, dass Leute über meine Träume lachen. Den Leuten im Viertel davon zu erzählen, ist immer schon riskant, weil die meisten hier nicht so zuversichtlich sind wie ich. Aber bei César fühlt es sich verletzender an. Ich merke, dass ich ihn finster ansehe.

»Egal«, sage ich. »Ich bin weg.« Ich gehe los, da wird mir klar, dass ich mehr zu sagen habe. Also drehe ich mich wieder um.

»Übrigens könntest du Abuela und mir helfen. Sie braucht *immer* Hilfe beim Verkaufen. Ich gehe jetzt zur Schule und lerne, wie man richtig Geschäfte macht –«

César unterbricht mich. »Denkst du, zur Schule gehen macht dich besser als mich? Was ist denn die richtige Art, Geschäfte zu machen? Ich habe Infos, die sie dir in der Schule nicht verraten, aber auf der Straße, und es gibt keine ›richtige Art‹ in dieser Welt. Allen geht's nur um sich selbst. An der Weicheischule reden sie dir ein, dass die Welt gut ist und du nur hart genug arbeiten musst, damit deine Träume wahr werden.« Er schüttelt den Kopf. »Leute aus unserer Gegend haben keine eigenen Restaurants, Primo. Kennst du irgendwen hier, der das Geld hat, sich ein Haus zu kaufen? Von legalem Geld? Ja, wir helfen Doña Elena und Don Marco, weil es bei ihnen gebrannt hat, und allen sonst noch im Viertel, die was brauchen. Aber wir sind nicht hier draußen, um Engel zu sein. Wir versuchen bloß klarzukommen.«

Mein Brustkorb fühlt sich zu eng an. Ich versuche, kein Zittern in meiner Stimme hören zu lassen. »Und wer sagt, dass wir nichts besitzen können? Warum denkst du, ich kann kein eigenes Restaurant haben?«

Mein Gesicht fühlt sich so heiß wie noch nie an. César ist wie ein großer Bruder für mich, und ich komme mir immer wie ein kleiner Junge vor, wenn ich mit ihm rede. Aber heute fühle ich mich wie ein alter Mann, der einen anderen alten Mann zur Vernunft bringen will – als wären wir beide auf unsere Art festgefahren.

»Das können wir«, antwortet er. »Aber nicht, indem wir zur Schule gehen und uns irgendwelchem Scheiß anpassen, wenn uns sowieso alle hassen. Wir müssen zusammenarbeiten und was Eigenes aufbauen. Das ist die einzige Wahl, die *sie* uns lassen.«

Ich verstehe, was er sagt, stimme aber nicht zu. Für mich hat man im Leben nicht bloß *eine* Wahl. Aber ich stecke ja auch nicht in seiner Haut. Vielleicht gibt es für ihn wirklich nur eine.

»Wenn du dir selbst einredest, dass es nur eine Wahl

gibt, siehst du auch keine andere, Primo. Und das ist etwas, das ich in der Schule gelernt habe.«

Ein roter Dodge Hellcat hält mit quietschenden Bremsen neben uns an. Zuerst schlägt mein Herz schneller, aber César wirkt ruhig, also beruhige ich mich auch. Ein Seitenfenster gleitet nach unten, und es ist Ever, Césars zweiter Mann.

»Jo, Mann, die Kacke ist schon am Dampfen.«

Ich sehe zu Ever, fühle aber, dass sich Césars Blick in mich hineinbrennt. Ever nickt mir zu, und ich nicke zurück.

»Wir reden später weiter«, sagt César.

Ich halte die Luft an und hoffe sehr, dass es ein Später gibt.

Bisher habe ich immer weggesehen, wenn César und die Dioses machen, was sie machen. Ich habe Gerüchte gehört, was passiert, wenn sie eine Rechnung begleichen. Und ich weiß, wie die anderen Dioses César sehen – und was er alles tun musste, um sich diesen Respekt zu verdienen.

»Ja, klar, bis dann«, sage ich und renne die Straße rauf.

Ich versuche, das eben zu vergessen und mich auf mein künftiges Lokal zu konzentrieren.

Doch als ich zu dem Gebäude komme, fällt mir die Kinnlade runter. Da ist kein »ZU VERKAUFEN«-Schild mehr im Fenster. Stattdessen prangt dort eines mit der Aufschrift »VERKAUFT«. In meinem Schock bemerke ich trotzdem ein Blatt Papier an der Eingangstür und gehe hin, um es zu lesen.

DEMNÄCHST HIER: ASIATISCH-MEXIKANISCHE FUSIONSKÜCHE! DIESER KOCH AUS SAN

FRANCISCO FREUT SICH AUF SEINE NEUEN RÄUMLICHKEITEN.

Das Foto dazu zeigt einen weißen Typen mit einer Kochmütze, der grinsend Essstäbchen und eine knusprige Tacohülle in den Händen hält. Mehr ist nicht nötig, damit ich aufhöre, traurig zu sein, und wütend werde. Nicht, dass ich jemals tatsächlich geglaubt hätte, ich würde diesen Laden mieten und ein Restaurant eröffnen. Aber ... irgendwie habe ich das doch. Träume sind nicht vernünftig. Ich starre den Typen auf dem Foto an. *Asiatisch-mexikanische Fusionsküche.* Wenn ich weiter hinsehe, werde ich die beknackte Scheibe einschlagen. Also gehe ich weg, so schnell ich kann.

Mein Bus kommt, ich hole meine SmarTrip-Karte hervor und steige ein. Jetzt bin ich noch müder, als ich vorher schon war. Der Busfahrer brummelt, und ich gehe ganz nach hinten, den Blick auf den Sitz gerichtet, zu dem ich will. Dabei sehe ich aus dem Augenwinkel ein bekanntes Gesicht.

Mr. Reggie.

Er ist der Sicherheitsmann an der Schule, und ohne es zu wollen, höre ich im Kopf *piep, piep, piep.* Als könnte er mir hier im Bus schon einen Punkt abziehen. Verdammt, vielleicht kann er das ja. Mit dieser blöden Promise-Uniform, die ich trage, muss er mich natürlich bemerken. Wie kann dieser Tag noch schlimmer werden?

Mr. Reggie und ich sind schon früher aneinandergeraten. Letzte Woche hatte jemand den Nerv, mich bei ihm zu verpfeifen, weil ich Pupusas verkauft habe. Ich konnte es nicht glauben!

Jedenfalls hat Mr. Reggie da mein Schließfach durchsucht und die sogenannte »Schmuggelware« Direktor Moore übergeben, obwohl der sie anscheinend gar nicht haben wollte. Irgendwie hat Moore diese Macht über alle, die an der Schule arbeiten, dass sie Dinge tun, die nichts mit ihren Überzeugungen zu tun haben, nur damit er zufrieden ist. Ich hasse die Promise nicht so, wie die anderen Kids sie hassen, aber manchmal wird es mir da auch zu viel.

Ich gehe weiter nach hinten, wo Mr. Reggie mich nicht während der ganzen Fahrt anstarren kann. Dann nehme ich mein Handy hervor und schreibe Magda.

> Ramón: Ich habe eben César an der Bushaltestelle getroffen.

> Magda: Shit. Ich bin schon auf dem Weg zur Schule, sonst hätte ich ihn angeschrien, dass er dich in Ruhe lassen soll. Tut mir leid.

> Ramón: Hat er dir was davon gesagt, dass er nur eine Wahl hat?

> Magda: Was?

> Ramón: Weiß nicht, er war komisch. Als wollte er mit mir über was reden, aber ist dann nicht dazu gekommen. Ich weiß nicht, ob es schlimm war oder nicht.

> Magda: Weiß man bei ihm nie. Alles okay mit dir? Ich habe gehört, dass du geschnappt worden bist, als du Pupusas und so an der Schule verkauft hast.

> Ramón: Verdammt, von der Promise dringt echt alles nach draußen! Wo hast du das überhaupt gehört?

> Magda: Willst du das wirklich wissen?

> Ramón: Klar.

> Magda: Die kleine Ratte Becca hat gestern in der Klasse darüber geredet.

Magda ist auf der Mercy, der Mädchenschule ganz in der Nähe der Promise. Die Schülerinnen da sind superklug, klüger als die Jungs an der Promise. Aber manchmal benehmen sie sich auch so von oben herab uns gegenüber. Natürlich ist Magda total anders als die anderen Mädchen an der Mercy.

»Ist das nicht deine Haltestelle?«, ruft jemand, und ich schrecke auf, als ich merke, dass ich gemeint bin. Es ist Mr. Reggie. Er steht schon an der hinteren Tür und sieht mich fies an. »Du willst doch nicht schwänzen, oder?«

»N-nein«, stottere ich, denn sein Blick macht mich nervös. Erwischt er mich mit den Pupusas, bin ich erledigt.

Dann bekomme ich schon Nachsitzen aufgedonnert, ehe ich überhaupt in der Schule bin.

Ich hoffe, er deutet meine Nervosität nicht als Schuldgefühl.

»Na, dies ist die Haltestelle, an der du aussteigst, wenn du *wirklich* zur Schule willst«, sagt er.

»Will ich«, antworte ich. »Ich habe wohl nur geträumt.«

»Ah, ja, das ist das Problem mit den Kids heutzutage. Dauernd an ihren Handys oder im Wolkenkuckucksheim. Komm schon«, murmelt Mr. Reggie und wartet, bis ich vor ihm aussteige. »Und immer wollen sie mit irgendwas durchkommen.«

Mir bleibt keine andere Wahl, als ihm den ganzen Weg zur Schule zu folgen, und meine Abuela hat recht gehabt – es fängt an zu regnen. Ich habe keinen Schirm, halte aber die Büchertasche über meinen Kopf, um ein bisschen trocken zu bleiben. Mr. Reggie dreht sich unter seinem Schirm zu mir um. Der Gedanke, mich darunter einzuladen, kommt ihm nicht. Aber warum sollte er auch?

Als wir die Stufen zur Promise hinaufgehen, schüttet es wie aus Eimern, und wir eilen nach drinnen.

»Geh direkt in den Stillarbeitsbereich«, grummelt Mr. Reggie, während er seinen Schirm ausschüttelt. »Keine Ahnung, warum du so früh zur Schule kommen wolltest.«

Jede Erwiderung ist zwecklos, also gehe ich in Richtung Stillarbeitsbereich. Regenwasser tropft von meiner Tasche. Ich drehe mich um, sehe die nasse Spur und verziehe das Gesicht. Vielleicht bin ich übervorsichtig, aber ich schaue mich um, ob ich auch wirklich allein bin, bevor ich den Reißverschluss aufziehe. Ich linse hinein. Mein Pupusa-Vorrat ist in Ordnung, trotz des schlechten Wetters.

Ich bin fast am Stillarbeitsraum, als ich jemanden in einem der anliegenden Büros fluchen höre. So wie meine Abuela, wenn sie ihren Autoschlüssel nicht findet. Nur flucht diese Person auf Englisch, tief und knurrend, aber laut genug, dass ich es höre. Ich bemühe mich, leise weiterzugehen, überrascht, dass jemand hier ist. Das Büro, an dem ich vorbeikomme, ist dunkel. Mir wird mulmig, weil ich denke, dass Moore da ist. Dann wird mir garantiert ein Punkt abgezogen, weil ich den ganzen Boden nass tropfe. Ich versuche, schneller zu gehen.

Aber als ich an der Bürotür vorbeieile, kommt Dean Hicks raus und rennt in mich rein.

»Wo willst du denn hin?«, schreit er mich an. Seine Stimme ist fast so donnernd wie die von Moore. Ich zucke zusammen. »Warum bist du um diese Zeit überhaupt hier?«

»Entschuldigung, Sir«, sage ich. »Ich habe den falschen Bus genommen. Mr. Reggie hat mir gesagt, ich kann zum ...«

Ich hasse es, wenn das passiert. Ich weiß, was ich sagen will, aber wenn ich nervös bin, fliegt mir alles Englisch aus dem Kopf.

»Zum was?«, fragt Dean Hicks.

»Ähm, zum ... zum ...«

»JA?«

»Stillarbeitsraum«, sage ich. So einfach. Wie war das auf einmal verschwunden?

»Und was machst du dann hier?«, fragt er. »Lungerst auf dem Korridor herum? Das gibt einen Punkt Abzug.«

Piep. Piep. Piep.

Ich kenne das Wort *lungern* nicht, doch es hört sich wie

eines der Wörter an, bei denen der Klang schon verrät, was sie bedeuten. Und ich muss an *Lump* denken. Oder *Lusche*. Ich bin nichts davon und fühle, wie ich wütend werde. Doch hier ist nicht der richtige Ort, um wütend zu sein. Also nicke ich nur und gehe weg von dem dunklen Büro.

Draußen regnet es in Strömen, und das Prasseln auf dem Dach ist laut in der stillen Schule. Als ich in einen der Sessel sinke und meinen Blazer ausziehe, höre ich nichts als den Regen. Bei der hohen Decke klingt er weit weg.

Vielleicht werde ich trocken, bis der Unterricht in einer Stunde anfängt. Vielleicht bekomme ich noch etwas Arbeit erledigt oder kann wenigstens in Ruhe von meinem Restaurant träumen.

Ich denke, dass sich dieser Tag noch zum Besseren wenden könnte.

Kapitel acht

Ramón

Nach dem Morgen, der hinter mir lag, wurde ich ein bisschen zuversichtlicher, als ich alle Pupusas für den Tag verkaufte. Meine Schultasche war leicht und meine Hosentaschen voll, und abgesehen davon, dass ich den ganzen Tag ein wenig klamm vom Regen blieb, schien alles okay zu laufen. Ich gehe zu meinem Schließfach, packe hinein, was ich nicht brauche, nehme mir, was ich brauche, und verlasse das Gebäude. Es regnet nicht mehr. Alles ist gut, bis ich einen Wagen sehe, den ich kenne.

Césars Wagen, silbern und blitzblank, und César hängt sich lächelnd aus dem Seitenfenster, als ich die Stufen von der Promise hinuntergehe. Warum ist er hier? Eine Mischung aus Sorge und Überraschung regt sich in mir. Ich blicke mich nach Direktor Moore um. Eine seiner vielen Regeln bezieht sich auf bekannte Gangmitglieder auf dem Schulgelände. Die ganze Gemeinde nimmt die sehr ernst. Und ich habe nicht gedacht, dass ich César so bald wiedersehen würde. Vor einigen Wochen hat er mich abgeholt, und Moore hat es mitgekriegt, also habe ich César gesagt, er soll nicht wieder herkommen. Ich brauche keine zusätzliche Aufmerksamkeit.

»Primo«, ruft er, als ich langsam hinüber zu dem Wagen gehe. Ich sehe, wie einige Jungen das Auto, César und mich beobachten. Natürlich wissen sie, wer César ist. Einige von ihnen starren nur, andere runzeln die Stirn, und manche sehen ängstlich aus. Mein Herz hämmert. Ich hoffe, Moore sieht uns nicht.

»Was machst du hier?«

»Ich habe doch gesagt, wir sehen uns später. Wie läuft das Geschäft? Hast du alle Pupusas verkauft?«

Ich nicke, bleibe aber stehen, anstatt auf die andere Seite zu gehen und einzusteigen. Er bemerkt mein Zögern, und sein Lächeln verschwindet.

»Wo liegt das Problem?«

»Ich ... was machst du hier, César?«

Er schweigt kurz. »Ich wollte bloß, dass du mir das Lokal zeigst«, sagt er. »Dein kleines Traumrestaurant, von dem du geredet hast. Und ich dachte, es geht schneller mit dem Wagen als mit dem Bus.«

Ich lasse den Kopf hängen, und mich überkommt wieder die bittere Enttäuschung, weil der Laden weg ist.

»Vielleicht hast du recht. Vielleicht können wir solche Sachen nicht haben. Der Laden ist verkauft. An einen weißen Typen von der Westküste.«

»Ja, darüber wollte ich mit dir reden«, sagt er und sieht beinahe finster aufs Lenkrad, nicht zu mir. »Vielleicht hatte ich unrecht. Ich habe über das nachgedacht, was du gesagt hast. Vielleicht gibt es eine andere Option. Einen anderen Laden, weißt du?«

Mir wird ganz warm. César, der große Bruder, den ich

nie hatte. Ihm fällt immer das Richtige zu sagen ein, wenn ich in einer beschissenen Lage bin.

»Klar.« Ich lächle und fühl mich auf einmal ganz aufgedreht. »Fahren wir nach Adams Morgan, wir können uns umsehen, was sonst noch frei ist.«

»Klingt gut, kleiner Cousin. Spring rein.«

Als ich nach der Beifahrertür greifen will, schrillen laute Sirenen. Rote und blaue Lichter blitzen aus allen Richtungen. Ich sehe mein Gesicht in Césars gespiegelt: Wir sind beide geschockt, verwirrt und ängstlich.

Drei Streifenwagen kesseln Césars Wagen ein; der eine rammt ihn fast seitlich.

»Hände hoch, dass wir sie sehen können! Aussteigen!«

Cops springen aus den Streifenwagen, manche von ihnen sogar mit gezogenen Waffen. Ich glaube nicht, dass die Leute wissen, wie furchtbar es ist, wenn eine Waffe auf einen gerichtet wird. Und es ist noch schlimmer, hält sie ein Cop in der Hand, denn anders als bei einem Raubüberfall oder so weiß man, dass die Person in Uniform machen kann, was sie will, keiner wird etwas dagegen sagen. Ist *so eine* Waffe auf einen gerichtet, macht es viel mehr Angst, weil für sie nicht dieselben Regeln gelten.

»Aus dem Wagen! Jetzt zur Seite! Hände an den Kopf!«

Alles geht sehr schnell und gleichzeitig wie in Zeitlupe. Die Cops werfen César zu Boden. Einer reißt mich zur Seite, zieht mich auf den Rasen der Promise. Sie durchsuchen Césars Wagen, wühlen in allen Taschen, auf und unter den Sitzen. Mein Primo liegt auf der Straße, ein Knie drückt seinen Rücken nach unten und eine Hand sein Gesicht auf den Asphalt.

»César, was ist los?! Lasst mich! César!« Ich versuche, mich aus der Umschlingung des Cops zu befreien.

»Was gefunden!«, ruft einer der Cops, die den Wagen durchsuchen. Er ist auf der Beifahrerseite und hält etwas Glänzendes, Metallenes hoch.

Eine Knarre.

»Das ist nicht meine!«, brüllt César.

»Sieht für mich aber ganz so aus«, sagt der Cop, der sein Knie auf Césars Rücken hat. Er stößt den Kopf meines Cousins fest auf den Asphalt. César windet sich, und der Typ wiederholt es. Ich sollte ihn anschreien, aber alle meine Worte vertrocknen in meiner Kehle.

Die Cops stellen mir Fragen und durchsuchen mich auch, doch es ist offensichtlich, dass sie hinter César her sind. Ich bin mir nicht sicher, woher sie wussten, dass er hier ist. Haben sie ihn verfolgt? Hatte jemand ihn verpfiffen?

Ich schaue zu, wie sie César hinten in einen der Streifenwagen stoßen. An seinem Kinn ist Blut. Zitternd trete ich einen Schritt vor, aber ein Cop schubst mich mit beiden Armen zurück.

»Sag Magda nichts!«, ruft César mir zu, bevor sie ihm die Tür vor der Nase zuknallen.

Ich stehe da, während die Cops alle wieder in die Streifenwagen steigen. Irgendwann taucht ein Abschleppwagen der Polizei auf und hievt Césars Auto auf seine Ladefläche. Minuten später ist es, als wären sie überhaupt nie hier gewesen.

Mir ist egal, wer in der Nähe ist und mich sieht ... mir kommen die Tränen. Aber als ich mich zur Schule umschaue, kann ich trotzdem noch deutlich sehen. Direktor

Moore steht auf den Stufen, die Arme vor der Brust verschränkt, und nickt, als wolle er sagen: *Perfekt.*

Der Tag des Mords
Ramón

Kapitel neun

Manche kehren zurück
Ramón

Den ganzen Abend lang habe ich Pläne geschmiedet.
 Ich bin lange aufgeblieben, um alles auf die Reihe zu bringen, und habe versucht, den Zorn zu kanalisieren, der wie eine Flamme in mir lodert. Abuela hat mir sogar geholfen. Vier Hände sind besser als zwei, hat sie gesagt. Und sie hatte recht. Mit ihrer Hilfe konnte ich viermal so viele Pupusas backen, wie ich normalerweise mit in die Schule nehme. Wir haben sie alle in meine Schultasche und einen extra Lunch-Beutel gepackt.
 Mit meinen Einnahmen, dem, was Abuela von ihrer Arbeit im Laden nach Hause bringt, und Tíos Beitrag sollten wir Césars Kaution bezahlen können. Abuela findet nicht gut, was César macht, aber ich habe ihr erzählt, was passiert war und dass Direktor Moore die Cops gezielt auf César gehetzt hat, als mein Primo gar nichts Schlimmes getan hat. Und auch wenn Abuela selten Schulpersonal kritisiert, kniff da sogar sie die Lippen fest zusammen. Sie wird ihren Enkel ganz sicher nicht im Gefängnis sitzenlassen.

Meine Taschen sind schwer von dem Essen, als ich zur Bushaltestelle gehe. Heute werde ich nicht den früheren Bus nehmen und riskieren, dass Mr. Reggie mich sieht. Ich ertappe mich dabei, wie ich in die Fenster jedes vorbeifahrenden Busses gucke. Zur Promise zu fahren, macht mich langsam paranoid.

Ich stehe noch wütend da, als jemand meine Schulter packt, und so aufgepeitscht, wie ich bin, wirble ich herum, lasse den Pupusa-Beutel fallen und hebe die Faust.

»Ganz ruhig, Kleiner«, sagt der Typ, der mich gepackt hat, und hebt beide Hände, um mir zu zeigen, dass er nichts Böses will. Dabei sieht er mich aber zugleich finster an, um mir zu signalisieren, dass ich mich lieber nicht mit ihm anlege. »Ich will dir schon nicht deine Schulbücher klauen.«

Es ist Ever. In unserer Gegend sehe ich César selten ohne Ever an seiner Seite. Bei ihm sind noch drei Typen, die mich alle gründlich mustern.

»Ich habe gehört, wo du gestern gewesen bist«, sagt Ever. »Als sie César geschnappt haben.«

Ich nicke, und mein Herz klopft zu schnell. Sie denken doch nicht, dass das meine Schuld war, oder? Meine Abuela hat mich nicht dazu erzogen, Angst vor irgendwem zu haben, trotzdem bin ich nicht so dumm, dass ich bei Leuten wie Ever und den Dioses locker bleibe. Bei denen muss ich immer vorsichtig sein. César ist angsteinflößend, aber er gehört zur Familie. Ever nicht. Ich fange an zu schwitzen.

»Ich habe gehört, dass es Moore war, der angerufen hat«, sagt Ever, und seine Augen blitzen.

»Wo hast du das gehört?«, frage ich.

»Von vielen Seiten.« Er zuckt mit den Schultern. Ich denke an all die Dudes, die an César und mir vorbeigewandert sind, als ich aus der Schule kam. Ich bin nie auf die Idee gekommen, dass welche von ihnen bei den Dioses del Humo sein könnten. Mein paranoides Gefühl wird stärker, und ich begreife, dass Ever niemand ist, den ich anlügen darf.

»Ja.« Ich nicke. »Ich bin mir ziemlich sicher, dass es Moore war.«

»Moore ist schon seit Jahren ein Problem«, sagt einer von den anderen, Jorgito. »Meinen Onkel hat er auch einsperren lassen. Leute wie der denken, sie sind Cops. Ist so ein Powertrip.«

»Direktor, Cop, spielt keine Rolle«, sagt ein Typ, dessen Namen ich nicht kenne. Er hat eine Narbe im Gesicht, und seine Augen sehen traurig aus. So wie Césars, als er hinten in dem Streifenwagen saß. »Wir sind im Krieg mit den allen.«

»Und deshalb müssen wir zwei uns unterhalten«, sagt Ever. Er fixiert mich mit einem Blick, der mich auf der Stelle erstarren lässt. Es ist, als würde ich einer Schlange in die Augen sehen. »César hatte gesagt, dass er schon mit dir darüber geredet hat, zu den Dioses zu kommen. Jetzt könnte die beste Zeit dafür sein. Du bist da drinnen – und sollte Moore was zustoßen ... vielleicht gilt das als bestandene Aufnahmeprüfung.«

Mir wird eiskalt. Auf einmal kommt mir die Welt sehr laut vor. Der Bus donnert an die Haltestelle und bläst eine Abgaswolke auf uns. Wir alle wedeln uns den Qualm vorm Gesicht weg, und als der Bus weg ist, sieht Ever mir direkt in die Augen.

»Denk drüber nach«, sagt er und blickt sich um, ob uns keiner beobachtet. »Wir geben dir, was du brauchst. Sag einfach Bescheid.«

Wir starren uns an. Ich kann meinen Puls fast hören, als Angst in meinem Herzen pocht. Aber trotzdem interessiert mich, was er sagt. Die Flamme der Wut in meinem Bauch schwillt zu einem kleinen Feuer an. Der Gedanke an Rache.

»Nimm deinen Bus«, sagt Ever, tritt einen Schritt zurück und teilt mir so mit, dass ich gehen darf. Endlich löse ich den Augenkontakt. »Sag uns Bescheid, wie du dich entscheidest.«

»Ich ... ich sage Bescheid«, antworte ich.

Dann bin ich im Bus, der mich zur Promise bringt, und als ich aus dem Fenster hinten sehe, blickt Ever mir immer noch nach. Etwas in mir fühlt sich anders an. Wie ein Vulkan, der sich zu regen beginnt. Ich weiß nicht, wie lange ich noch verhindern kann, dass er ausbricht.

An meinem Schließfach kommt Luis zu mir.

»Gestern Abend habe ich versucht, dich anzurufen«, sagt er. »Ich bin so sauer wegen dem, was mit César passiert ist. Es tut mir leid. Bist du okay?«

Ich schüttle den Kopf. Luis ist schon lange mein bester Freund – in letzter Zeit hat er viel mit Basketball zu tun, und ich bin irgendwie auch in meiner eigenen Welt, habe mich auf die Zukunft konzentriert und versucht den Kopf geduckt zu halten. Aber einige Freunde sind fürs Leben, ganz egal, was passiert. Und ich weiß, auch wenn alle in dem Viertel mich schief ansehen, weil sie beschlossen haben, dass ich genauso bin wie mein Primo, Luis ist nicht so. Er weiß, wer ich bin.

Aber weiß ich das eigentlich? Heute scheine ich das Gefühl nicht loszuwerden, das ich hatte, als Ever mir gesagt hat, er könnte mir alles geben, was ich brauche, um mich an Direktor Moore zu rächen. Diesen kleinen Funken, der *Ja* gesagt hat, als ich mir vorstellte, eine Waffe in der Hand zu halten, sie auf den Typ zu richten, der meinen Cousin grundlos verhaften ließ, der uns grundlos anbrüllt, uns dauernd Entschuldigungen stammeln lässt ... und ihn zu zwingen, dass *er* sich zur Abwechslung selber mal entschuldigt.

»Wow, was ist das denn alles?«, ruft Luis, als er in meine Tasche linst.

Ich verdränge alle hässlichen Gedanken an Waffen und Moore und schaffe es, meinem besten Freund zuzulächeln.

»Das ist für Césars Kaution.« Ich bemühe mich, optimistisch zu klingen. So viel habe ich noch nie zu verkaufen versucht. Es wird schwierig, denn ich hatte erst letzte Woche Ärger. Aber verzweifelte Situationen verlangen verzweifelte Maßnahmen, und ich kann nicht zulassen, dass César im Gefängnis sitzt. Wir hatten gerade angefangen, ehrlich zueinander zu sein. Und jetzt muss ich ausnahmsweise für meinen großen Cousin da sein.

»Da brauchst du Hilfe«, sagt Luis, und ich weiß schon, was er denkt. Ist man so lange befreundet wie Luis und ich, weiß man es einfach. Er wird das tun, was er schon früher gemacht hat: So viele Pupusas verkaufen, wie er kann. Er ist cool mit den Sportlern, und die Typen essen mehr als irgendwer sonst auf der Welt. Wahrscheinlich kann er denen alleine schon fünfzig verkaufen. Aber das geht nicht.

»Nee, Luis«, sage ich kopfschüttelnd. »Wenn dich jemand sieht, bist du auch am Arsch.«

»Entspann dich. Mir tun sie nichts, heute ist doch das Spiel. Sie wissen, dass sie meine Highlights für die Sponsoren brauchen. Wahrscheinlich ziehen die mir bloß einen Punkt ab und versauen mir den Punktestand. Und wenn schon! Damit komme ich klar. Gib mir welche. Und vergiss nicht, an Ms. Garcías Klassenzimmer vorbeizugehen – sie ist praktisch die Einzige, der egal ist, dass du die verkaufst. Ich wette, sie nimmt sogar selbst welche.«

Er hat recht – Ms. García ist safe. Genau wie einige der Frauen in der Cafeteria. Also gebe ich ihm ein Drittel von meinem Vorrat, und wir trennen uns. Es wird ein stressiger Tag, und mit so viel Kram in der Schule komme ich mir wie ein Dealer vor. *Piep. Piep. Piep.* Ich höre schon die Punktabzüge im Kopf.

Aber es ist für César. Er hat nichts getan. Wer weiß, ob ihm die Cops die Waffe nicht untergejubelt haben? Das machen sie dauernd. Und was ist so falsch daran, Pupusas zu verkaufen?

Wir dürfen nicht reden, finden aber immer einen Weg zu kommunizieren. Manche Typen benutzen sogar eine eigene Promise-Zeichensprache. Jedenfalls spricht sich rum, dass ich Geld für Césars Kaution sammle, und ehe ich es mich versehe, fliegen mir die Pupusas geradezu aus der Tasche. Ein Kid aus meiner Gegend kauft genug für eine ganze Familie. Insgeheim frage ich mich, ob er ein Dios ist, frage aber nicht. Ich stecke ihm das Zeug zu und er mir das Geld.

Vielleicht bilde ich es mir ein, doch mittags riecht es in der ganzen Schule nach dem Geheimrezept meiner Abuela. Und alles läuft gut, bis dieser Typ namens Victor sich in der Cafeteria die Hose genau in dem Moment aufreißt, als Direktor Moore seinen Inspektionsrundgang macht.

Victor sitzt wie alle anderen am Tisch, doch als er aufstehen will, muss sich seine Gürtelschlaufe irgendwo verfangen, und ich höre das *Ratsch* sogar zwei Reihen weiter. Es reißen die Gürtelschlaufe und die Tasche ein, und etwas fällt auf den Boden. Ich weiß schon, was es ist, und mir wird schlecht, denn Moore geht direkt vor ihm vorbei.

Er hört es und dreht sich schnell um. Ich sehe, wie er Victor anstarrt, der seinen Schock nicht überspielen kann. Moore rauscht auf ihn zu.

»Was ist hier los?«, fragt er. »Wer macht Blödsinn? Ich sehe dir doch an, dass du Quatsch machst. Ruhestörung?«

Er geht weiter auf Victor zu, und ich bete die ganze Zeit, dass er nicht bemerkt, was auf dem Boden liegt. Aber dann wird Moore auf einmal ganz still. Ich sehe, dass er nach unten blickt, über den Rand seiner Brille hinweg. Mist.

Es ist eine Pupusa in Folie. Moore starrt erst lange hin, dann schweift sein Blick durch die Cafeteria. Ich weiß, dass er nach mir sucht. Und als er mich entdeckt, kommt er blitzschnell zu mir.

»Denkst du, ich habe gescherzt, als ich dir gesagt habe, ich will das nie wieder sehen?«, brüllt er. »Denkst du, unsere Spender wollen diesen Dreck in unserer Schule sehen? Diesen Imbissfraß? Von dem es in der Schule riecht wie auf einem Straßenfest? Ich hätte ahnen müssen, was du treibst. Wo ist die Tasche? Ich weiß, dass du sie hast.«

»Ich ... ich ...« Aber ich finde die Wörter nicht. Alles Englisch ist aus meinem Kopf verschwunden. Spanisch auch. Das Einzige, was ich fühle, ist Wut, die in mir pocht.

»Und jetzt stotterst du mir was vor«, höhnt er. »Ich weiß nicht, warum wir dich an dieser Schule behalten – das Englischlernen läuft auch nicht besonders, was? Jetzt gib mir das ...«

Ich kann nicht sprechen, aber als ich sehe, dass er unter meinen Stuhl greifen will, halte ich ihn hastig zurück, schiebe seine Hand aus dem Weg und packe meine Tasche. Doch er zieht mich an der Jacke vom Stuhl und stößt mich weg. Dann schnappt er sich die Tasche, in der noch einige Pupusas sind, schüttelt sie und lauscht.

»Dachte ich mir doch.«

Ich will wieder hingreifen, bin richtig wütend, doch der Junge neben mir hält mich am Arm fest. Ich beobachte, wie Moore zum Mülleimer geht, und die ganze Cafeteria schaut stumm zu. Eine nach der anderen nimmt er die restlichen Pupusas heraus und wirft sie in den Müll. Ich will brüllen und kotzen zugleich. Als er fertig ist, nimmt er einem Jungen in der Nähe die Saftflasche weg und kippt sie über dem Mülleimer aus. Danach muss ich ihm das Geld geben, das ich bisher eingenommen habe, und er steckt es ein. Niemand sagt ein Wort.

»Das gehört jetzt mir, weil du auf dem Schulgelände verkauft hast.« Er zeigt mit dem Finger auf mich. »Du wirst die nächsten sechs Wochen nachsitzen. Und solltest du glauben, dass das KD-Programm weitergeht, vergiss es.«

Er dreht sich zur Ausgabe um, wo ein paar andere Jungen aus dem Programm stehen und alles beobachten. Ich sehe Ms. Adams, eine der Frauen, so wütend das Gesicht verziehen, als wünschte sie, dass Moore zu Staub zerfällt.

»Das ist der letzte Tag heute, Jungs«, ruft Moore den Typen mit den Haarnetzen zu. »Dankt eurem Freund hier. Koch Ramón, richtig? Vielleicht wirst du ja mal Gefängniskoch.«

Er nimmt meinen Beutel und geht. Als er weg ist, fangen alle nach und nach zu tuscheln an. Ich nicht. Ich kann nur daran denken, dass ich jetzt nicht mehr Césars Kaution bezahlen kann. Die Wut nimmt inzwischen jeden Teil meines Körpers ein. Es ist Zeit, etwas mit ihr zu bewirken. Ich gehe zur Toilette und nehme mein Handy hervor. Dann scrolle ich nach Evers Nummer.

TEIL VIER

Lügen

Nach dem Mord

Kapitel zehn

J.B.

Ich glaube nicht, dass ich meine Mom jemals in der Öffentlichkeit weinen gesehen habe.

In Benning Terrace muss man ein Pokerface zeigen, und darin ist meine Mom Profi. Immer ausgeglichen, immer auf ihren eigenen Kram konzentriert. Das bewundere ich an ihr. Aber als ich aus dem Verhör komme, sind ihre Augen ganz rot. Sie hat sich nicht einmal mehr die Tränen abgewischt. Es macht mich fertig.

»Wir übergeben Ihren Sohn in Ihre Obhut«, sagt einer der Detectives zu ihr. Er lässt es total fürsorglich klingen.

»Warum durfte ich nicht bei ihm sein?«, fragt meine Mom, die seine Worte nicht beachtet. »Mein Sohn ist minderjährig. Da muss ich doch bei so etwas dabei sein.«

»Ma'am, wir sind auf der Seite Ihres Sohns. Wir wollen nur helfen.«

Bei der Lüge will ich nach seiner Waffe greifen, sie ihm an die Stirn halten und ihn zwingen, sich zu entschuldigen. Nicht weil er mich bei der Verhaftung so grob angefasst hat. Oder weil er mich in den Raum mit dem dunklen Fenster und der winzigen Lampe gesperrt hat. Oder weil er mich angebrüllt hat, damit ich einen Mord gestehe, den ich nicht begangen habe.

Nein, er soll sich entschuldigen, weil er meine Mutter belügt. Weil er die Frechheit besitzt, mich so zu behandeln und danach meiner Mom direkt ins Gesicht zu lügen.

Aber ich schlucke meinen Zorn herunter, sodass er in meinem Bauch zu brodeln anfängt.

Ich will meiner Mom die Wahrheit sagen, doch die würde alles nur schlimmer machen. Also stehe ich schweigend da und versuche, nicht so verängstigt auszusehen, wie ich bin.

Bis meine Mom den ganzen Papierkram für die Polizei erledigt hat, ist es spät und ich kann kaum noch die Augen offen halten. Ich nicke ein, und das kühle Glas des Autofensters ist angenehm nach der Zeit im Verhörraum und der Arrestzelle. Doch das Knallen von Moms Wagentür schreckt mich aus dem Schlaf.

»J.B.«, sagt sie so leise, dass ich sie kaum höre. »Wenn es eine Zeit gibt, ehrlich zu mir zu sein, ist die jetzt. Du musst mich ansehen.«

Ich tue, was mir gesagt wird, blicke meiner Mom in die Augen und warte, dass sie mir *die* Frage stellt. Aber die bringt sie nicht über die Lippen.

Ich erspare ihr die Worte. »Ich war das nicht, Ma.«

Sie atmet auf, als hätte sie seit dem Revier den Atem angehalten. »Natürlich nicht, Baby. Natürlich warst du das nicht.«

Ich bin unendlich erleichtert, dass sie nicht denkt, ich hätte Direktor Moore umgebracht. Nach allem, was heute passiert ist – da ist noch getrocknetes Blut unter meinen

Fingernägeln –, bin ich froh, dass sie in mir immer noch ihren unschuldigen Jungen sieht. Denn ich bin unschuldig.

»Ich weiß, dass du ein kompliziertes Verhältnis zu Direktor Moore gehabt hast«, sagt sie.

All die Wut kommt wieder hoch. Die Gefühle, die ich verdrängt habe, seit alles losging.

Ich war so wütend auf Moore. Auf die Ungerechtigkeit, dass er mir mein Telefon weggenommen hat, sodass ich Keyana hängengelassen und unsere Beziehung ruiniert habe. Wie er mich angebrüllt hat, mich beim Kragen gepackt wie einen Hund, den er bestrafen wollte, mich vor der halben verdammten Schule gedemütigt hat. Aber ich habe nie gewollt, dass Moore umgebracht wird. Ich wollte nie seinen Tod. Und jetzt bin ich ein Verdächtiger?!

Ich habe schon genug Dudes in den Jugendknast wandern gesehen, um zu wissen, dass die Cops bloß ein Motiv, eine Leiche und eine Waffe brauchen. Und jetzt haben sie das fast alles. Sie können Geständnisse und Deals von Leuten erzwingen, indem sie ihnen Angst machen.

Dass ich meine Schließfachtür eingeschlagen habe, sieht wahrscheinlich nicht gut aus. Aber das Schlimmste von allem ist ... diese Waffe.

Ich kann nicht aufhören, an sie zu denken. Die Ereignisse des Tages laufen in einer chaotischen Schleife in meinem Kopf ab. Es kann kein Zufall sein, dass am selben Tag, an dem ich eine Waffe in der Schule finde, Direktor Moore erschossen wird. Eine Waffe, die ich bewegt habe, um andere zu schützen! Ich komme mir wie ein Idiot vor.

Ich muss diese Waffe zurückholen und herausbekommen, wem sie gehört, bevor die Cops sie entdecken – mit meinen Fingerabdrücken drauf. Das wäre ein Korbleger für sie. Eine leichte Verurteilung.

Ich presse die Faust auf den Mund, damit kein Laut herauskommt. Ich will weinen. Meine Gedanken wirbeln durcheinander. Eine schreckliche Zukunft blitzt in meinem Kopf auf: Ich im Gefängnis eingesperrt und Mom allein, bis sie alt ist. Meine Kehle schnürt sich zu.

Meine Mom dreht sich an der nächsten Ecke um. »J. B., ich weiß gar nicht, was ich sagen soll. Ich habe dich auf diese Schule geschickt, damit du dich von Ärger fernhältst, aber irgendwie findest du ihn immer noch.«

Wie sage ich ihr, dass ich gar nicht nach Problemen suchen muss, denn die finden *mich?* Dass ich als junger Schwarzer ein Magnet für Ärger bin. Ich habe nur versucht, nicht aufzufallen, und das reicht nicht. Vor allem nicht mit jemandem wie Moore in der Nähe, der Probleme mit sich herumträgt wie einen Eimer Farbe, jederzeit bereit, sie irgendwem über den Kopf zu kippen.

Ich denke an Solomon, auf den Moore wegen der fehlenden Krawatte losgegangen ist. Und an die anderen beiden Verdächtigen, Ramón und Trey. Es heißt, Moore hatte auch sie beide kurz vor dem Mord bloßgestellt. Verdammt, es gibt Hunderte an der Promise, die Moore wahrscheinlich gern eine Waffe an den Kopf gehalten hätten.

Und da geht es mir auf.

Jemand hat Moore ermordet, das ist Fakt. Und was ist noch Fakt? Dass es tonnenweise Leute gibt, die vermutlich seinen Tod wollten. Ich bin ein offensichtlicher Verdächtiger, doch was ist, wenn die Person, die es getan hat, nicht ganz so offensichtlich verdächtig ist?

Die beste oder vielleicht einzige Methode, meinen Namen reinzuwaschen, wäre herauszufinden, wer es wirklich war. Ich balle die Fäuste. Die Uhr tickt. Ich muss herausbekommen, wer es gewesen ist, bevor die Leute richtig anfangen, die Indizienbeweise gegen mich anzuhäufen.

Meine Mom blickt rüber zu mir, und kurz wird ihre Stirn glatter. »Alles okay?«

»Mir geht es gut«, antworte ich, was zu schnell und zu gezwungen rauskommt.

»Wir stehen das durch«, sagt sie. Es klingt, als würde sie es ebenso sehr sich selbst wie mir sagen. »Wir stehen das durch.«

Ich spreche es nicht aus, doch ich denke: *Gott, das hoffe ich.* Dann fällt mir etwas anderes ein. Keyana.

»Ma, kann ich dein Handy benutzen, um –«

Ich erschrecke, als sie mich mit einem lauten, sarkastischen Lachen unterbricht.

»Junge, wenn du glaubst, du kannst *irgendein* Telefon benutzen, um *irgendwen* anzurufen, bist du irre! Du magst kein Mörder sein, aber du hast absoluten Hausarrest, und das bis auf Weiteres, verstanden?«

Ich versuche nicht einmal zu widersprechen. Schließlich kann ich sie verstehen. Wenigstens glaubt sie nicht, dass ich es war. Ich hoffe nur, dass Keyana genauso denkt.

Zu Hause scheint Mom sehr viel ruhiger, auch wenn ich ihr ansehe, wie es in ihr arbeitet. Ihr ist nicht bloß Lohn entgangen, weil sie aufs Revier kommen musste, sondern sie denkt vermutlich auch an das viele Geld, das ihr noch durch dieses Fiasko entgehen *wird.* Da es nur uns beide gibt, zählen vergeudete Zeit und verlorenes Geld besonders.

Dasselbe ist mit meinem Dad passiert. Rechtsvertretung, Bußgelder, Gerichtstermine, Anhörungen und so ein Scheiß. Noch ein Grund, dass ich meinen Namen reinwasche. Meine Mom schleppt schon genug mit sich herum, seit genug Jahren. Etwas wie dies hier könnte sie brechen. Das darf ich nicht geschehen lassen.

Sie wärmt Reste von einer Fleischpastete auf, und wir teilen sie uns am Tisch, wo wir schweigend essen. Mein Teil ist schnell weg – mir war nicht bewusst, wie hungrig ich war. Und hinterher fühle ich mich innerlich trotzdem leer. Ich habe das Gefühl, ich könnte auch noch den Teller essen und wäre immer noch nicht satt. Sorge nagt an mir.

»Ich weiß einfach nicht, wie das passieren konnte«, sagt Mom leise. »Ich habe mein Bestes getan.«

»Es ist nicht deine Schuld, Ma«, erwidere ich. Und will sagen, *meine ist es auch nicht*. Aber ich kann nur an Moores Stimme denken, die durch den Korridor hallt, an Hicks und seinen fiesen Blick. Ein Punktabzug nach dem anderen. All die Minuspunkte, die sich summieren. All das Nachsitzen. An der Promise ist es immer deine Schuld.

»Du hast ihn doch nicht gehasst, oder?«, fragt Mom. Sie sieht mich mit glänzenden Augen an. Und das tut mehr weh als alles andere, denn obwohl sie glaubt, dass ich unschuldig bin, sehe ich ihr an, welche entsetzliche Angst sie hat, sie könnte sich irren.

Und das Schlimmste ist, dass ich nicht einmal verneinen kann, weil es gelogen wäre. Zum Glück redet sie weiter.

»Du würdest so etwas nicht tun. Einer von diesen anderen Jungen vielleicht. Ich weiß nicht, wie andere Leute ihre Kinder großziehen. Kids, die keine Autorität respektieren ...«

Die Fleischpastete rumort in meinem Magen. Mom versteht es nicht. Ich blicke zu meiner Hand, wo die Fingerknöchel von dem Schlag gegen das Schließfach noch rissig sind. Moore hat mich angesehen, als wäre ich ein Krimineller, als ich das getan habe. Bin ich ein Krimineller? Oder einfach bloß menschlich? An der Promise ist es beinahe, als wäre es einer von vielen Regelbrüchen, Gefühle zu zeigen.

»Was ist mit deiner Hand passiert, J.B.?«

Sie hat bemerkt, dass ich hingesehen habe, und jetzt starrt sie auch hin, mit weit aufgerissenen Augen.

»Ich ... ich ... bin wütend geworden«, bringe ich mühsam heraus.

»Hast du jemanden geschlagen?«

»Nein, Ma'am.«

Sie sieht mich direkt an. »Versprichst du mir das?«

»Versprochen.«

Doch noch während ich es sage, höre ich im Kopf nur die Hymne:

Wir versprechen es.
Wir sind die jungen Männer der Urban Promise Prep.
Wir sind zu Großem bestimmt.

Der Klang verfolgt mich. Bin ich zu Großem bestimmt oder eher zu Schlimmem?

Später liege ich im Dunkeln in meinem Bett und starre an die Decke. Es ist, als wäre sämtliche Energie aus mir geflossen, seit ich nach Hause gekommen bin. Plötzlich geht meine Tür auf. Mom kommt herein.

»J.B.? Bist du wach?«

»Ein bisschen.«

»Ich habe Ross angerufen, meinen Vorgesetzten. Er sagt, er hat ein paar zusätzliche Stunden für mich, um die auszugleichen, die ich verloren habe, wenn ich jetzt komme. Ich bin morgen früh wieder zurück.«

Mir ist nicht wohl dabei. Allein zu Hause zu sein, gibt mir das Gefühl, kleiner und einsamer denn je zu sein.

»Okay«, sage ich.

»Vergiss nicht, dass du Hausarrest hast.«

»Nein, Ma'am.«

Es war vorher schon still hier, aber als sie weg ist, kommt es mir vor, als sei ich auf einem anderen Planeten – total allein in totaler Stille.

Ich wünschte, Keyana wäre hier.

Was für Gerüchte kann sie gehört haben? Glaubt sie die? Sie ist nur einen Block entfernt – vielleicht blickt sie aus dem Fenster, aus dem ich gesprungen bin, und fragt sich, wie es mir geht.

Oder sie fragt sich, wie sie so einem wie mir erlauben konnte, sie zu küssen. Bereut es. Denkt, dass sie sich den Falschen ausgesucht hat ...

Ich setze mich kerzengerade im Bett auf. Meine Mom hat gesagt, dass ich Hausarrest habe, aber vor allem will sie nicht, dass ich am Computer oder am Handy bin, das ich nicht mehr habe. Ich muss mit Keyana reden. Vielleicht kann sie mir erzählen, was die Leute in der Hood sagen, ob es irgendwelche Gerüchte gibt, die mir helfen können, meine Unschuld zu beweisen.

Danach denke ich gar nicht mehr nach, ziehe meine Schuhe an und bin zur Tür hinaus.

Kapitel elf

Trey

Nie hätte ich gedacht, dass ich das mal sage, aber ich bin froh, dass meine Mom hier ist.
Sie ist aus New York gekommen, sobald sie hörte, was passiert ist, und sie scheint clean zu sein – jedenfalls cleaner, als ich sie je gesehen habe. Es ist heftig, sie zu sehen, wenn sie drauf ist, aber irgendwie ist es noch übler, sie clean zu erleben. Bei ihr sein zu wollen, und dann die Furcht zu fühlen, die automatisch da ist – dauernd zu erwarten, dass einem der Boden unter den Füßen weggezogen wird. Aber egal, ich bin froh, dass sie hier ist, denn allein mit Onkel T zu sein, wäre zu viel.
Er wird mich nicht anrühren, solange sie hier ist, denke ich. Aber es gilt komplette Ausgangssperre. Ebenso gut könnten Riegel an sämtlichen Türen sein. Jedes Mal, wenn ich ins Bad gehe, steht er auf dem Flur und stiert mich an. Ich gehe in die Küche, und er sitzt schon da, als hätte er auf mich gewartet. Sogar als ich einmal aus meinem Fenster geguckt hab, war er unten am Briefkasten und hat nach oben zu meinem Zimmer gesehen. Ich gehe nirgends hin.

Und, echt, ist mir auch lieber so. Anscheinend lauert überall außerhalb des Hauses nur Ärger.
Und dann ist da dieser Anwalt. Ein Typ, mit dem Onkel T gedient hat, campiert in unserm Esszimmer, redet dauernd leise und raschelt mit Papieren. Er hat große, klotzige Schuhe an, für die ich ihn dissen will, aber mir ist klar, dass das nicht gut käme.
Ich werde nicht zu den Gesprächen gebeten. Mom sagt nicht viel, hört nur zu. Onkel T sitzt mit versteinerter Fresse da und nimmt all die Informationen in sich auf. Ich habe nicht gefragt, worüber sie reden, weil ich Angst vor dem habe, was sie sagen könnten. Auch vor dem, was sie fragen könnten und ich antworten müsste.
Bisher waren die einzigen Worte meines Onkels zu mir: »Hab ich's dir nicht gesagt? Hab ich's dir nicht gesagt? Nach allem, was ich für dich getan habe ...«
Er denkt, dass ich es war.
Er denkt, ich habe seine Waffe genommen und Direktor Moore erschossen.
Und das Schlimmste ist, dass ich Direktor Moore echt in gewisser Weise umgebracht haben könnte. Was, wenn jemand die Knarre genommen und beschlossen hat, dass es an der Zeit ist? Es ist meine Schuld, dass sie überhaupt in der Schule war. Ich hätte sie einfach nach Hause bringen und mich dem stellen müssen, was mir von Onkel T geblüht hätte. An der Promise und zu Hause ist kein Raum für Fehler. Egal, wohin ich gehe, ich bin schuldig bis zum Beweis der Unschuld.
Onkel T hat mich nicht nach der Waffe gefragt, obwohl ihm unmöglich entgangen sein kann, dass sie weg ist. Er putzt sie ja dauernd. Doch die Tatsache, dass er das

Thema nicht anspricht, heißt, dass er denkt, ich hätte sie absichtlich genommen. Kann sogar sein, dass er versucht, mich zu schützen. Durch sein Schweigen.

»Trey, komm her!«, ruft Onkel T aus dem Esszimmer.

Ich springe vom Bett, öffne die Tür, und alle meine Muskeln kämpfen miteinander: Ein Teil von mir will sich unter dem Bett verkriechen, als wäre ich ein kleines Kind, das sich vor Gespenstern fürchtet. Ein anderer will ins Esszimmer laufen und sie anflehen, mir zu sagen, dass alles ein Riesenmissverständnis ist. Früher habe ich in ernsten Situationen immer herumgealbert, aber hieran kann ich gar nichts witzig finden. Es fühlt sich eher an, als würde ich nie wieder Witze reißen.

Ich gehe ins Esszimmer, und alle Blicke sind auf mich gerichtet.

»Trey, ich will ehrlich zu dir sein«, sagt der Anwalt. Er nimmt seine Brille ab und sieht mich an. »Das wird hart. Du hast kein Alibi.«

Ich habe das Gefühl, zu ersticken.

»Bist du das gewesen, Baby?«, flüstert meine Mom. Sie sieht aus, als hätte sie bisher nicht geweint, könnte es aber jeden Moment. Und beim Anblick ihres Gesichts möchte ich selbst heulen. Nicht nur wegen diesem Mist, sondern wegen allem, was uns hierhergebracht hat. Allem in der Bronx. Sie zu verlieren. Herzukommen. Ich starre zum Fußboden.

»Nein«, antworte ich.

»Die Polizei versucht, ein Narrativ zu diesem Verbrechen zusammenzustückeln«, sagt der Anwalt. Er sieht traurig aus. »Und wir können ihnen nicht viel geben. Du warst nach Schulschluss dort. Du bist in der Nähe des

Tatorts gewesen. Du hattest den Mann bedroht, wofür es Zeugen gibt. Das Einzige, was sie nicht haben, ist ... die Waffe.«

Mir entgeht nicht, dass Onkel T zusammenzuckt. Die Waffe. Onkel Ts Waffe, die ich im Schulkeller versteckt habe, mit meinen Fingerabdrücken darauf. Onkel Ts Fingerabdrücken. Es ist bloß eine Frage der Zeit, bis sie die Waffe finden. Ich muss sie vorher holen.

»Ich war aber nicht alleine da«, sage ich hastig. »Die anderen Dudes waren auch da. Einer von denen hatte vorher an dem Tag einen Streit mit Moore. Ich bin zur Toilette gegangen. Was weiß ich, was die gemacht haben, als ich weg war?«

»Tja, nur leider kann anscheinend keiner von euch bestätigen, wo einer der anderen gewesen ist. Das verkompliziert es zusätzlich«, sagt der Anwalt.

»Du kannst nicht immer anderen für alles die Schuld geben«, knurrt Onkel T. »Die Polizei interessiert nicht, was jemand anders getan haben *könnte*.«

»Ich beschuldige doch gar keinen!«, rufe ich. »Ich sage nur, dass ich es nicht gewesen bin!«

Onkel T schiebt seinen Stuhl zurück, dass die Beine auf dem Boden kreischen. Meine Mom legt eine Hand auf Onkel Ts Faust, und seine Züge entspannen sich.

Er sieht mich an. »Wir drei müssen uns noch unterhalten«, sagt mein Onkel und verengt die Augen. »Geh zurück in dein Zimmer. Wir rufen dich, falls wir mehr Fragen haben.«

Ich gehe zurück durch den Flur zu meinem Zimmer. Dort werfe ich mich aufs Bett und sehe auf meinem Handy nach Neuigkeiten. Brandon hatte mir ein paar Textnachrichten geschickt, dann kam nichts mehr. Vermutlich hat seine Mom es ihm verboten. Gestern Abend bin ich aus der Untersuchungshaft entlassen worden, und jetzt bin ich von der Schule suspendiert, bis diese ganze Sache geklärt ist.

Ich stelle mir Brandon und die anderen vor, wie sie stumm im Unterricht sitzen und mit auf dem Rücken verschränkten Händen die blaue Linie entlanggehen. Bin ich froh, dass ich nicht da bin! Nicht in der Promise zu sein, nimmt mir ein Gewicht von der Brust. Nur ist da jetzt ein neues, in Form von Direktor Moores Leiche. Ein Scheiß ausgetauscht durch einen noch größeren.

Um mich abzulenken, scrolle ich durch Social Media, doch da finde ich keine Ablenkung. Ohne es zu wollen, entdecke ich hier und da Kommentare zu dem, was an der Promise passiert ist.

Ich verstehe ja, dass man den Dude nicht mag, aber, verdammt ... ihn umbringen?

Die haben alle drei verhaftet. Sie müssen das zusammen gewesen sein.

Nee, ich habe gehört, dass einer von ihnen alleine unterwegs war. Dass er es extra so gemacht hat, dass die beiden beim Nachsitzen verdächtig wirken.

Mir wird schlecht, als ich das lese. Jeder zieht seine eigenen Schlüsse und stützt sich dabei auf so gut wie nichts. Obwohl ich schätze, es ist nicht nichts – immerhin wurden drei von uns verhaftet. Natürlich denken sich die Leute irgendwelchen Mist aus. Aber echt, ich habe einen Typ gesehen, der voller Blut war, J.B. Die müssen doch kapieren, dass er es gewesen ist und nicht ich! Wenn jemand ermordet wird und ein blutverschmierter Typ wegrennt, ist doch ziemlich offensichtlich, wer das war.

Ich frage mich, was die Lehrer denken – ob Mrs. Hall gehört hat, dass ich festgenommen wurde. Sie war eine meiner Lieblingslehrerinnen, bevor sie in Elternzeit gegangen ist.

Der Hauptgrund, warum ich Mrs. Hall mochte? Sie ist die Einzige von denen allen, bei der ich je gesehen habe, wie sie Direktor Moore Kontra gegeben hat. Alle anderen, sogar Dean Hicks, benehmen sich, als hätten sie Angst vor Moore. Aber Mrs. Hall nicht. Sie ist winzig, verglichen mit ihm, aber einmal hab ich gehört, wie sie ihn anbrüllte, er solle *seinen Kopf aus dem Arsch kriegen und sich erinnern, warum er diese Schule überhaupt gegründet hat*. Ich weiß noch, dass er nur auf seine Füße gestarrt hat, als sie das sagte.

Ich beschließe nachzusehen, ob sie irgendwo ein Profil hat – ein paar andere Lehrer habe ich schon online gefunden. Sie versuchen immer, unauffällig zu bleiben, aber auch Lehrkräfte sind immer noch Menschen. Schließlich finde ich Mrs. Hall. Die meisten Posts von ihr sind an die zehn Jahre alt, aber ich finde ein Foto, auf dem sie getaggt ist. Es ist zwei Wochen alt, und da sitzt sie an einer Bar und prostet jemandem mit so einem Hut zu, wie man ihn beim College-Abschluss trägt.

Mir fällt das Weinglas in Mrs. Halls Hand auf, und ich setze mich gerade hin. Ich bin ja kein Fachmann oder so, aber ich weiß ziemlich sicher, dass Schwangere keinen Alkohol trinken sollen. Und sie kommt mir auch nicht wie eine Frau vor, die sowas tun würde.

Jetzt bin ich neugierig und fange an zu recherchieren.

In den letzten Monaten findet sich keine einzige Erwähnung, dass sie schwanger ist.

Könnte sie gelogen haben? Aber warum?

Ich werfe mein Handy aufs Bett und überlege. Wieder denke ich daran, wie sie an dem Tag auf Direktor Moore losgegangen war. Mrs. Hall ist so eine nette Frau – was hatte er getan, dass sie so wütend wurde? Oder hatte sie ihn wütend gemacht? Hatte er sie vielleicht gefeuert? Ich entscheide, weiter zu stöbern.

Durch die Tür kann ich die leisen Stimmen meines Onkels, meiner Mom und des Anwalts hören. Ein Teil von mir will rausstürmen und verlangen, dass ich mitreden darf – schließlich geht es um *mein* Leben! Aber ein anderer Teil von mir möchte sich für immer in diesem Zimmer verstecken.

So oder so denkt schon jeder, dass ich schuldig bin. Was ja nichts Neues ist. In dieser Welt fühlt es sich immer so an, als hätte ich *schuldig* auf dem Rücken stehen. Und diesmal ist es eben mit Blut geschrieben.

~~Niemand~~

Schüler der Urban Promise Prep

Es heißt, dass *offensichtlich* nicht immer *sichtbar* bedeutet. Manchmal dauert es eine Weile, bis man sieht, was offensichtlich ist – die Person, die abdrückt, verschwindet nicht einfach in der Dunkelheit. Sie ist direkt hier unter uns zu finden, sobald wir bereit sind, alles infrage zu stellen, was wir zu wissen glauben. Näher als man denkt. Es heißt: Die Person, die morden kann, weiß, dass man sie direkt ansieht und dann weitersucht.

Und es heißt, dass die Wahrheit nicht immer bereit ist, erzählt zu werden.

Kapitel zwölf

Das Komplott
Ramón

Ich sitze an dem Holztisch in unserer Küche und habe die Augen geschlossen, während Abuela mir sanft mit dem glatten Ei über Gesicht und Hals fährt. Es ist ein gewöhnliches braunes Ei, aber Abuela hat es mit Salz und Zitrone gereinigt, und jetzt rollt sie es über meine Haut, um zum vierten Mal in dieser Woche eine Limpia vorzunehmen. Seit vier Tagen bin ich nicht mehr in der Schule, und jedes Mal, wenn Abuela fertig mit dem Pupusa-Verkauf ist, will sie das machen.

Dabei murmelt sie Gebete, deren Klang sich mit dem Surren der Küchenlampe vermischt. »Padre nuestro que estás en el cielo, santificado sea tu Nombre; venga a nosotros tu Reino ...«

Ich lasse die Augen zu, als das Ei mein Herz erreicht. Abuela hat besondere Gebete für die Stelle: Bitten um die Reinheit meiner Seele, um die Erbauung meines Geistes. Sie betet und betet, und das tue ich auch; sie laut, ich in meinem Kopf.

Ich habe nie gewollt, dass das passiert. Es nie für möglich gehalten. Und jetzt sitzen wir hier.

Als Abuela mich vom Polizeiverhör abholte, sagte sie nichts. Ich auch nicht. Sie weinte bloß stumm, und ich blickte aus dem Autofenster und suchte nach den richtigen Worten. Noch ehe wir wieder zu Hause waren, war mir klar, dass es keine richtigen Worte gibt. Es gibt nur die Hässlichkeit des Tages und der Tage vorher, und dahinter das *Piep-Piep-Piep* der Punktabzüge, kombiniert mit dem Krachen eines Schusses. Ich bekomme es nicht aus dem Kopf. Und die Leute sagen, ich war das.

Abuelas Gebete werden leiser und verstummen, und erst jetzt mache ich die Augen auf. Sie sieht das Ei an, als hätte sie Angst vor dem, was es aufgenommen haben könnte. Dann greift sie nach der Glasschale auf dem Tisch und schlägt das Ei mit zitternden Fingern hinein.

Wir ringen beide nach Luft.

Das Eigelb ist von leuchtend roten Blutflecken gesprenkelt. Ich kneife die Augen zu, weil mir übel wird.

Ich wünschte, ich könnte zurück. Die Zeit zurückdrehen. Aber wohin? Um den Vorfall mit Moore zu vermeiden, der mir Nachsitzen eingebracht hat, hätte ich nie die Pupusas backen dürfen. Und das hätte ich nicht gemacht, wäre César nicht verhaftet worden. Und César wäre nie verhaftet worden, wär ich nicht sein kleiner Cousin. Und so weiter. Wie spule ich mein ganzes Leben zurück?

Vielleicht hätte ich mich längst den Dioses anschließen müssen – und von der Promise gehen. Meine Abuela wäre enttäuscht von mir, aber nicht so enttäuscht, wie sie es jetzt ist, als sie das Blut im Eigelb sieht.

Sie spült es im Klo runter und reinigt die Schüssel hinterher mit Salz.

»Ramón«, sagt sie, als sie zurückkommt. Sie setzt sich neben mich und presst ihre Hände auf mein Knie. »Ich weiß, dass du das nicht getan haben kannst.«

»Ich bin das nicht gewesen, Abuela, ich ...«

»Du musst es nicht erklären. Ich weiß, wer du bist. Aber es ist ein großes Problem. Schlimm. War sonst noch etwas passiert? Etwas mit César? Hast du diesen Dioses-Jungen etwas erzählt, dass sie ...«

»Nein«, unterbreche ich sie, bevor sie es auch nur fragen kann. Ich kann ihr nicht die Wahrheit sagen. Ich kann ihr nicht erzählen, worum ich Ever am Telefon gebeten habe, nachdem Mr. Moore mich an dem Tag so beleidigt hat.

Sie sieht mich traurig an.

»Du darfst das Haus nicht verlassen«, sagt sie. »Hast du mich verstanden? Es ist im Moment zu gefährlich, weg von zu Hause zu sein. Die Polizei und die Leute in der Nachbarschaft spinnen sich alle ihre eigenen Geschichten zusammen. Du musst dich da raushalten und nicht auffallen, bis alles geregelt ist. Bis du in Sicherheit bist.«

Ich sehe ihr an, dass sie mir eine Menge verschweigt. Meine Abuela versucht immer, mich zu beschützen. Weil César so hart ist, versucht sie ständig, mich sanft zu halten. Manchmal so sehr, dass es mich wahnsinnig macht. Zum ersten Mal frage ich mich, wie es sich für César angefühlt hat, immer als der Harte gesehen zu werden. Ich denke an seine Augen in dem Moment, bevor die vielen Polizisten vor der Promise ankamen. Da sah er nicht hart aus. Er sah aus wie der Primo, den ich kannte.

»Was ist, Abuela?«, frage ich. »Was hast du gehört?«

Sie schüttelt den Kopf. So frustriert ich auch bin, ist mir klar, dass ich Abuela nicht überreden kann auszuspucken, was sie für sich behält.

Ich greife nach der Bürste in meiner Schultasche – mein Reflex, wenn ich mich beruhigen muss.

Aber die Bürste ist nicht da. Sonst ist sie immer da. Doch jetzt kann ich sie nirgends finden. Nicht in meiner Tasche. Nicht auf dem Tisch an der Tür. Und dann erinnere ich mich. Die Polizei hatte sie irgendwie am Tatort gefunden. Ich bin mir nicht sicher, wie sie dahin gekommen ist, aber es sieht sehr nach einem Komplott aus. Die Bürste muss in meiner Tasche gewesen sein, als Moore sie mir weggenommen hat.

Abuela sieht mich suchen und schnalzt mit der Zunge.

»Komm, sehen wir uns meine Telenovela an«, sagt sie.

Doch ich kann kaum die Augen offen halten. Der ganze Stress raubt mir die Kraft. Wir schauen eine Weile fern, dann sagt sie, ich soll mich ausruhen. Als ich in mein Zimmer gehe, kommt eine Textnachricht von Luis:

Luis: Bist du okay?

Ramón: Ich glaube, ja. Was ist in der Schule los?

Luis: Mann, schwer zu sagen. Jeder hat seine eigene Theorie.

Ramón: Ich war das nicht, Mann.

> Luis: Weiß ich doch. Es muss dieser J.B. gewesen sein.

> Ramón: Glaube ich nicht. Ich denke, es war Trey.

> Luis: Trey kann es nicht gewesen sein. Er würde das nie tun. Aber J.B., der hat mit keinem geredet. Es sind doch immer die Stillen, oder?

Ich überlege – »Es sind doch immer die Stillen«. Die ganze verdammte Schule war still. Moore hat das so verlangt. Wenn man es so sieht, könnte jeder von uns der Mörder sein.

Ich bekomme noch eine Textnachricht, bevor ich Luis antworten kann. Sie ist von Magda.

> Magda: Wie geht es dir? Könnte ich doch rüberkommen! Aber ich soll auf César aufpassen, seit die Dioses ihn auf Kaution rausbekommen haben. Dabei trägt er so eine Fußfessel – also kann er eh nirgends hin.

> Ramón: Ich bin froh, dass er zu Hause ist. Ich kann nicht glauben, dass das passiert. Das alles.

> Magda: Du müsstest die an der Mercy reden hören!

Ramón: Lass mich raten – Becca leitet einen Gebetskreis für unsere Seelen?

Magda: Ja, buchstäblich. Aber ich habe auch anderen Tratsch gehört.

Ramón: Was für welchen?

Magda: Kennst du einen Nico, der in der Küche der Promise arbeitet?

Ramón: Mr. Martínez ... vielleicht?

Magda: Ja, Nico Martínez.

Ich weiß genau, wen sie meint. Der Typ ist einer der wenigen Leute in der Küche, mit denen ich noch nie gesprochen habe. Er ist still und nicht sehr zugänglich. Doch was am meisten heraussticht, sind seine Dioses-Tattoos.

Ramón: Den kenne ich. Ich glaube, er ist hier aufgewachsen, denn er hat Humo-Tattoos.

Magda: Ja. Die Leute sagen, es war Rache für César.

Ich lasse das Handy auf mein Bett fallen und reibe mir die Augen. Jesus, das ist zu viel, um noch den Überblick zu behalten! Ich hatte den Jungs gesagt, sie sollen sich zurückhalten. Ja, kurz hatte ich überlegt, sie zu fragen, ob sie Moore was tun können, habe es aber gelassen. Und jetzt erfahre ich, dass sie es trotzdem getan haben könnten. Wenn sie einen Typen in der Schule haben, ergibt es einen Sinn.

Abuela will, dass ich mich ruhig verhalte und allem fernbleibe. Doch was ist, wenn der wahre Täter genau das Gegenteil tut? Wahrscheinlich läuft er draußen herum, als wäre er unschuldig, während ich mich hier verstecke, als wäre ich schuldig. Wer das auch war, ich wette, die Cops haben nicht die kleinste Spur von ihm am Tatort gefunden. Von mir hingegen schon. Blöd.

Ich öffne eine Textnachricht an Luis und Magda.

> Ramón: Können wir uns morgen treffen? Ich brauche Hilfe, um etwas klarzukriegen.

> Magda: Bist du sicher, dass Abuela damit einverstanden ist?

> Ramón: Ist schon okay. Wir können uns sehen, wenn sie bei der Arbeit ist.

> Luis: Wo sollen wir uns treffen?

Magda: Und warum?

Ramón: Ich kann hier nicht rumsitzen und warten, bis die mich verurteilen.

Luis: Hast du einen Plan?

Ramón: Ungefähr. Bis morgen, um halb sechs bei mir.

Doña Gloria

Ich bete zu jedem Heiligen, den ich kenne. Ich zünde ein Dutzend Velas an. Eigentlich müsste ich den Kohl für das Curtido schneiden, aber ich kann nur beten.

Mein Enkel ist nicht so ein Mensch, auch wenn sie ganze Mauern mit seinem Polizeifoto vollkleistern. Sie erzählen Geschichten über ihn, als wäre er tot, als wäre die Wahrheit etwas, das man mit grellen Farben interessanter machen kann.

Vor Jahren hätte ich vermutlich César die Schuld gegeben. Und ich weiß, dass einige es immer noch tun werden. Und viele werden Ramón so oder so beschuldigen – womöglich erinnern sie sich an den alten Ramón, der so wütend war, dass er in unserer ersten Wohnung ein Loch in die Wand geboxt hat. Dreizehn Jahre alt und in einem neuen Land, wo ihn die Leute schief ansahen, wenn er Mühe mit der neuen Sprache hatte. Der Frust wurde zu Rage, und die hätte ihn zerstört, hätte er nicht angefangen, mit mir zu kochen – seine Hände zu beschäftigen und seinen Geist zu beruhigen. Und jetzt verwandelt ihn die unfaire Welt wieder zurück in den wütenden Jungen von früher. Es macht mich ängstlich und unsagbar traurig.

Dennoch verzichte ich auf Schuldzuweisungen. Ich will verstehen. Die letzte Limpia hat mir die Wahrheit gezeigt: Dass Blut in die reine, gute Seele meines jüngsten Enkels injiziert wurde. Eintausend winzige, blutende Wunden, die von seinem Weg durch eine Welt wie diese rühren, vielleicht sogar in einer Schule wie der Promise. Es war nicht Moores Blut in der Schale; es war das meines Enkels.

Jeden Tag, den wir unsere Kinder hinaus in die Welt schicken, werden ihnen tausend winzige Schnitte zugefügt. Keine Limpia dieser Welt kann die Wunden reinigen, sie bleiben offen.

Wenn ich also nun darüber nachdenke, wer was getan hat, und wann, und wem, dann denke ich an Wunden. Wer ist am schwersten verwundet? Wen hat dieser Mann verwundet, der jetzt tot ist? Wer hat tausend winzige Schnitte ausgeführt? Wer feuerte die tödliche Kugel ab?

War die Wunde des Täters sein verletzter Stolz? Der einzige Stolz, den mein Enkel jemals gezeigt hat, besteht darin, mit seinen Händen etwas herzustellen, das seine Mitmenschen nährt. Solch ein Herz trägt nicht die Sorte Stolz, die dazu führen kann, ein Leben zu nehmen.

Zumindest sage ich mir das.

Als ich die Kerzen wegpacke und Masa und Queso heraushole, sehe ich die Post auf dem Tisch. All die Rechnungen, die wir bezahlen müssen, für die diese Pupusas aufkommen. Die gleichen Pupusas, von denen mein Enkel hofft, dass sie auch seine Träume finanzieren werden. Und zwischen all der Post sind glänzende Postkarten von der PROMISE PREP, die um Spenden bitten und zur jährlichen Auktion einladen. Sie kündigen neue Sponsorenverträge an, Geld, das in die Schule und hinaus fließt, um sie größer und strahlender zu machen. Besser, heißt es, für meinen Enkel.

Ich will nur, dass mein Enkel groß und strahlend ist. Ich möchte, dass er es rausschafft.

Kapitel dreizehn

Die Verräterin
Trey

Ich darf nicht draußen sein – aber seit fünf Tagen gehe ich nicht mehr zur Schule und bin zu Hause eingesperrt. Ich habe es aufgegeben, durch Social Media zu scrollen; davon fühle ich mich noch schlechter. Ich hasse es, dass sich Lügen schneller verbreiten als die Wahrheit.

Es ist, als hielte sich jetzt jeder für einen verdammten Cop: Sie denken sich Szenarien aus und »entwerfen« meine ausgefeilten Pläne, Direktor Moore zu ermorden. Wieso verwendet keiner von denen all die kreative Energie auf ... ich weiß nicht ... Theorien, warum ich es *nicht* gewesen sein kann? Und erst recht zum Kotzen ist, dass ich nichts von Brandon höre. Seine Mom wird ihm wahrscheinlich den Kontakt zu mir verboten haben, aber mit fiesen Träumen und Onkel T im Haus festzusitzen, macht alles schlimmer. Wenigstens habe ich Mom. Fürs Erste.

Früher habe ich manchmal lange Spaziergänge gemacht, um einen klaren Kopf zu bekommen. Ich würde alles dafür tun, genau das jetzt zu können. Und je mehr ich darüber nachdenke, desto weniger lächerlich kommt es mir vor. Rocky's ist nicht weit, und danach werde ich nirgends mehr hingehen. Nur dorthin und zurück. Das und eine Zigarre werden reichen, damit ich klar denken kann.

Ich schleiche mich aus dem Fenster, bevor ich es mir wieder ausreden kann, und tatsächlich hilft es sofort, ein bisschen zu gehen und mich frei zu fühlen. Ich lasse meine Kapuze auf, um nicht erkannt zu werden, und bin schnell, trotzdem tut es gut, draußen zu sein. Dass es dunkel wird, hilft auch. Vielleicht sollte es das nicht, doch die Schatten beruhigen mich.

Ich will am Dollar-Store vorbei, da höre ich laute Stimmen. Ich erstarre, weil ich zuerst denke, sie richten sich an mich. Aber das ist ein Streit, und obwohl meine Mom mir dauernd sagt, ich soll mich aus den Dramen anderer Leute raushalten, werde ich langsamer und spähe seitlich unter meiner Kapuze hin.

Beinahe stolpere ich. Es ist Mrs. Hall.

Und sie streitet sich mit Detective Bo.

Mein Herz macht einen Satz, aber mein Instinkt übernimmt, und ich verstecke mich hinter einem Müllcontainer in der Nähe. Die Stimmen der beiden hallen in der Straße, als sie anscheinend zu ihrem Wagen gehen.

»Andere Spuren habt ihr nicht? Ich sage dir, das war keiner von den Jungen«, ruft Mrs. Hall.

»Du weißt, dass ich sehr vorsichtig sein muss mit –«

»Bo, *ich* bin es! Du musst mit mir darüber reden! Es steht zu viel auf dem Spiel!«

»Du kennst die Regeln, Carla! Es sieht übel aus. Da sind Dinge, die ich bedenken muss –«

»Ja, und genau das meine ich! Du musst einiges bedenken!«, schreit sie. Ich riskiere einen Blick hinter dem Container hervor und sehe, wie sie mit den Armen fuchtelt. Sie sieht definitiv nicht schwanger aus – und sie ist schon seit Monaten weg. Müsste sie da nicht mindestens ein *bisschen* Bauch haben? Oder, wenn sie das Baby schon bekommen hat, warum sind dann keine Bilder von ihnen beiden auf Social Media?

»Carla, Carla«, sagt Detective Bo, der die Stimme senkt. Ich kann ihn gerade noch verstehen. »Im Moment gibt es keine anderen Verdächtigen, aber es gibt einen Angestellten an der Promise mit Vorstrafen. Nico Irgendwas. Er arbeitet in der Cafeteria. Vielleicht sehe ich mir den mal näher an.«

Dann wird seine Stimme noch leiser, und ich horche einige Minuten angestrengt, bevor ich wieder hinter dem Container hervorspähe. Gerade rechtzeitig, dass ich sehe, wie Mrs. Hall ihn umarmt und auf die Wange küsst. Ist *der* etwa ihr Mann? Wie kann meine Lieblingslehrerin, die mich – uns – immer zu verstehen schien, mit einem Typen verheiratet sein, der bei meinem Verhör solchen Scheiß gemacht und gesagt hat? Mir dreht sich der Magen um.

Ich muss hier weg. Wenn Bo mich sieht, bin ich geliefert – außerdem ertrage ich nicht, wie freundlich Mrs. Hall zu dem Typen ist. Vielleicht kenne ich Mrs. Hall überhaupt nicht. Wie sich herausstellt, ist sie eine Verräterin.

Ich nehme den Bus zurück nach Hause, weil das schneller geht. Und die Lust auf eine Zigarre von Rocky's ist mir sowieso vergangen. Doch mit jeder Sekunde, die verstreicht, formt sich deutlicher eine Idee in meinem Kopf. Auf Social Media reden die Leute immer wieder davon, dass ich Moore in der Cafeteria »Ich bringe Sie um!« entgegengebrüllt habe. Deswegen denken sie, ich bin der

Mörder. Klar war das richtig hirnlos von mir, deswegen hab ich ja einen Verweis gekriegt.

Doch Mrs. Hall und den Detective zu hören, macht mich nachdenklich: Wer sonst hatte schon einen Verweis von Moore bekommen? Wer könnte sonst noch eine offene Rechnung mit ihm gehabt haben? Welcher Angestellte der Schule hat Vorstrafen?

Ich weiß, dass alle Lehrkräfte sich in ein Computerprogramm einloggen, um die Suspendierungen, die Punktabzüge und so von Schülern nachzuverfolgen. Käme ich da irgendwie rein, könnte ich es auch sehen – und vielleicht herausfinden, wer sonst noch in der Woche des Mords ein Problem mit Moore hatte.

Zu Hause laufe ich in meinem Zimmer auf und ab. Wer kann mir Zugang zu dem System verschaffen? Ich weiß von zwei Jungs, die im Büro arbeiten – Solomon und dieser stille dominikanische Typ. Omar heißt er, glaube ich. Solomon kann ich unmöglich fragen – er hasst mich. Kann meine Witze nicht vertragen. Ich schätze, er begreift nicht, dass ich über jeden welche reiße. Ist doch alles nur Spaß! Er würde mich sofort melden, sollte ich ihn nach dem Passwort fragen. Aber mit Omar könnte es leichter sein. Vielleicht erinnert er sich, dass ich ihm mal einen Gürtel geliehen habe.

Doch bevor ich anfange, eine Textnachricht an Omar zu schreiben, gehe ich noch mal mein Gedächtnis durch, und da fällt mir wieder ein, wie ich einmal Mrs. Hall mit ihrem Computer geholfen habe – Technik war nie ihr Ding. Sie hatte ihr Passwort auf einem Post-it auf ihrem

Schreibtisch. Vielleicht kann ich selbst versuchen, das System zu hacken. Was war das Passwort?

Ich versuche es mit CarlaHall, und als das nicht funktioniert, mit HallCarla. Dann gebe ich bei beiden am Ende 123 ein. Nichts. Doch die Zahlen sind irgendwie da; eindeutig Zahlen. Eine Telefonnummer? Nein! Eine Klassenzimmernummer!

CarlaHall222

Nein. Moment.

HallCarla222

Und ich bin tatsächlich drin!

Ich versuche, meine Begeisterung und Nervosität herunterzuschlucken. Dann fange ich an, die Dateien durchzusehen. Sie sind ein bisschen versteckt, aber jede Social-Media-App ist komplizierter als das hier. Kein Wunder, dass Erwachsene sich damit so schwertun. Ich gehe direkt zu *Führungszeugnisse*, und schon scrolle ich durch sämtliche Beschäftigten an der Promise: Lehrkräfte, Hausmeister, alle. Es sind ein Haufen Informationen, aber sobald ich das Schema verstanden habe, ist es leicht, jede Datei zu öffnen und direkt zu »Führungszeugnis« zu gehen.

Detective Bo hatte recht – es gibt ein paar Leute mit Vorstrafen.

Einer ist Coach Robinson, doch von seiner Vorgeschichte wusste ich schon. Er redet dauernd von seinem früheren Leben, benutzt es als Warnung an mich und die Jungs, nicht auf die schiefe Bahn zu geraten. Aber er scheidet aus, denn als der Mord passierte, war er in der Turnhalle. Er kann es nicht gewesen sein. Und er würde das auch nie tun.

Aber dann ist da dieser Typ namens Mr. Martínez, der in der Cafeteria arbeitet. Ich kenne sein Gesicht. In seiner Akte ist er als Straftäter markiert. Verdammt. Unwillkürlich denke ich, das könnte ich sein. Wie kann ich über ihn urteilen, wenn ich bedenke, womit ich es aufnehme? Doch weil ich sonst nichts über ihn weiß, merke ich mir den Namen und das Gesicht. Ich möchte nicht mit dem Finger auf jemand anderen zeigen, doch ich weiß, dass ich es nicht gewesen bin, und das muss ich beweisen.

Ich wechsle von den Angestellten zu den Schülern und sehe mir alle an, die in den letzten dreißig Tagen aufgeschrieben wurden. Dabei muss ich gar nicht so weit zurückgehen. Die letzte Woche ist am wichtigsten.

Natürlich sehe ich meinen Namen. Und den von einigen anderen Dudes wegen Sachen wie Verstößen gegen die Uniformvorschriften oder Reden im Unterricht. Alberner Scheiß. Und ich entdecke auch die anderen Namen, mit denen ich gerechnet hatte: Ramón und J.B. Die Bemerkungen in den Dateien sind irgendwie lächerlich. Bei J.B. steht: *Körperliche Auseinandersetzung, Zerstörung von Schuleigentum, Verweis empfohlen.* Bei Ramón steht: *Besitz von Schmuggelware, vulgäre Ausdrucksweise, Insubordination.* Warum klingt alles so ... extrem? Meine Aktenvermerke will ich nicht einmal lesen. Da sind alle unsere Namen, von uns, die wir an dem furchtbaren Tag nachsitzen mussten. Aber es taucht auch noch ein anderer Name auf dem Nachsitzplan auf:

Solomon.

»Moment mal«, flüstere ich. »Moment …!«
Solomon: vulgäre Ausdrucksweise, unziemliches Verhalten. Und aus seiner Akte geht hervor, dass Solomon an dem Tag nachsitzen sollte, genau wie J.B., Ramón und ich. Aber er war definitiv nicht da. Also wo zur Hölle ist er gewesen? Ich habe keine Ahnung, aber ich finde es heraus. Und ich weiß auch, wie.

Keyana Glenn

Als J.B. an meinem Fenster aufkreuzt und Flaschendeckel an die Scheibe wirft, kommt es mir beinahe vor, als würde ich einen Geist sehen. Obwohl Moore ja derjenige ist, der getötet wurde. Alles, was passiert ist, wirkt wie ein schlechter Film, in dem alle einander misstrauen und der Mörder ständig das Gesicht wechselt. Ich hatte gehofft, dass J.B. unschuldig ist, doch mir fällt es schwer, zu vertrauen, vor allem Jungs. Die lächeln dir ins Gesicht, und sobald du wegsiehst, werden sie jemand anders.

Doch kaum sehe ich J.B.s Gesicht, weiß ich, dass er unschuldig ist. Ich blicke durchs Fenster nach unten, und sogar im Dunkeln kann ich seine Seele in seinen Augen leuchten sehen.

»Darf ich raufkommen?«, flüstert er gerade laut genug, dass ich es höre.

Ich nicke atemlos.

J.B. und ich haben eine Menge gemeinsam, ganz besonders aber, dass die Leute denken, allein an unserem Aussehen zu erkennen, wer wir sind. Er wirkt einschüchternd auf manche Menschen, weshalb sie ihn automatisch als den Bösen in diesem schlechten Film casten, von dem ich sprach. Und ich? Leute sehen mich – Schwarz, hübsch, klug – und casten mich als eine Figur, deren Gefühle keine Rolle spielen. Als wäre ich aus Stahl, als könnten sie mit mir machen, was sie wollen.

Als J.B. in mein Zimmer steigt, sieht er mich an. Seine Augen sind warm und braun, und ich möchte in ihnen versinken.

Ich umarme ihn, er umarmt mich, und wir bleiben lange Zeit so, bis ich ihn flüstern höre:

»Ich brauche deine Hilfe.« Ich nicke nur. Doch dann zieht er sich ein wenig zurück. »Aber zuerst muss ich dich einfach nur ansehen.«

Und das tut er. Anfangs macht es mich nervös, dass er bloß dasteht und mich anstarrt, aber sein Blick ist wie eine dieser Speziallampen, die man auf Pflanzen richtet. Ich fühle, wie ich wachse und mich öffne. Als er mich küsst, ist es, als würde alles an mir aufblühen.

»Dein Gesicht hat mir gefehlt«, sagt er später, als ich auf meinem Bett sitze und ihm den Nacken massiere. »Deine Stimme auch.«

»Quatsch«, widerspreche ich, um ihn zu necken.

»Kein Quatsch«, sagt er ernst. »Du bist besonders für mich.«

Ich weiß nicht einmal, was ich dazu sagen soll – mein Herz fühlt sich zu erfüllt an. Also massiere ich ihm weiter den Nacken und frage: »Und wobei brauchst du meine Hilfe?«

»Dabei, meinen Namen reinzuwaschen.«

Ich schlucke.

»Sie sagen, dass es zwei andere Verdächtige gibt«, bringe ich heraus.

»Stimmt. Ich weiß nicht, wer abgedrückt hat, aber ich muss es herausfinden.«

Plötzlich werde ich euphorisch.

J.B. weiß es nicht – das tut keiner –, aber ich will Juristin werden. Nicht die Sorte, die Leute ins Gefängnis steckt, sondern eine, die sie davor bewahrt. Eine Verteidigerin. Ohne es zu ahnen, hat J.B. genau die richtige Person gefragt.

»Natürlich«, sage ich, und ich meine es ernst.

Vielen ist es nicht klar, aber eine gute Anwältin muss unbedingt auch eine gute Detektivin sein. Den richtigen Leuten zur richtigen Zeit die richtigen Fragen stellen. Also mache ich mich an die Arbeit, als J.B. wieder weg ist.

Ich gehe nicht zur Promise, logisch, aber ich kenne einige Mädchen, die Brüder, Freunde oder Cousins da haben. Und Mädchen wissen immer alles. Die Leute denken, wir wollen nur tratschen, obwohl jeder weiß, dass Jungs die größten Klatschmäuler der Welt sind; darum geht es nicht.

Mädchen *müssen* alles mitbekommen. Erst recht solche wie ich. Es ist ein Überlebensmechanismus. So halten wir uns in einer Welt über Wasser, die unglaublich gefährlich für uns ist. Wir bemerken alles, schätzen mögliche Bedrohungen ein und speichern Informationen ab.

Als ich am nächsten Tag in die Schule komme, habe ich eine hübsche Liste von Leuten, mit denen ich reden muss. Keisha, die Kendall kennt, die mit Bryan von der Promise zusammen ist. Jasmine, deren Bruder mit Brandon und Trey spielt. Alexis, deren Freund wegen schlechter Noten von der Promise geflogen ist. Einige ihrer Hinweise sind Sackgassen, andere aber echte Spuren. Ich notiere mir alles, was ich höre, bekomme Telefonnummern und schreibe mir Daten auf. Das alles, während ich im Unterricht aufpasse, denn bei meinen Zensuren riskiere ich nichts.

Doch weil J.B. sein Handy nicht hat, kann ich nur auf eine Weise mit ihm über alles reden, was ich erfahren habe.

Kapitel vierzehn

J.B.

Ich hätte Keyana nie für den Typ gehalten, der die Schule schwänzt. Und besonders toll ist zu wissen, dass sie nicht einfach so schwänzt, sondern es tut, um Zeit mit mir zu verbringen. Und nach so vielen Tagen, die ich zumeist alleine verbracht habe, während meine Mom kam und ging und zusätzliche Schichten im Krankenhaus arbeitete, ist Keyana vor meiner Tür zu sehen wie Sonnenschein auf meinem Rücken im Januar.

Zuerst ist sie schüchtern in meiner Wohnung, und ich sorge dafür, dass wir im Wohnzimmer bleiben, damit sie nicht nervös wird oder denkt, ich würde sie zu irgendwas drängen. Ich kann immer noch nicht richtig glauben, dass sie meine Freundin ist. Ich hatte mich gefragt, ob sie das nach allem, was passiert ist, noch sein will. Doch sie sieht mich an, und ihre Augen sagen mir, dass sie dasselbe für mich empfindet wie ich für sie.

Wir setzen uns auf die Couch und blicken einander eine Minute lang an. Hier Seite an Seite zu sein, fühlt sich anders an. Keyana hat es tatsächlich getan – sie ist gekommen, um mir zu helfen. Sie glaubt mir. Wenigstens genug, um hier zu sein.

Ich breche das Schweigen: »Ich bin froh, dass du gekommen bist.« Ich kämpfe gegen den Drang, sie zu küssen, als sie mich ansieht und mein Blick auf ihre wunderschönen Lippen fällt.

»Ja, bin ich auch«, antwortet sie. »Ich würde dich übrigens nie einfach ghosten.«

»Was mit ein Grund ist, warum ich neulich Abend bei dir war«, sage ich. »Du solltest wissen, dass ich an dich denke. Dass ich dich nicht geghostet habe. Ich weiß, dass du das vor dem Spiel gedacht hast. Als ich ... du weißt schon.«

»Na ja, das dachte ich nicht mehr, als die Cops aufgetaucht sind.« Sie schaut nach unten zum Teppich. »Aber vorher schon.«

»Es war Moore«, sage ich wütend. »Nur wegen diesem Irren war ich überhaupt dort.«

Sie schürzt die Lippen und reißt die Augen weiter auf, richtet den Blick jedoch immer noch auf den Teppich. »Wie es sich anhört, hattet ihr alle Ärger mit ihm«, sagt sie leise.

Ich beiße die Zähne zusammen. »Deshalb ist die ganze Geschichte ja so beschissen. Hatten wir. Nach dem Tag, nach dem, was er getan hat ... habe ich ihn gehasst. Aber ich würde niemanden umbringen. Deshalb bin ich bei dir gewesen. Weil ich aus der Nummer nicht allein rauskomme. Ich brauche jemanden, der mir glaubt.«

Sie ist still, und mein Herz krampft sich zusammen.

»Du glaubst mir, oder?«

»Ja«, antwortet sie langsam. »Aber ich habe Fragen.«

»Weiß ich, habe ich auch. Und ich denke, dass ich weiß, wie man die Antworten findet. Jemand hatte an dem Tag eine Waffe mit in die Schule gebracht. Und ich muss herausbekommen, wer.«

Keyana starrt mich entsetzt an. »Was?! Woher weißt du das?«

»Weil ich sie in der Schultoilette im Keller gefunden hatte.«

Jetzt springt sie auf. »Hast du an dem Tag irgendwem davon erzählt?«

»Nein.«

»Warum nicht?«

»Damit die Leute mich für eine Petze halten? Das ist ein Todesurteil. Und den Cops kann ich es definitiv nicht mehr sagen.«

Keyana sieht mich verwirrt an. »Warum nicht?«

Zunächst schweige ich. »Ich hatte Angst, dass jemand sie benutzt, also habe ich sie woandershin gepackt. Jetzt sind meine Fingerabdrücke drauf.«

Keyana verstummt noch länger als ich. Ich denke schon, dass sie gleich aufsteht und geht, aber sie rührt sich nicht. »Wohin hast du sie gepackt?«, fragt sie leise.

»In die Zwischendecke im Keller.«

»Wir müssen nachsehen, ob sie noch da ist, aber erstmal nicht. Wahrscheinlich beobachten die Cops alles dort.«

»Okay, und was machen wir in der Zwischenzeit?«, frage ich.

»Tja, ich habe über das nachgedacht, was du neulich Abend gesagt hast.« Sie lehnt sich konzentriert auf der Couch zurück. »Und ich habe ein bisschen rumgefragt.

Denn wir müssen wirklich herausfinden, wer das war. Nicht bloß, um deinen Namen reinzuwaschen, sondern auch, damit die Cops den Mord nicht als Vorwand nutzen können, um jeden Schwarzen oder Braunen Typ zu schikanieren, der ihnen über den Weg läuft.«

Deshalb mag ich Keyana – weil sie so verdammt klug ist.

»Herumgefragt ... wo?«, frage ich.

»Überall. Wie bei dieser Rachel, die auf meiner Schule ist. Ihr Bruder geht auf die Promise, und sie denkt eindeutig, dass es dieser Ramón war. Kennst du den?«

Ich zucke mit den Schultern. »Nein, den kenne ich nicht. Ich weiß bloß, dass er Pupusas macht, die voll lecker sind.«

Mir fällt etwas ein.

»Warte mal! Ich habe gesehen, wie er zu der Toilette gegangen ist, in der die Waffe war. Ich denke nicht, dass er sie gefunden hat, aber möglich wär's.«

»Und ob es das ist. Rachel sagt, dass er vielleicht irgendwelchen Scheiß mit einer Gang am Laufen hat. Ich weiß nicht. Was sagt dir dein Gefühl?«

Ich sehe Keyana direkt an. »Trey.«

»Aha?«

Sie greift in ihre Tasche und nimmt ihr Handy raus.

»Jeder hat eine Theorie, wie du dir wahrscheinlich denken kannst. Aber manche haben mehr Informationen als andere. Sachen, die sie gesehen und gehört haben. Also habe ich eine Liste angefangen und mir Notizen gemacht. Und von allen scheint Trey am wahrscheinlichsten.«

»Darf ich mal sehen?«

Sie gibt mir ihr Telefon, und ich sehe mir ihre Notizen

an. All das hat sie nur in den paar Tagen gemacht, seit ich bei ihr gewesen bin. Beeindruckend!

LISTE DER VERDÄCHTIGEN

Trey: War nicht im Nachsitzraum, wo er hätte sein sollen. Andere Schüler haben gesehen, wie er Moore früher an dem Tag bedroht und gesagt hat, er würde ihn umbringen.

Ramón: Moore hetzte seinem Cousin am Tag vor dem Mord die Cops auf den Hals. Gerüchten zufolge hat Ramón am selben Tag mit den Dioses del Humo geredet.

Omar: Komisches Kid, wurde als Letzter mit Moore gesehen.

Ich blicke von der Liste auf.
»Omar?!« Ich werde lauter. »Wer hat *das* denn gesagt?«
Keyana blinzelt nachdenklich. »Ich bin mir ziemlich sicher, dass ich es von einem Mädchen gehört habe, deren Bruder im Büro der Promise arbeitet. Ein Typ namens Sal? Solomon?«
»Solomon«, wiederhole ich überrascht. »Den kenne ich. Er denkt, Omar hat Direktor Moore umgebracht?«
»Nein, seine Schwester sagt, er denkt definitiv, dass es Trey war. Omar war wohl nur der Letzte, den er mit Moore gesehen hat. Ich habe es für alle Fälle aufgeschrieben. Ich denke, je mehr Verdächtige, desto besser.«
Es ist komisch, dass ich nicht von Omar und Moore gehört habe. Omar ist ein stilles Kind, was in Zeiten wie

diesen Vorteile hat. Ich bin mir sicher, dass an der Promise nie jemand Omar als Mörder auch nur für möglich halten würde.

»Ich muss mehr darüber wissen. Ich könnte Solomon texten«, biete ich an. Dann wird mir gleich wieder flau. »Verdammt, ich habe ja kein Handy. Und ich weiß nicht mal seine Nummer.«

»Ich könnte seiner Schwester schreiben. Aber kennst du seinen Usernamen auf Social Media oder so? Das könnte schneller gehen.«

Ich setze mich wieder auf. »Ja, da hat er ein Profil. Willst du ihm schreiben?«

Sie ist schon dabei. Ich muss ihr nicht einmal seinen Usernamen sagen … sie tippt *Solomon Bekele* ein, und da ist er. Sie schickt ihm eine kurze Nachricht:

Ich versuche zu beweisen, dass J.B. unschuldig ist. Er sagt, ihr versteht euch gut. Kannst du helfen?

»Okay«, sagt sie. »Und solange wir warten, sehen wir uns die anderen Verdächtigen an.«

Wir rücken näher zusammen, bis wir Schulter an Schulter sitzen und die Liste auf ihrem Handy ansehen. Ich sollte mich auf den Fall konzentrieren, aber sie riecht so gut. Da möchte ich die Augen schließen und einfach nur atmen.

Anscheinend geht es ihr nicht anders. Sie lehnt sich ein bisschen an mich und dreht den Kopf in meine Richtung. Es scheint lächerlich, auch nur an irgendwas anderes zu denken, wenn mir eine Mordanklage droht, aber Keyana macht das mit mir.

»Warte mal«, sagt Keyana aufgeregt und rückt weg von mir. »Solomon hat geantwortet!«

Ich bin beinahe enttäuscht, kriege mich aber wieder ein. Das hier ist wichtig.

Keyana tippt die Nachricht schnell an.

Ich helfe gerne. J.B. ist cool. Was kann ich tun?

Sie grinst. Verdammt, habe ich ein Glück, sie auf meiner Seite zu haben!

Sie tippt: *Ich habe gehört, dass du im Schulbüro arbeitest. Hast du irgendwas gesehen?*

Ungeduldig warten wir, dass seine Antwort erscheint.

Moment, ich muss aufpassen. Omar arbeitet auch hier, und ich will nicht, dass er das hier sieht.

»Was weißt du über diesen Omar?«

»Total still. Ich habe schon gesehen, wie er Kram für die Schule gefilmt hat.«

Es erscheint eine Nachricht von Solomon.

»Oh, Scheiße, guck mal«, sagt Keyana begeistert.

Solomon hat zwei Bilder geschickt – das Besucherverzeichnis vom Tag des Mords. Nicht sehr lang, aber da sind doch noch einige Namen durchzugehen.

»Kennst du irgendjemanden davon?«, fragt Keyana, die vor Konzentration die Stirn runzelt.

Ich überfliege die Liste, überspringe die Namen, die den Nachnamen nach zu schließen hauptsächlich Eltern sein müssen.

Dann fällt mir ein Name ins Auge, den ich erkenne.

»Mrs. Hall. Sie ist meine Lieblingslehrerin, aber seit Anfang des Schuljahrs ist sie nicht mehr da«, sage ich. Ich denke daran, wie ich sie im Mariano's mit den Weinflaschen gesehen hab, auch wenn ausgeschlossen ist, dass sie jemanden umbringen könnte. »Ich habe sie am Tag vor dem Mord getroffen, und da hat sie mir erzählt, sie hätte

Moore besucht. Sie hat ziemlich wütend gewirkt. Komisch, dass sie am nächsten Tag wiedergekommen ist. Aber vielleicht wollte sie das Gespräch fortsetzen.«

»Interessant. Das klingt verdächtig. Schließen wir sie noch nicht aus. Aber gibt es hier sonst noch jemanden, von dem du denkst, er könnte ein Verdächtiger sein?«

»Stanley Ennis«, antworte ich prompt.

»Wer ist das?«

»Ein reicher Typ.« Ich runzle die Stirn. »Er ist immer bei den Spielen. Er spendet wohl eine Menge Geld an die Promise. Und er mag es, wenn sein Name in Sachen eingraviert ist. Einer von den Typen, die es richtig lieben, sich wie Retter vorzukommen. Eigentlich wirkt er immer nett, aber ich habe bei dem ein komisches Gefühl, verstehst du, was ich meine? Er ist so ein Weißer, der sich irgendwie erst recht aufplustern muss, wenn er unter Schwarzen ist. Sogar bei den Kids. Zwischen ihm und Moore sind oft ganz schön die Fetzen geflogen. Aber ich weiß nicht. Ich mache ja keinen Sport an der Promise, und Ennis ging es vor allem um die Teams.«

»Spielt Solomon?«, fragt Keyana und macht sich bereit zu tippen.

»Nicht, dass ich wüsste.«

»Fällt dir jemand ein, mit dem wir reden könnten?«

Ich überlege. Dann geht mir ein Licht auf.

»Das wird dir nicht gefallen.«

»Was?«

»Trey. Er muss Ennis kennen.«

»Trey?! Der Typ, von dem so viele glauben, dass er es gewesen ist? Der Typ, von dem *ich* denke, dass er es war?«

»Ja, ich weiß ja, aber vielleicht finden wir raus, dass Trey es nicht gewesen ist, und fragen dann nach Ennis.«

Keyana sieht mich ein wenig zweifelnd an.

»Du hast doch gesagt, dass wir alle Spuren verfolgen sollen, oder?« Ich stupse sie an.

»Ja, klar ...« Sie seufzt.

»Na, dann fragen wir ihn!«

Kapitel fünfzehn

Trey

Mich wieder rauszuschleichen verdoppelt das Risiko – aber Onkel T ist einkaufen, und es muss sein. Seit ich mich in Mrs. Halls Schul-Account eingeloggt habe, kann ich an nichts anderes denken. Ich muss mit Solomon reden.

Manchmal spielen die Jungs aus dem Team und ich unten im Turkey Thicket Rec Center. Es ist einer der wenigen Orte in der Stadt mit Indoor-Sportplätzen. Fast immer sehe ich Solomon dort Fußball spielen, also fange ich da an.

Zum Glück für ihn bin ich nicht da, um mich mit ihm zu zoffen – sonst hätte er ein fettes Problem. Doch als ich ankomme, bleibe ich am Rand und schaue mich um, während ich versuche, nicht gesehen zu werden.

Zu spät.

Im selben Moment, in dem ich Solomon entdecke, bemerken mich seine Freunde. Ein paar von ihnen gehen auf die Promise, und ich sehe, dass sie nervös werden. Sie tippen Solomon an, und als er mich erkennt, erstarrt er.

»Alter, komm her! Ich will nur mit dir reden!«, rufe ich.

Zuerst rührt er sich nicht.

»Du verschwendest meine Zeit, Mann. Keiner will dir was tun.«

Widerwillig kommt er rüber, weil er nicht wie ein Loser aussehen will.

»Was ist?«

»Wo bist du an dem Tag gewesen, Alter?« Ich bemühe mich, nicht wie ein Cop zu klingen, aber ich muss es wirklich wissen.

»Wann?«

»An dem Tag, an dem er gestorben ist. Als Moore gestorben ist. Da solltest du mit uns nachsitzen. Aber es waren nur J.B., Ramón und ich da. Also, wo warst *du*?«

Solomon blickt sich über die Schulter um und kommt einen Schritt näher.

»Woher weißt du das überhaupt?«, fragt er und mustert mich. »Und warum interessiert dich das?«

»Warum es *mich* interessiert? Was meinst du, warum es mich interessiert? Weil ich ein Mordverdächtiger bin, darum! Und wenn ich es nicht war – und ich war es nicht –, dann muss ich rausfinden, wer es getan hat, bevor ich in den Knast wandere.« Ich sehe ihn an. »Ich denke, vielleicht bist *du* es gewesen.«

Sein Gesicht verrät mir, dass er bis zu diesem Moment gedacht hat, ich wäre es gewesen. Wahrscheinlich nur, weil er nicht darauf klarkommt, dass ich ihn zum Spaß disse. Aber er kennt mich gar nicht richtig. Jeder, der mich kennt, würde wissen, dass ich unschuldig bin.

»Bloß, weil ich nicht beim Nachsitzen war, heißt das nicht, dass ich es getan hab, verdammt!«, sagt er.

»Tja, wo warst du dann? Hast du überhaupt ein Alibi?«

»Ich muss dir gar nichts sagen. Ich ...«

»Mann, sag es mir einfach ...! Du hast doch nichts zu verbergen, oder?«

»Dean Hicks meinte, ich kann in seinem Büro Papiere ordnen«, erwidert er patzig. »Ich habe ihm gesagt, dass mir nicht wohl dabei ist, mit dir nachzusitzen, und da hat er gesagt, ich kann in seinem Büro arbeiten. Okay?! Jetzt zufrieden?«

Ich starre ihn an und habe plötzlich ein schlechtes Gewissen. Ich dachte, er wüsste, dass es nur Witze waren. Doch wie sich herausstellt, habe ich diesem Kid so viel Angst gemacht, dass er nicht mal in einem Raum mit mir sein will. Das ist ein beschissenes Gefühl. Aber ich muss mich auf das Wesentliche konzentrieren.

»Okay«, sage ich. »Du bist in seinem Büro gewesen. Also ist er dein Alibi.«

»Ja. Er ist da bei mir gewesen, bis er eine Textnachricht von der Security bekam, dass er sich was ansehen soll. Dann ist er weg. Aber ich habe alle möglichen Sachen am Computer eingetragen, und dafür gibt es Zeitstempel. Sicher kannst du die überprüfen, wenn du rausbekommen hast, dass ich nachsitzen musste.«

Jetzt schaut er mich an, als wollte er kämpfen, doch ich weiß, dass er es nicht will.

»Ich musste fragen, Alter«, sage ich. Es ist nicht so, als hätte ich gehofft, dass er es war. Aber ich hatte gehofft, dass er mir *irgendwas* geben könnte, um meine Wut zu dämpfen. »Wenigstens habe ich dich direkt gefragt! Ich weiß, dass ihr hier draußen lauter Gerüchte verbreitet. Ich habe deinen Post auf Instagram gesehen – über das Basketballteam, das im Knast spielt. Findest du den Scheiß witzig?«

Er sieht verlegen und wütend zugleich aus und schießt zurück: »Du verschwendest sowieso deine Zeit! Wärst du klug, würdest du mit diesem Ramón reden – ja, ich dachte zuerst, dass du es warst, aber dann habe ich gehört, dass sie was von Ramón am Tatort gefunden haben. Mit *dem* musst du reden. Oder, verdammt, mit Omar. Ich habe gesehen, wie er an dem Tag aus Moores Büro gekommen ist. Das habe ich auch dem anderen gesagt, J.B. Komm mir nicht, als hätte ich was ausgefressen – habe ich nicht.«

Dann dreht er sich um und geht zurück zu seinen Fußballkumpels, die mich alle zornig anglotzen, als ich das Spielfeld verlasse.

Was für ein Desaster. Diesen Ramón hatte ich nicht mal entfernt für verdächtig gehalten. Er wirkt immer so gechillt. Aber wer weiß, was passiert ist, als ich den Nachsitzraum verlassen hab. Und Omar?! Das kommt mir völlig unmöglich vor.

Ich mache mich auf den Heimweg und fühle mich noch schlechter als vorher. Als ich zurück durch mein Fenster steige, erschrecke ich, denn das Zimmer ist nicht leer. Ich stolpere und falle mit dem Kopf voran auf den Fußboden.

Meine Mom sitzt auf meinem Bett und hält die Hände im Schoß.

»Ma! Verdammt! Du hast mich zu Tode erschreckt!«

»Nicht in diesem Ton«, sagt sie sanft, meint es aber nicht wirklich ernst. Müde und traurig sieht sie mich an. »Wie kommst du klar?«

Sie fragt nicht mal, wo ich gewesen bin, sagt nichts dazu, dass ich gegen Onkel Ts Regeln verstoßen habe.

»Weiß ich selbst nicht, Ma.« Ich kann sie kaum ansehen, also werfe ich mich aufs Bett und bedecke meine Augen mit einem Arm.

»Such dir zwei Gefühle aus«, sagt sie.

Mein Herz verkrampft sich. Das hat sie früher immer gemacht, wenn ich aufgebracht war – als wir noch zusammengelebt haben. Als kleines Kind habe ich oft hyperventiliert, konnte nicht atmen. Als ich älter wurde, habe ich dann dichtgemacht, statt zu hyperventilieren. Geschwiegen wie ein Stein. Nichts gefühlt. Aber sie diese Worte sagen zu hören, bewirkt, dass ich schneller atme.

»Such dir zwei aus«, wiederholt sie sanft.

Ich versuche einzuordnen, was in mir los ist. Es ist schwierig, weil alles wie ein Wirbelsturm ist.

»Angst«, flüstere ich. »Und Enttäuschung.«

»Angst verstehe ich«, sagt sie. »Weshalb bist du enttäuscht?«

»Es fühlt sich an, als ... als würde mir alles entgleiten. Alle meine Hoffnungen und Träume. Die eine Sache, in der ich gut bin, entgleitet mir. Das Spiel hätte alles verändern können. Na ja, hat es wohl auch – auf die schlimmstmögliche Art. Alles wegen diesem Dude.«

»Was noch?«, fragt sie. Sogar in ihren schlechten Zeiten konnte sie mich immer ein bisschen weiter drängen. Sie wusste immer, wenn ich was zurückhielt.

»Und ich schätze ... ich schätze ... ich schätze, ich bin enttäuscht von ... Onkel T. Von Brandon, meinem besten Freund. Von Mrs. Hall. All den Leuten, die mir Rückendeckung geben sollten und es einfach nicht machen.«

»Und mir.«

»Hä?«

»Und von mir. Ich sollte dir Rückendeckung geben und habe es nicht.«

»Es ist nicht deine Schuld, Ma«, murmle ich unter meinem Arm hervor. »Du hast mit deinem eigenen Kram zu tun.«

»*Du* bist mein Kram«, sagt sie. »Sieh mich an, Trey.«

Es dauert ein bisschen, bis ich den Mut aufbringe, meinen Arm zu bewegen. Und als ich es tue, ist Mom etwas näher gerückt. Ich sehe sie an, und sie lächelt traurig.

»Tut mir leid, dass das passiert ist«, sagt sie. »Ich wünschte, ich könnte eine Menge Dinge ändern.«

»Es ist, wie es ist.«

»Nein, ist es nicht«, erwidert sie und überrascht mich, indem sie lauter wird. Seit sie hier bei Onkel T ist, ist sie eigentlich leise und zahm. »Wir nehmen das nicht einfach so hin, okay?«

»Erzähl das Onkel T«, antworte ich. »Wahrscheinlich wartet er nur auf den Schuldspruch.«

»Er ist vorhin weggegangen, zu einem Treffen mit einem anderen Anwalt«, sagt sie leise. »Einem, der nicht schon von deiner Schuld überzeugt ist. Und vergiss nicht, dass man dich bis jetzt nicht angeklagt hat. Wir werden beten und Hilfe finden. Ich folge den Engeln hier, und das solltest du auch.«

Auch wenn ich es nicht laut ausspreche, denke ich: *Was für Engel passen auf mich auf? Ich habe doch nur Leute, die mich als Teufel darstellen.*

»Ich glaube, dein Handy piept«, sagt sie und verlagert

ihre Position, um es unter ihrem Bein vorzuziehen und mir zu geben.

»Ja, tut es schon den ganzen Tag«, sage ich und sehe nach den Nachrichten. »Alle schreiben mir wegen der Moore-Geschichte.«

Ganz unten ist eine Nachricht von einem Account, dem ich nicht folge. Von einem Mädchen namens Keyana. *Wir versuchen herauszubekommen, wer das wirklich war*, steht da. *Machst du mit? Triff uns in einer Stunde im Meridian.*

Ich starre die Nachricht mit großen Augen an. Dann klicke ich auf Keyanas Profil. Sie hat einen »FREE J.B.«-Post auf ihrer Seite. Genau der, mit dem ich sprechen muss, da ich von Solomon weiß, dass er auch rumläuft und Fragen stellt. Meine Mom sieht mir über die Schulter.

»Engel, habe ich doch gesagt«, flüstert sie.

»Onkel T hat gesagt, ich darf das Haus nicht verlassen«, sage ich und sehe immer noch die Nachricht an. Als würde ich nach einem Vorwand suchen. Doch dann zögere ich: Was, wenn es eine Falle ist?

»Du hast die Regeln schon einmal gebrochen«, sagt Mom mit einem winzigen Grinsen. »Wir gehen zusammen. Dein Onkel kann mir die Schuld geben, wenn er will.«

»Es könnte gefährlich sein, Ma.«

Sie verengt die Augen. »Junge, wer ist hier deine Mutter? Zieh die Schuhe an.«

Kapitel sechzehn

Ramón

Ich soll mich bald mit Magda und Luis treffen, aber vorher muss ich noch etwas anderes erledigen. Ich habe Magda nichts erzählt, weil ich weiß, dass sie wütend wäre, aber in mir baut sich ein Gefühl auf wie die Funken vor einem Waldbrand. Ein paar kleine Flammen, die zu einem lodernden Feuer werden. Und es wächst und wächst. Wut, Angst, Verbitterung. Ich versuche, alles zu schlucken, aber bald ist kein Platz mehr in mir.

Ever geht ein Stück vor mir. Ich folge ihm aus unserem Viertel raus. Der Tag des Mordes will mir nicht aus dem Kopf. Ich war voller Zorn zur Toilette gegangen und habe Ever angerufen. Ich habe ihm erzählt, dass ich das Geld für die Kaution meines Primos nicht hätte, weil Moore mir alles weggenommen hat. Ever meinte, ich solle mir keine Sorgen machen; die Gang würde es aufbringen und Moore würde bekommen, was er verdiente.

Was hatte er damit gemeint? Das muss ich herausfinden.

Ever biegt um eine Ecke, und ich bleibe einige Schritte

zurück. Von der anderen Seite eines Busches sehe ich zu der Adresse, auf die er zugeht: 314 Bosetti. Ich notiere sie mir auf meinem Handy.

Sobald er vor der Tür ist und mit dem Rücken zu mir steht, schleiche ich mich näher ran. Ich weiß nicht, wonach ich suche. Was, wenn er mich sieht? Würde er mir etwas tun? Mich vielleicht sogar umbringen wollen? Doch mein Instinkt sagt mir, dass ich am besten bei ihm nach Antworten suche. Deshalb verfolge ich ihn.

Mein Herz pocht wie verrückt, als ich daran denke, Ever gegenüberzustehen. Ich schaue mich auf der Straße um, ob mich auch keiner der anderen Dioses entdeckt. Wenn sich herumspricht, dass ich Ever gefolgt bin, könnte es verdächtig wirken.

Als ich mich dem Gebäude nähere, kann ich einen Typen sehen, der raus zu Ever kommt. Er ist voller Tattoos. Vor allem Dioses-Tattoos. Sie blicken die Straße hinunter, und ich ducke mich hinter einen Baum. Ich schließe die Augen, als würde mich das unsichtbar machen. Und obwohl dies hier alles andere als ein Spiel ist, erinnert es mich an die Versteckspiele früher mit César.

Ich linse hinter dem Baum vor, um zu Ever zu sehen, und mir bricht heftiger Schweiß aus.

Mr. Martínez.

Mr. Martínez, oder Nico, wie wir ihn nennen sollen, ist ein jüngerer Typ, der in der Küche der Promise arbeitet. Er kann nicht viel älter als César sein. Weil er einer der wenigen Leute an der Promise ist, die aus El Salvador kommen, war da immer eine Verbundenheit zwischen uns. Nico ist still. Ernster Blick, ernstes Gesicht. Klar ist er furchteinflößend, aber ich dachte, er hätte das Dioses-Leben vor Jahren hinter sich gelassen. Vielleicht doch nicht.

Ich muss mehr sehen, aber es ist riskant. Ich versuche, mich so dicht wie möglich an den Läden zu halten, falls ich schnell in einen verschwinden muss, damit Ever mich nicht bemerkt. Aber dann gehen die beiden um das Haus herum zu einer Gasse daneben. Ich folge ihnen bis zur Ecke.

Ever nimmt einen dicken Umschlag aus seiner Jeanstasche und gibt ihn Mr. Martínez. Solche Übergaben habe ich schon gesehen und ich bin mir sicher, dass der Umschlag voller Bargeld ist. Nico nimmt das Geld und verschwindet durch die Hintertür im Gebäude. Ever beginnt, in meine Richtung zu gehen, und ich verstecke mich hinter einem anderen Baum.

Das war komisch.

Ich beobachte, wie Ever zur Kreuzung geht, wo er noch einmal um eine Ecke biegt und nicht mehr zu sehen ist. Als er fort ist, gehe ich zurück zum Gebäude 314 Bosetti. Im Erdgeschoss ist ein salvadorianisches Restaurant namens El Rincón.

Mir schnürt sich die Kehle zu, und das Feuer breitet sich in meiner Brust aus. Ich denke an meine Abuela und daran, wie es wäre, weit weg von ihr zu sein, sollte ich ins Gefängnis kommen – nur weil jemand einen Mann ermordet hat, den ich gehasst habe, und es mir anhängt. Nico Martínez könnte es gewesen sein. Er hatte die Gelegenheit und das Motiv. Und jetzt bezahlt Ever ihn für irgendwas? Es kommt mir wie eine richtige Spur vor, trotzdem muss ich mehr erfahren, bevor ich Magda und Luis hiervon erzähle.

Planänderung

Magda, Ramón, Luis

> Magda: Bleibt es beim Treffen um halb sechs?

> Ramón: Ja, und ich habe Infos.

> Luis: Ich werde da sein. Was für Infos?

> Ramón: Lieber nicht hier.

> Luis: Jason-Bourne-mäßig, geil. Wir kommen zu dir, oder, Ramón?

> Ramón: Eigentlich denke ich, wir sollten uns im Park treffen. Die Dioses hängen hier viel ab. Ich will die nicht in der Nähe haben, wenn wir reden. Und ich kann es mir nicht leisten, euch in Schwierigkeiten zu bringen.

Magda: Geht klar. Was soll ich César sagen?

Ramón: Erstmal gar nichts. Ich rede selbst mit ihm, später. Noch weiß ich nicht, was ich sagen kann.

Luis: Welcher Park?

Ramón: Meridian.

Luis: Cool, bis dann.

Magda: ... du bringst Pupusas mit, oder?

Ramón: Natürlich.

Luis: SUPER!

BRIEFING DER KONGRESSABGEORDNETEN MS. FORD

Selten sehen wir einen Fall, der sich auf so viele Facetten unserer Gemeinde auswirkt. Für viele ein Held, ein hingebungsvoller Diener jener, die eine helfende Hand am nötigsten haben: Der Verlust von Direktor Kenneth Moore wirkt in der ganzen Stadt nach, und wir werden unermüdlich Gerechtigkeit verlangen.

Dieser Fall entwickelt sich kontinuierlich, und ich werde die Fortschritte aufmerksam im Blick behalten. Konrektor Wilson Hicks berichtet, dass die Aufnahmen der Sicherheitskameras leider nichts Relevantes festgehalten haben, doch wie ich höre, gibt es belastende anonyme E-Mails, die noch heute veröffentlicht werden. Sie könnten bei den Ermittlungen helfen. Man hofft, dass jemand etwas in diesen E-Mails erkennt – in den Informationen, der Ausdrucksweise – und der Polizei einen Hinweis auf den Mörder geben kann.

Wir blenden jetzt die Nummer einer Hotline ein, die jeder anrufen kann, der Informationen zu den E-Mails hat. Unterdessen arbeite ich eng mit anderen Abgeordneten zusammen, ebenso wie mit dem Schulträger, um neue Gesetze in Bezug auf Schulpolizisten zu entwerfen, deren stärkere Präsenz solche furchtbaren Ereignisse künftig vermeiden soll.

Gute Nacht, Primo

Ramón: Primo

César: ?

Ramón: Ich will nicht ins Gefängnis.

César: ...

Ramón: Hast du nichts zu sagen? Schämst du dich für mich?

César: Wie könnte ich mich für dich schämen?

Ramón: No sé

César: Wie?

Ramón: Hat Ever es dir erzählt?

César: ?

Ramón: Was ich gesagt hab, dass er machen soll. Oder nicht.

César: Ja, hab ich gehört.

Ramón: Tut mir leid. Ich bin nicht wie ihr.

César: Ich habe dieses Leben nie für dich gewollt. Nur deine Sicherheit.

Ramón: Meinst du, du wolltest Moores Tod nicht?

César: Das habe ich nicht gesagt. Gute Nacht, Primo

Kapitel siebzehn

Ramón

Ich sitze in dem Pavillon mitten im Park und warte auf Magda und Luis. Früher sind wir oft hergekommen. Der Park liegt außerhalb des Territoriums der Dioses und anderer Gangs, also ist es sicher, hier abzuhängen.

Trotzdem sehe ich mich alle paar Sekunden um, als könnte jeden Moment Ever oder Nico auftauchen.

Ich fühle mich schrecklich, weil ich hier im Park bin, wenn ich eigentlich zu Hause bleiben soll. Ich kann mir vorstellen, wie enttäuscht Abuela wäre, sollte sie herausfinden, dass ich mich herumgetrieben habe. Aber ich kann nicht einfach warten, bis sie mich schuldig sprechen.

Der Park ist leer bis auf mich und die Umrisse von einem Jungen und einem Mädchen, die über den Rasen in meine Richtung kommen. Um mir zu helfen, wie sie gesagt haben.

Doch als sie näher sind, erkenne ich, dass es nicht Luis und Magda sind. Das Mädchen ist zu klein und der Junge zu groß. *Viel* zu groß.

¡Púchica! *Er* ist es. J.B. Williamson. Das Mädchen

kenne ich nicht, aber sie hat mich schon gesehen, tippt J. B. an und zeigt zu einem anderen Pavillon. Er will ihr schon folgen, als er mich sieht und wie versteinert stehenbleibt. Im selben Augenblick erscheint noch jemand von der anderen Seite des Parks, die Hände tief in den Taschen vergraben und ebenfalls auf dem Weg her. Ist das …?

Ich bekomme nicht mal mit, wie Magda eintrifft. »Sorry, wir sind ein bisschen spät.« Sie sackt neben mir auf die Bank und trinkt Horchata aus einem To-Go-Becher. »Luis ist schuld.«

»Das ist interessant, denn ich würde sagen, es liegt an dir.«

Beide necken sich noch ein bisschen, doch ich starre weiter zu den Gestalten drüben.

»Magda«, sage ich, aber sie hört mich nicht.

»Also meinst du, es liegt an mir, dass Reina nicht mit dir ausgehen will?«, fragt Magda.

»Das war echt deine Schuld, Magda! Ich hatte dir gesagt, du sollst ihr erzählen, dass ich sie süß finde – nicht, dass ich sie heiraten will!«

»Ich erinnere mich aber, dass du genau das gesagt hast.«

»¡Cállense!« Ich gebe beiden einen Klaps an die Schulter, damit sie aufhören. »Guckt doch! Seht ihr, was ich sehe?«

Endlich blicken beide zu der Stelle nur hundert Meter entfernt, wo J.B. Williamson mit dem Mädchen steht, und fünfzig Meter östlich von ihnen steht …

»Das ist Trey«, sagt Luis und setzt sich gerader hin.

»Luis, hast du denen erzählt, dass wir uns hier treffen?!«, faucht Magda und knufft ihn in die Schulter.

»Nein! Verdammt, nein, das wäre doch krank! Ich habe keinem was gesagt.«

Wir beobachten vom Pavillon aus, wie J.B. und das Mädchen langsam zu Trey gehen. Sie bleiben in etwas Abstand voneinander, als sie einige Worte wechseln. Dann schauen sie alle zu uns.

»Wir sollten abhauen«, sagt Magda leise. »Wie stehen die Chancen, dass ihr alle drei zur selben Zeit hier seid? Das ist bestimmt 'ne Falle.«

»Nee, das muss ein Zeichen sein«, widerspricht Luis.

»Ein Zeichen wofür?«, frage ich. »Dass alle von einem Komplott reden werden, wenn uns jemand sieht? Dass wir tatsächlich zusammen geplant haben, Moore umzubringen?!«

»Stimmt auch wieder«, sagt Luis. »Vielleicht hat Magda recht, dass wir gehen sollten.«

»Gebt mir eine Sekunde.« Ich werde wieder wütend.

Magda und Luis sind still, damit ich nachdenken kann. Ich beobachte die anderen, die uns auch beobachten, und bekomme das Gefühl, dass sie gerade das gleiche Gespräch führen wie wir.

Ehe ich entscheiden kann, was wir tun sollen, sieht Trey zu uns und nickt uns zu.

»Was läuft, Luis?«, ruft er. »Alles gut bei dir?«

Luis stockt und sieht erst mich, dann Magda an. »Klar, alles gut. Und bei dir?«

Trey nickt, dann redet er mit J.B. Mein Herz pocht wie wild, als die drei – J.B., Trey und das Mädchen – auf uns zugehen. Plötzlich bereue ich, dass ich hergekommen bin.

»Ramón, oder?«, fragt J.B., als er näher ist. Das Mädchen bei ihm ist superhübsch, mit brauner Haut und schwarzen Haaren. Ihr Blick ist ernst, und sie sieht immer wieder zu Trey, der sich dauernd nach hinten umschaut.

»Stimmt«, antworte ich und schlucke. »Was macht ihr hier?«

Keiner von den Jungs sagt etwas. Beide murmeln bloß. Das Mädchen antwortet.

»Hi, ich bin Keyana«, sagt sie. »J.B.s Freundin.« Sie wirkt ein bisschen schüchtern, als sie das sagt, als müsste sie sich noch daran gewöhnen. »Wir, ähm, wir haben beschlossen, uns mit Trey zu treffen, damit wir herausfinden können, was los ist. Denn im Moment sieht es für keinen gut aus.«

»Dich eingeschlossen, oder?«, fragt Trey mit Blick zu mir. Dann sieht er sich wieder um. Ich sehe sonst nur eine Frau, die alleine auf einer Bank am Rand des Parks sitzt.

»Ist das eine gute Idee?«, fragt Luis. »Ich meine, manche Leute sagen, dass ihr drei das zusammen geplant habt.«

»Alles Lügen und Gerüchte«, antwortet Trey scharf. »Ich kenne euch ja nicht mal.«

»*Ich* kenne dich«, kontert Luis. »Du bist mein Teamkumpel, Alter. Und ich habe nie geglaubt, dass du das warst.«

»Und anscheinend ist Ramón dein Kumpel«, sagt J.B. finster. »Das heißt ... was? Dass ihr denkt, *ich* war das?«

Eine Sekunde lang sehen wir alle uns wütend an. Die Anspannung umgibt uns wie ein dichter Nebel. Luis wird rot vor Wut, doch ehe er reagieren kann, mische ich mich ein.

»Darum geht es doch gar nicht! Jetzt gerade müssen wir aufpassen, dass uns keiner sieht.«

»Da drüben sitzt jemand«, sagt Luis und zeigt zu der Frau, die ich schon bemerkt habe.

Trey murmelt etwas.

»Hä?«

»Das ist meine Mom«, sagt er lauter. »Sie ist mit mir gekommen.«

Wir alle schweigen. J.B. und ich haben Leute in unserem Alter bei uns, Trey nicht. Er muss sich verdammt einsam fühlen.

»Also, lasst uns mal überlegen«, sagt Magda, und Keyana nickt. »Was wissen wir?«

»Wir wissen, dass *ich* es nicht war«, antwortet Trey sofort.

»*Ich* weiß das nicht«, sage ich.

J.B. sieht mich an. »Und *ich* weiß nicht, dass *du* es nicht warst. Du hast den Nachsitzraum verlassen, um zu telefonieren, und auf einmal wurde Moore erschossen.«

Er hat recht. Aber ich musste Ever zurückrufen, ehe es zu spät war. Jetzt fühle ich, dass Magda mich ansieht.

»Tja, du bist auf jeden Fall verdächtiger als ich – sein Blut war überall auf dir!«, erwidere ich.

»Das war nicht sein Blut!«, ruft J.B. und macht einen Schritt auf mich zu.

Ich spanne meine Muskeln an, rechne damit, dass er mich schlagen will. Bei seiner Größe bin ich unsicher, ob ich mit ihm fertig werden könnte, aber ich weiche auch nicht zurück. Keyana springt vor ihn, und ich muss gestehen, dass ich ihr dankbar bin.

»Wir wissen Folgendes«, sagt sie. »Trey hat nachgeforscht, genau wie wir. Und er hat eine vielversprechende Spur gefunden. Wir auch, zur selben Person. Deshalb vertrauen wir uns. Bei dir sind wir nicht sicher. Es heißt, die Dioses del Humo könnten was damit zu tun haben, von deiner Bürste am Tatort ganz zu schweigen.«

Ich schlucke.

»Woher wisst ihr das?«, frage ich.

»Solche Infos sprechen sich eben herum.«

»Ich habe keine Ahnung, wie die dahingekommen ist, aber Moore hatte mir vorher an dem Tag meine Pupusas weggenommen. Meine ganze Tasche!«

»Aha, spannend«, kommentiert Trey gereizt. »Klingt für mich verdächtig.«

Die plötzliche Angst lässt meine Wut hochkochen. »Und *ich* habe gehört, dass es Aufnahmen von dir gibt, wie du dich in die Schule schleichst.«

Er starrt mich finster an, und ich ihn.

»Ist dein Cousin nicht in einer Gang?«, fragt er. »Die Leute sagen, dass ihr wen auf Moore angesetzt habt.«

»Dass mein Cousin in einer Gang ist, heißt nicht, dass ich es auch bin«, fauche ich.

»Nichts als Gerüchte«, sagt Magda laut, um die aufgeheizte Stimmung zu dämpfen.

»Tja, ich bin das nicht gewesen.« Sie müssen mir glauben.

»Wer war es dann?«, fragt J.B., der eher müde als wütend wirkt.

Es ist offensichtlich, dass J.B. und Trey diese Sache genauso dringend aufklären wollen wie ich. Vielleicht sind sie es wirklich nicht gewesen, dann sollte ich mit ihnen zusammenarbeiten. Und selbst wenn sie es doch gewesen sind, könnte ich sie so im Blick behalten, während ich mir andere Verdächtige ansehe.

Aber ich kann ihnen nicht von Nico erzählen. Es würde sie zu misstrauisch machen, weil er möglicherweise ein Dios ist oder zumindest mal einer war.

»Guckt mal alle!«, ruft Keyana. »Sie haben eben E-Mails von dem Mörder veröffentlicht!«

Keyana tippt auf ihr Handy, und wir alle beugen uns vor, um zu lesen.

E-MAILS VON DIREKTOR MOORES DESKTOP

Von: darkgamble@anonmail.com
An: Direktor Kenneth Moore

Ich weiß, was du getan hast. Du solltest für mich da sein und hast beschlossen, mich im Stich zu lassen. Denk ja nicht, dass ich das vergesse. Deine Zeit läuft ab.

Von: darkgamble@anonmail.com
An: Direktor Kenneth Moore

Du hast meine letzte Nachricht ignoriert, deshalb drücke ich mich ein bisschen klarer aus. Wenn du das nicht wiedergutmachst, wird die Abrechnung schnell und hart sein. Denkst du, du bist immun gegen Konsequenzen? Denkst du, die sind nur für alle anderen? Da irrst du dich. Ich weiß, was du getan hast, und du kriegst, was du verdienst. Das VERSPRECHE ich.

Kapitel achtzehn

~~Mitverschwörer~~

Trey

»Verdammt«, sagt das Mädchen neben Ramón. »Die hören sich ernst an.«

Mir gefällt, wie sie die Stirn runzelt, und zwar nicht, weil sie wütend ist, sondern weil sie nachdenkt. So gucke ich dann auch immer. Genau wie meine Mom. Ich wette, sie sitzt jetzt gerade auf der Bank, runzelt so die Stirn und fragt sich, wie ich auch, ob das hier eine gute Idee war.

»Wie heißt du noch mal?«, frage ich das Mädchen.

»Magda.« Sie erwidert mein Lächeln. Doch ehe ich mehr sagen kann, kommt Ramón mir zuvor.

»Diese E-Mails könnten von praktisch jedem sein.«

»Praktisch jedem, der auf der Promise ist, meinst du«, sagt J.B. »Siehst du, wie da am Ende *Das VERSPRECHE ich* steht?«

»Die Person muss nicht unbedingt auf die Promise gehen. Vielleicht hat sie ja da gearbeitet. Oder es ist ein Elternteil. Es muss einen Haufen Leute geben, die ein Hühnchen mit Moore zu rupfen haben«, sagt Ramón.

»Wie Stanley Ennis, meinst du?«, fragt J.B. »Keyana

und ich haben das Besuchsregister der Schule gesehen. Anscheinend war Ennis am Tag des Mords der Letzte, der Moore in seinem Büro besucht hat.«

»Ah, ja«, wirft Luis ein. »Ich kenne den nicht gut, aber er hat uns neue Trikots besorgt.«

Keyana liest die Notizen in ihrem Handy. »J.B. sagt, dass er und Moore Beef hatten?«

Ich kenne Ennis. Er hat mich für das Basketballteam rekrutiert. Hat Onkel T sogar einen hübschen Scheck ausgestellt. Er ist definitiv ein interessanter Typ, der ständig raushängen lässt, wie viel Geld er hat. Ich kann mir nicht vorstellen, dass er Moore umbringt, aber momentan kann man keinem trauen. Nicht mal den anderen Jungen hier im Park.

»Klar, ich kenne ihn«, sage ich. »Er und Moore haben sich mal beim Training hinten in der Sporthalle gestritten. ›Bei all dem Geld, das ich in diese Schule stecke, musst du tun, was ich dir sage.‹ Ihr könnt euch denken, was Moore davon gehalten hat. Ehrlich, scheiß auf Moore, aber an dem Tag war ich auf seiner Seite, weil Ennis so ein Arschloch ist. Der Typ will seinen Namen an jeder Wand und auf jeder Bank.«

»Daran erinnere ich mich«, sagt Luis sofort. »Das muss einen Monat her sein. Der Coach hat die beiden gebeten, die Turnhalle zu verlassen. Ennis hat sich benommen, als würde ihm der Laden gehören.«

»Tut er irgendwie auch«, bestätigt J.B. »Dieser Scheiß mit dem Promise-Fonds? Wir haben einen Artikel gefunden, in dem steht, dass die Schule fast all ihr Geld von dem Typ hat. Und wenn Geld im Spiel ist, wird es immer fies.«

Ich glaube nicht, dass ich J.B. schon mal so viel sagen gehört habe. Ramón auch nicht. So läuft es an der Promise: Du bist Seite an Seite mit Fremden. Ehe ich sie nicht besser kenne, darf ich ihnen nicht zu nahe kommen. Sie könnten den Mord zusammen begangen haben.

»Oh, Mist, da fällt mir noch was ein«, wirft Luis ein. »Das war später an dem Tag, als ich mit Omar aus der Schule bin. Ennis war in der Eingangshalle und hat telefoniert, ist aber sofort still geworden, als er uns gesehen hat. Vorher habe ich noch gehört, wie er gesagt hat: ›Von mir sieht der keinen Cent mehr, ehe ich nicht einige Antworten habe.‹«

»Wenn überhaupt, klingt das eher wie ein Motiv für Moore, Ennis umzubringen, nicht andersrum«, sagt Ramón.

»Warte mal, wer ist noch mal Omar?«, fragt Keyana, die dabei J.B. und mich ansieht.

»Ach, der arbeitet im Büro«, antwortet Luis. »Ennis lässt ihn manchmal kleine Werbevideos zusammenschneiden. Er ist ziemlich still, redet mit keinem.«

»Außer mit dir, anscheinend«, sagt Magda, und ich lächle ihr zu. Sie ist schnell.

»Wir haben an dem Tag bloß geredet, weil ich sicher sein wollte, dass er mein Dunking auf Band hat.« Luis zuckt mit den Schultern. »Ihr wisst ja, das ist hammer.«

»Konzentriert euch«, befiehlt Keyana. »Wir haben von Omar gehört. Anscheinend war er der Letzte, der mit Moore gesehen wurde.«

»Omar?« Luis schnaubt. »Scheiße, nie und nimmer!«

»Wir wissen einfach nicht, was sein Motiv sein könnte«, sagt Keyana und runzelt die Stirn.

»Ich habe den Dude gesehen und denke nicht, dass er das war. Aber wenn ihn sich sonst keiner ansieht, müssen wir das.«

»Korrekt«, stimmt J.B. zu. »Also, was ist mit jemandem wie Hicks? Er hat die Leiche gefunden, stimmt's? Oder sogar ...«

»Mrs. Hall«, platze ich heraus, bevor mir überhaupt klar ist, was ich sage. Und so beschissen ich mich auch fühle, weil ich für möglich halte, dass sie jemanden umgebracht hat, kann ich nicht leugnen, dass sie sich sehr verdächtig benimmt.

J.B. und Ramón sehen mich verwirrt an.

»Ich habe ein Foto von ihr im Internet gesehen, da trinkt sie Wein«, erkläre ich hastig. »Ich glaube, sie könnte uns belogen haben, als sie gesagt hat, dass sie schwanger ist.«

J.B. reißt die Augen weit auf. »Und ... ich habe sie nach der Schule bei Mariano's gesehen, am Tag bevor Moore ermordet wurde, und da hat sie Wein gekauft.«

»Warum sollte sie euch vormachen, dass sie schwanger ist?«, fragt Ramón verwundert.

»Weiß ich nicht«, antwortet J.B. »Aber als ich sie bei Mariano's gesehen habe, hat sie mir erzählt, dass sie an dem Tag einen Termin mit Moore hatte.«

»Und nicht nur das«, sagt Keyana, »sie ist am nächsten Tag wieder in der Promise gewesen. Ihr Name ist auch im Besuchsregister. Aber sie hat sich eine Stunde vor dem Spiel ausgetragen.«

»Ich kenne sie nicht«, sagt Magda. »Aber nehmen wir an, sie hatte etwas gegen Moore und wollte ihn umbringen. Dann wäre es schlau von ihr, gesehen zu werden, wie sie die Schule vor dem Mord verlässt, damit sie nicht verdächtig ist.«

Ich schüttle den Kopf. Das will ich nicht glauben. Aber ich muss immer wieder daran denken, wie ich sie mit Detective Bo gesehen habe. Ich weiß nicht, ob ich den anderen das erzählen soll, vor allem, wenn sie irgendwie darin verwickelt sein könnten. Aber wenn sie es nicht sind, könnte die Tatsache, dass es irgendeine Verbindung zwischen Detective Bo und Mrs. Hall gibt, eine wertvolle Information sein. Es ist alles so verwirrend!

»Da ist noch etwas«, sage ich und hasse mich dafür, dass ich Mrs. Hall reinreiße. »Ich, äh … habe sie mit Detective Bo streiten gesehen. Und sie, äh, hat ihn geküsst. Ich bin mir ziemlich sicher, dass er ihr Mann ist.«

»Sie ist mit einem *Cop* verheiratet?«, ruft Ramón entsetzt.

»Auf keinen Fall.« J.B. schüttelt den Kopf. »Und du meinst nicht mit irgendeinem Cop, sondern dem, der an diesem Fall dran ist? Scheiße, nee!«

»Oder vielleicht ist er nur ihr fester Freund«, sage ich.

Magda schnappt kurz nach Luft. »¡Qué barbaridad!«

»Ich habe sie gesehen«, sage ich. »Und sie reden gehört. Mrs. Hall hat nach Verdächtigen gefragt. Was ist, wenn sie rausfinden wollte, was die Cops gegen sie in der Hand haben könnten oder so?«

»Das wäre komplett irre«, murmelt J.B. »In der einen E-Mail stand: ›*Du hättest für mich da sein sollen.*‹ Das könnte, ehrlich gesagt, Mrs. Hall sein. Also falls es keiner von uns ist – kein Schüler, klingt es eher nach einer Lehrkraft.«

»Verdammt«, sagt Ramón und nickt nachdenklich. »Das ergibt tatsächlich einen Sinn.«

Wir alle sitzen stumm da, und jetzt erst erinnere ich mich an den anderen Namen in meinem Kopf.

»Oh! Ich habe noch etwas gehört, was Detective Bo erwähnte. Einen Cafeteria-Typen an der Promise mit einem Vorstrafenregister. Nico Martínez.«

Kaum sage ich den Namen, bemerke ich, dass Ramón zu seinen Füßen sieht. Onkel T hat dauernd meine Körpersprache beobachtet und das gegen mich benutzt. Ich bin mir nicht sicher, was es bei Ramón jetzt bedeutet, nehme es aber wahr.

»Hat dieser Nico irgendein Motiv?«, fragt Keyana.

»Nicht, dass ich wüsste, aber da müssten wir nachforschen.«

»Das kann ich machen!«, bietet Ramón an. »Ich glaube, ich weiß, wen ihr meint. Den habe ich in der Heights-Gegend gesehen.«

»Cool. Tja, wenn wir die Verdächtigen unter uns aufteilen, müssen wir noch mal klarstellen, wen wir uns ansehen.«

Keyana sieht in ihre Notizen.

»Also, Mrs. Hall ist noch auf der Liste«, sagt sie, was beinahe entschuldigend klingt. »Wobei es mir abwegig vorkommt, dass die Frau eines Cops einen Mord begeht. Aber könnte sie denken, dass er sie decken würde? Er wäre ja nicht der erste korrupte Cop.«

»Mrs. Hall wohnt nicht weit von mir; ich behalte sie mal im Auge«, schlage ich vor.

»Und ich weiß zwar nicht, wo Omar wohnt, aber mit ihm fangen wir an«, sagt J.B. und sieht Keyana an.

»Cool«, fährt sie fort, »und Ennis ist noch ein Verdächtiger, auch wenn das fraglich ist. Er hat eine Menge Geld gespendet, und ihr wisst, wie Leute bei Geld sind. Fangen wir mit Mrs. Hall, Omar und Nico an und legen die anderen erstmal auf Eis.«

»Finde ich logisch«, sagt Ramón.

»Ich auch«, stimmt J.B. zu.

Sie sehen mich an, warten auf mein Okay, aber ich bin mir immer noch nicht sicher, ob ich ihnen trauen kann.

»Cool«, sage ich.

Wir stehen alle auf, sind einen Moment lang still und überlegen, was wir als Nächstes tun.

»In der Zwischenzeit«, sagt J.B. nach einer Weile leise, »geht der Alltag an der Promise weiter. Die ruinieren unser aller Leben, und es spielt keine Rolle.«

Das ist wahr. Ich nicke. »Ich hoffe, die setzen jemanden ein, der besser ist als Moore.«

»Sicher wird es Hicks sein«, sagt Ramón.

»Es ist egal, wen sie einsetzen, die werden unseren Charakter immer infrage stellen. Jung und Schwarz? Sie hassen uns in Amerika«, sagt J.B., und so, wie er es sagt, klingt es, als würde er aus einem Song zitieren.

»Cordae?«, frage ich. Wir sehen uns an und nicken. Es macht ihn mir ein bisschen sympathischer.

»Dieser ganze Scheiß wird immer beschissener.« Magda seufzt.

Ich sehe zu ihr und Ramón hinüber. Da sind Pupusas in seiner Tasche, und mein Magen dreht durch.

»Jo, Ramón«, flüstere ich. »Kann ich eine von denen haben?«

Ramón sieht zu seiner Tasche und wieder zu mir.
»Klar.«

Er nimmt eine heraus und wirft sie mir zu. Dann bemerkt er, dass ihn alle anstarren.

»Na gut, nehmt euch.«

Alle stürzen sich auf die Tasche mit den Pupusas, und dann sitzen wir wieder stumm da und essen, während wir uns in Gedanken auf den nächsten Teil unserer Mission vorbereiten.

URBAN PROMISE PREP PRESSEMITTEILUNG ZUR SOFORTIGEN VERÖFFENTLICHUNG

Wilson Hicks zum Interimsdirektor ernannt

Washington, D.C. – Die Schulgemeinschaft der Urban Promise Prep hat sich zusammengefunden, um das Gedenken an den Gründer und furchtlosen Leiter Kenneth Moore zu ehren. Das Kollegium versichert, es verschreibe sich weiterhin dem Ziel, die Männer von morgen auszubilden, wie Moore es gewollt hätte.
Bis eine endgültige Nachfolge bestimmt ist, wird Dean Wilson Hicks als Interimsschulleiter eingesetzt, und er nimmt diese Aufgabe mit der Ernsthaftigkeit an, die sein Vorgänger erwarten und wünschen würde. Hicks hat den Vorstand einberufen, um zu beantragen, dass ein Porträt von Moore in der Eingangshalle der Schule aufgehängt wird, um das Leben dieses mächtigen Direktors zu würdigen.

»Wir versprechen es. Wir sind die jungen Männer der Urban Promise Prep. Wir sind zu Großem bestimmt. Wir sind gerüstet für das College. Wir sind bereit für den Er-

folg. Wir sind außergewöhnlich, weil wir uns anstrengen. Wir sind respektvoll, zielstrebig, verlässlich und konzentriert. Wir sind die Wächter unserer Brüder. Wir sind für unsere Zukunft verantwortlich.
Wir sind die Zukunft. Wir versprechen es.«

TEIL FÜNF
Die Wahrheit

Kapitel neunzehn

J.B.

Etwas zu essen, das Ramón gebacken hat, inspiriert mich, ein Abendessen für meine Mom zu machen. Bisher habe ich nur Sachen aus einem Karton oder Reste aus einer Tupperdose aufgewärmt, aber richtig Gekochtes ist was Besonderes. Also wähle ich das Simpelste, was mir einfällt: Frühstück. Und als Mom nach Hause kommt und sieht, dass ich ihr ein Rührei-Sandwich gemacht habe, strahlt sie so überrascht, dass es sich gelohnt hat, das glitschige Eigelb aufzuwischen.

»Du hast ja sogar das Obst hübsch arrangiert«, sagt sie, als sie sich zum Essen setzt.

»Ich habe es versucht.«

»Was ist der Anlass?«

»Kein Anlass. Ich bin bloß froh, dass du zu mir hältst.«

Außerdem fühle ich mich mies, weil ich heute im Park gewesen bin, ohne es ihr zu sagen. Aber sie hat schon genug Belastungen – und arbeitet rund um die Uhr, für den Fall, dass wir einen Anwalt brauchen. Doch das ist nicht der Grund, warum ich ihr Essen gemacht habe. Nicht, weil ich ein schlechtes Gewissen habe. Ich will ihr nur zeigen, wie dankbar ich ihr bin.

»Das schmeckt richtig gut, J.B.«, sagt sie.

»Jetzt tu nicht so überrascht!«

Wir lachen und essen, reden aber nicht viel. Es ist schwer, ein Thema zu finden, wenn alles so bedrohlich ist.

Nach einer Weile bricht meine Mom das Schweigen. »Kann ich dich etwas fragen?«

»Ja, Ma'am.«

»Woran erinnerst du dich ... von dem Tag?«, fragt sie und blickt zu ihrem Teller. »Irgendetwas Wichtiges?«

Ich kenne meine Mom. Sie will mir nicht in die Augen sehen, damit ich nicht erkenne, wie verzweifelt sie ist. Sie sucht nach irgendeinem Fetzen, an den sie sich klammern kann, einem Beweis, der garantieren würde, dass ihr Baby ihr Baby bleibt und nicht hinter Gittern zum Mann wird.

Ich schlucke angestrengt. Mit all dem Drama kann ich umgehen, solange ich nur an mich denke. Aber denke ich an Mom, wird es heftig.

Woran erinnere ich mich?

Ich erzähle ihr so viel, wie ich kann, und lasse Sachen aus, die sie verletzen würden. Als ich zu der Stelle komme, an der ich zum Nachsitzen gehe, wird mir bewusst, wie viel ich nicht sagen kann. Ich erzähle ihr, dass ich mit zwei anderen Jungs nachsitzen musste, die ich beide nicht kenne, nur ihre Gesichter und Namen. Aber ich erzähle ihr *nicht*, dass wir uns nach dem Treffen heute im Park sehr viel besser kennen. Ich erzähle ihr, wie Trey an dem Tag den Raum verlassen hat, um zur Toilette zu gehen, und dass Mr. Reggie ihn dann suchen ging und Ramón ebenfalls verschwand, um zu telefonieren. Und dann, erzähle ich ihr, passierte *es*.

Der Schuss. Hinterher strömten alle in die Korridore wie die Ameisen, mich eingeschlossen.

Sie ringt nach Luft, als hätte sie nicht mit diesem Teil der Geschichte gerechnet. Dabei wissen wir, dass er das einzig mögliche Ende ist. Die Fakten sind die Fakten.

»Also kann es jeder von den Jungen gewesen sein«, sagt sie.

Ich zucke mit den Schultern. *Die Jungs sagen beide, sie waren es nicht.*

»Erinnerst du dich sonst noch an etwas von dem Tag?«, fragt sie. »Irgendwas?«

»Nein«, antworte ich. Die Waffe, die ich gefunden hatte, erwähne ich nicht. »Es war ein ganz normaler Tag. An dem Abend war das Spiel, deshalb haben Leute Videos gedreht und so. Und es waren Spender da und Ehrenamtliche, um die Deko aufzuhängen ...«

Ich verstumme. Ich hatte die Leute gesehen, die alles dekorierten. Farbe, Banner und so. Einige von ihnen erkannte ich vage wieder – Eltern von einigen der Jungen, Lehrkräfte, Schüler, einschließlich Omar, das Kid aus dem Büro. Omar. Sein Gesicht steckt in mir fest wie ein Popcornkern, seit Trey mir erzählt hat, was Solomon gesehen hat – Omar, der aus Moores Büro kam.

»Was ist?«, fragt meine Mom. Sie muss mir etwas angesehen haben.

»Ich denke nur gerade an jemanden.«

»Wen?«

»Keyana ist sowas wie eine Superdetektiv-Anwältin«,

erkläre ich, lasse aber aus, dass sie meine feste Freundin ist. »Sie hilft mir, meinen Namen reinzuwaschen.«

»Und wie stellt ihr das alles an, wo du kein Handy hast?«, fragt sie und zieht die Augenbrauen sehr weit hoch.

»Äh ...«

»Weißt du was? Sag es mir nicht.« Sie winkt beidhändig ab. »Aber du bringst dich nicht in Schwierigkeiten, verstanden? Was immer du tust, muss ausnahmslos grundehrlich sein. Eine falsche Bewegung könnte dich ins Gefängnis bringen.«

Ich nicke stumm, denke nach und fühle, wie mir Schweiß über den Rücken rinnt. Ich kann meiner Mutter nicht erzählen, dass ich vorhabe, mich später rauszuschleichen und in die Schule einzubrechen. An den Tatort zurückzukehren, um die mögliche Tatwaffe zu suchen.

Mir ist klar, dass es ein gewaltiges Risiko ist. Aber ich muss etwas tun.

Die Luft draußen fühlt sich kühl an auf meinem Gesicht. Ich mag die Nächte in Washington, vor allem, wenn das Wetter wie jetzt ist, genau richtig. Es ist still, abgesehen vom permanenten Sirenengeheul, das ich kaum noch wahrnehme. Ich schätze, ich habe mit dem Geräusch zu leben gelernt.

Ein Streifenwagen prescht vorbei, und instinktiv fängt mein Herz zu rasen an. Es ist ein Jammer, dass keiner hier ist, um uns zu beschützen, sondern nur, um uns zu überwachen. Ich denke an meinen Vater. Wie enttäuscht er wäre, sollte ich wie er im Gefängnis landen. Nicht von mir, sondern von sich selbst.

Ich schüttle den Gedanken ab. Auf keinen Fall werde

ich für ein Verbrechen ins Gefängnis komme, das ich nicht begangen habe. Ich trete nach einem Stein auf der Straße, um etwas von der Anspannung loszuwerden. Normalerweise würde ich mir einen Beat ausdenken, ein paar Lines schreiben. Oder sogar Gedichte. Aber ohne mein Handy ist nichts da, um meine Gedanken zu verlangsamen. Also lasse ich los und male mir das Leben nach diesem ganzen Mist aus.

Keyana trifft mich hinter der Schule. Sie hat einen dunklen Kapuzenpullover an und eine schwarze Strickmütze auf.

»Warum bist du wie ein Einbrecher angezogen?«, frage ich und kann mir ein Grinsen nicht verkneifen.

»Dies ist eine Jungsschule«, antwortet sie. »Da kann ich nicht wie ein Mädchen rumlaufen.«

So ungern ich es ihr auch sagen möchte, mit diesem Hoodie und der Mütze sieht sie immer noch nicht wie ein Dude aus. Und wenn ich mir ihre tolle Figur anschaue, bezweifle ich, dass sie das je hinkriegen könnte. Doch das behalte ich für mich und drehe mich weg.

»Wenn wir erwischt werden, spielt es keine Rolle, ob du ein Junge, ein Mädchen oder divers bist. Dann sind wir geliefert. Bist du sicher, dass du das machen willst? Ich kann alleine reingehen. Vielleicht sollte ich das sowieso. Ich will nicht, dass du noch mehr in die Geschichte verwickelt wirst, als du es schon bist.«

Keyana überlegt kurz. Es ist das erste Mal, dass ich sie so verunsichert erlebe. Dann sieht sie mir in die Augen.

»Ich bleibe bei dir, J.B.«

Ohne nachzudenken, umarme ich sie, und sie drückt

mich fest. Es fühlt sich so gut an, jemanden zu haben, dem ich vertrauen kann.

»Also, wie kommen wir rein?«, flüstert sie.

»Komm mit. Aber wir müssen extrem vorsichtig sein«, sage ich und reiche ihr ein Paar Handschuhe. »Zieh die an. Wir dürfen keine Spuren hinterlassen.«

Ich führe Keyana hinten herum zu einer kaputten Tür. Doch zu meiner Überraschung ist die mit einem Vorhängeschloss gesichert.

»Scheiße.«

Ich hätte mir denken müssen, dass sie den Zugang irgendwann bemerken und sichern.

»Was jetzt?«

Ich sehe mir das Schloss genau an. »Hast du zufällig Haarnadeln dabei?«

»Wie viele brauchst du?«

»Zwei.«

Keyana greift in ihre Mütze und zieht genau die Sorte Haarnadeln hervor, die ich brauche.

»Gehen die?«

»Ja, perfekt.«

Ich biege eine Nadel gerade und mache mich daran, das Schloss zu knacken. Das habe ich an Schwimmbadschließfächern gelernt.

Nach wenigen Bewegungen mit den Nadeln öffnet sich das Schloss. Ich sehe zu Keyana, die den Kopf schüttelt.

»Verrat mir lieber nicht, wo du das gelernt hast«, sagt sie.

Ich blicke mich um, bevor ich die Tür öffne und mit Keyana in die Schule husche. Leise schließe ich die Tür wieder hinter uns.

Drinnen ist es dunkel und still. Ich hole meine Taschenlampe hervor. Seit dem Mord bin ich nicht mehr in der Promise gewesen, und jetzt hier zu sein, ist gruselig. Vor allem da mein Licht nur den Bereich wenige Meter vor uns erhellt. Jeder Schritt kommt mir lauter als der letzte vor und hallt durch die leeren Korridore.

»Wonach genau suchen wir?«, flüstert Keyana.

»303.«

»Hä?«

»Entschuldige. Schließfach 303. Luis hat geschrieben, dass das Omars Fach ist.«

»Ach so.«

Als wir uns der Treppe nach oben nähern, kommen wir an der Toilette vorbei, in der ich die Waffe gefunden hatte. War die tatsächlich bei dem Mord benutzt worden? Oder wird sie, wenn ich jetzt reingehe, noch da sein, wo ich sie gelassen hatte? Unentdeckt und unangerührt?

Ich beschließe, es herauszufinden. Dies könnte meine einzige Chance sein.

»Erinnerst du dich an die Waffe, von der ich dir erzählt habe?«, flüstere ich.

»Ja.«

»Die hatte ich in dieser Toilette gefunden«, sage ich und zeige auf die Tür. Ich bleibe stehen und sehe Keyana an. »Tut mir leid, ich muss nachsehen.«

Keyana nickt.

Langsam betrete ich die Toilette, wobei ich achtgebe, kein Geräusch zu machen.

Hier sieht alles noch genauso aus wie an jenem Tag. Dem verdammten Tag, an dem sich das Leben an der Promise von mies zu richtig schlimm gewandelt hat. In der

Toilette ist alles still. Ich gehe zu der Kabine, steige auf den Klodeckel und blicke nach oben. Eine der Deckenplatten ist verschoben. Ich hatte die wieder richtig hingeschoben, oder nicht? Doch, das hatte ich.

Mit zitternden Händen hebe ich sie aus dem Weg, greife in die Öffnung und taste. Nichts. Hatte ich die Waffe so weit geschoben? Ich leuchte hin und stelle mich auf die Zehenspitzen.

Sie ... sie ist weg. Ich erstarre. Meine schlimmste Befürchtung ist wahr geworden. Ich laufe auf den Flur zu Keyana.

»Die Waffe ist weg. Jemand hat sie genommen! Die muss benutzt worden sein, um Moore umzubringen. Und, und ich hätte es verhindern können, hätte ich bloß etwas gesagt!«

Sprachlos stehe ich da. Ich hätte Moores Tod verhindern können. Ich war so blöd zu denken, dass ich die Waffe nur verstecken müsste, und alles wäre okay. Ich rutsche an der Wand nach unten und vergrabe das Gesicht in den Händen.

»Scheiße. Ich glaub das nicht!«

Keyana legt eine Hand auf meine Schulter. »Mach dir keine Sorgen. Vielleicht hat nicht der Mörder sie gefunden, sondern die Cops.«

»Das hilft mir nicht. Meine Fingerabdrücke sind da drauf!«

»Ja, aber wenn das nicht die Mordwaffe ist, dann werden sie das doch merken, oder? Mit Ballistik oder so?«

Sie hat vermutlich recht. Trotzdem habe ich meine Zweifel. Ob Mordwaffe oder nicht, meine Fingerabdrücke auf einer Waffe sähen gar nicht gut aus.

»Jedenfalls können wir nicht hierbleiben. Wir müssen weitersuchen.«

Wieder hat sie recht, und ich höre auf mit dem Selbstmitleid.

»Stimmt, gehen wir.«

Als wir bei Omars Schließfach sind, weiß ich, was ich zu tun habe. Mein eigenes habe ich schon ungefähr eine Million Mal aufgebrochen, und bei Omars ist es genauso einfach. Ich hole einen Kuli aus meiner Hosentasche, klemme ihn seitlich in das eingebaute Schloss und drehe ihn dreimal entgegen dem Uhrzeigersinn. Als die Tür aufspringt, wirft Keyana mir einen Blick zu.

»Es ist nicht so, wie du denkst«, sage ich.

Sie zieht die Augenbrauen hoch und schürzt die Lippen ein wenig, und ich muss mich anstrengen, nicht wieder zu lachen. Stattdessen wende ich mich Omars Schrank zu und leuchte hinein.

»Was für ein Chaos«, flüstert Keyana.

Stimmt. Alles ist voller Papierstapel, Fotos und Haufen von Zeitungsartikeln, die jederzeit einstürzen könnten.

»Wir müssen uns beeilen«, sage ich und blicke mich auf dem Korridor um, als könnte im nächsten Moment jemand aus einer Tür gestürmt kommen und uns ertappen.

Ich ziehe einen Stapel Ordner hervor, wobei ich mich bemühe, den Rest nicht zum Kippen zu bringen. Keyana stützt einen Berg Schulsachen, der ins Schwanken gerät, während ich die Papiere durchsehe.

Ein Stapel rutscht aus einem der Ordner und landet mit einem Knall auf dem Fußboden. Wir beide erstarren, und ich schalte die Taschenlampe aus.

»Hörst du was?«, flüstere ich.

»Nur dich«, antwortet Keyana.

Nachdem wir uns vergewissert haben, dass niemand hier ist, schalte ich das Licht wieder ein.

»Was war das?«, fragt sie.

Ich bücke mich, hebe die Sachen auf und werde starr vor Entsetzen.

Da sind Dutzende komischer Fotos von Direktor Moore auf den Korridoren, vor der Schule und sogar bei sich zu Hause.

»Okayyyy«, sagt Keyana, »das ist ja überhaupt nicht gruselig.«

»Warum hat er nur all diese Bilder von Moore in seinem Schließfach?«

Keyana und ich sehen einander an, und wir denken beide dasselbe.

»Was ist sonst noch da drin? Vielleicht irgendein Beweis, der ihn eindeutig mit dem Mord in Verbindung bringt? Vielleicht sogar eine Waffe?«

Ich sehe zu Keyana auf, als sie das Wort *Waffe* sagt.

»Was denn, ich meine ja nur! Wir könnten ja Glück haben.«

Ich schüttle den Kopf und sehe weiter die Papierstapel durch, als mir etwas auffällt.

»Was? Was ist da?«

»Guck dir das an«, sage ich und halte ihr das Dokument hin.

»Es ist von Moore«, stellt sie überrascht fest. »*Der Antrag auf Förderung durch Promise-Fonds-Mittel ist abgelehnt worden. Schuleigene Mittel für die Finanzierung von Fotomaterial zu benutzen, wäre eine unangemessene Verwendung, da die Gelder ausschließlich für College-Bewerbungsprojekte vorgesehen sind, nicht für persönliche Projekte.«*

»Also hat Omar Geld aus dem Promise-Fonds beantragt und Moore hat Nein gesagt«, flüstere ich.

Keyana sieht mich ernst an.

»Ich frage mich, was Omar an dem Tag in Moores Büro wollte. Denkst du ...«

In diesem Moment hören wir eine Tür zugehen. Wir blicken auf und sehen einen Lichtkegel, der um die Ecke kommt.

»Oh, Scheiße, die müssen hier Security haben. Schnell, verstecken!«

Ich ziehe Keyana in eine nahe Nische vor dem Musikraum. Ich drücke die Klinke, aber die Tür ist abgeschlossen. Wir drängen uns noch tiefer in die Nische, so dicht aneinander, dass ich Keyana an mir fühle. Auch wenn es schwer ist, weil ich so eng an sie gepresst bin, konzentriere ich mich darauf, keinen Laut von mir zu geben.

Der Lichtschein bewegt sich näher auf uns zu, und jetzt höre ich das Stampfen der harten Sohlen auf dem Boden. Ich kann Keyana ansehen, dass sie Angst hat. Sie hat weit mehr zu verlieren als ich.

»Ich habe eine Idee. Vertrau mir.«

Ich angle eine Münze aus meiner Tasche.

»Warte –«

Ehe sie mehr sagen kann, werfe ich die Münze so weit den Korridor hinunter, wie ich kann, und ziehe Keyana mit mir nach unten.

Kaum landet die Münze mit einem *Pling*, schwenkt das Licht des Sicherheitsmanns in die Richtung. Ich hoffe, er schnappt nach dem Köder und geht hin. Aber dann bleibt er stehen. Als würde er sich nach etwas umschauen. Oder nach *jemandem*.

Eine Sekunde lang kann ich nur daran denken, erwischt zu werden.

Und noch schuldiger auszusehen als ohnehin schon, obwohl ich bloß versuche, meine Unschuld zu beweisen.

Als ich schon überlege, Keyana zu packen und loszurennen, setzt sich der Sicherheitsmann wieder in Bewegung. Seine Schritte werden schneller, als er an uns vorbeiläuft.

»Er ist weg«, flüstere ich so leise wie möglich. »Schnappen wir uns die Ordner, und dann nichts wie raus hier.«

Wir greifen uns so viel aus Omars Schließfach, wie wir können, bevor wir abhauen. Allmählich kommt es mir vor, als könnten wir einen Hauptverdächtigen haben.

Kapitel zwanzig

Trey

NICO MARTÍNEZ

Ich tippe den Namen in die Suchmaske ein und warte auf die Resultate.

Nachdem ich Mrs. Hall mit Detective Bo gesehen habe, fand ich es ein bisschen zu riskant, sie weiter zu beobachten. Ich muss einen anderen Weg finden, Infos über sie zu bekommen. Und mir war einer der anderen Namen im Kopf geblieben. Nico.

Von allen anderen Verdächtigen wusste ich, nur nicht von Nico, also dachte ich, ich sehe mir den mal an. Es erscheinen einige wenige Profile auf dem Monitor, aber keines ist von dem Nico, nach dem ich suche. Ich klicke noch mehr Seiten durch, doch es scheint sinnlos. Also wechsle ich zu »Bilder« und scrolle, bis ich ein vertrautes Gesicht entdecke. Ich klicke es an, um es zu vergrößern. Es ist Nico.

Nur nicht derselbe Nico, den ich aus der Cafeteria kenne. Dieser Nico hat einen harten Blick und einen kahlrasierten Kopf mit einem Totenschädel-Tattoo hinten. Es stammt von einem Gerichtsprozess.

»Nico Martínez ist wegen versuchten Mordes in Zusammenhang mit Martínez' Gangmitgliedschaft bei den Dioses del Humo angeklagt«, lese ich flüsternd.

Ich glaube es nicht! Nico ist Mitglied der Dioses del Humo?!

Mich überkommt Wut. Ramón muss Nico kennen. Jetzt wirkt seine Nervosität logisch. Er hat auf seine Füße gestarrt, als wir Nicos Namen erwähnten, als hätte er etwas zu verbergen. Warum sollte er das, wenn er nicht irgendwie mit drinsteckt?

Ich höre Onkel Ts Schritte auf dem Flur und klappe meinen Laptop zu. Dann tu ich so, als würde ich schlafen. Ich will lieber nicht gestört werden, wenn ich es vermeiden kann.

»Trey, kann ich reinkommen?«

Ich bin geschockt. Das hat Onkel T noch nie gefragt! Sonst kommt er einfach rein, wenn ihm danach ist. Ich bin sogar so geschockt, dass ich vergesse, mich schlafend zu stellen.

»Klar«, rufe ich und setze mich auf dem Bett auf.

Onkel T kommt rein und hockt sich ans Fußende. Er wirkt müder als sonst.

»Trey, ich habe eben einen Anruf bekommen, und ich denke, es wird Zeit, dass wir reden.«

Das klingt gar nicht gut.

»Ein Anruf weswegen?«, frage ich.

»Die von der Polizei sagen, sie wissen, mit was für einer Waffe dein Direktor erschossen wurde. Sie haben überprüft, welche Waffen unter dieser Adresse gemeldet sind, und haben meine gefunden. Anscheinend passen Machart und Modell zu der, die bei Moore benutzt wurde.«

Ich kann meinen Onkel nicht einmal ansehen, sondern fange ohne jede Vorwarnung an zu weinen.

Ehrlich gesagt, das fühlt sich gut an. Befreiend. Das Geheimnis hat schwer auf mir gelastet, was mir nicht mal klar gewesen ist. Meine größte Angst war also berechtigt. Ich bin in gewisser Weise verantwortlich für den Tod von Direktor Moore.

Die ganze Zeit hatte ich mich mit dem Gedanken beruhigt, dass die Person, die Moore umgebracht hat, es vielleicht so oder so getan hätte, ob mit oder ohne die Waffe meines Onkels. Aber ich hab es ihr definitiv leichter gemacht. Onkel Ts Ruhe, mit der er mir beim Weinen zusieht, ist furchteinflößend. Ich habe das Gefühl, er könnte sich jeden Moment zu mir drehen und mich erwürgen.

Mich von meinem Elend erlösen.

»Ich habe der Polizei gesagt, dass ich nach meiner Waffe gesehen habe und sie nicht finden konnte«, fährt Onkel T fort. »Und ich habe ihnen auch gesagt, dass sie gestohlen worden sein könnte und es mir nicht aufgefallen ist, weil ich sie in letzter Zeit nicht benutzt habe. Natürlich ist das nicht besonders glaubwürdig. Sie ist zu sauber.«

Ich kann ihn nicht ansehen.

»Du bist hier, dein Schuldirektor ist erschossen worden, und meine Waffe ist weg. Sieh mich an, Trey!«

Ich höre etwas in seiner Stimme, das ich noch nie zuvor gehört habe. Einen Anflug von Sorge. Oder vielleicht sogar Angst. Ich sehe ihn an.

»Wo ist die Waffe, Trey?«

»Weiß ich nicht. Ich hatte an dem Morgen versehentlich deine Tasche gegriffen.«

»Warum bist du nicht zurück nach Hause gekommen?«

»Weil ich nicht zu spät in der Schule sein wollte – dann hätte man mich für das Spiel auf die Bank verdonnert.«

»Du hättest mich anrufen können.«

»Ich wollte nicht, dass du wütend auf mich bist. Deshalb habe ich die Waffe versteckt, falls sie die Schließfächer überprüfen. Aber als ich wieder hin bin, um sie zu holen, war sie verschwunden.«

Mein Onkel sieht weg. Und das lange, als würde er entweder überlegen, was er sagen soll, oder sich schämen und es nicht zeigen wollen. Ich weiß es nicht.

»Es tut mir leid, Trey«, sagt er und sieht endlich wieder zu mir. »Ich ... ich glaube, dass ich bei dir versagt habe, wenn du denkst, du kannst nicht mit mir über deine Probleme reden. Ich wollte doch nur, dass aus dir was wird, Junge. Was Großes. Du hast keine Zeit, Trey. Du hast keine Zeit, ein Blödmann zu sein. Und ich habe versucht, dich auf die einzige Art zu einem Mann zu drillen, die ich kenne. Wie mein Vater es bei mir gemacht hat. Aber vielleicht war das ein Fehler. Und jetzt kostet der dich vielleicht das Leben. Es tut mir leid. Ich denke mir etwas aus.«

Mein Onkel steht auf und geht, schließt die Tür leise hinter sich. Ich wische mir das Gesicht ab.

Dann denke ich an den Coach, der ruft: *Sei mit dem Kopf im Spiel, Jackson!* Werde ich jemals wieder spielen? Mir fällt wieder ein, was dieser Loserarsch Solomon gepostet hat: Diesen Witz, dass ich bald im Knast spiele. Ist das wirklich meine Zukunft? Einfach weggeworfen zu werden wie so viele andere? Mein ganzes Leben? Meine ganze Zukunft?

Sie konnten also die Kugel der Waffe zuordnen, die ich an dem Tag aus Versehen mit in die Schule genommen hatte. Aber die Waffe selbst haben sie nicht gefunden. Noch nicht. Und ich denke, dass ich vielleicht weiß, wo sie ist.

Kapitel einundzwanzig

Ramón

Der Tod kann sich weit weg anfühlen, bis er direkt vor deinen Augen passiert.

Die Leute denken, weil man in Gangterritorium aufgewachsen ist, ist man abgestumpft gegen Sachen wie das, was Mr. Moore passiert ist. Das stimmt einfach nicht. Seit das passiert ist, habe ich das Gefühl, mein Körper sei voller Flutwasser. Schon als kleines Kind habe ich gelernt, nie durch diese stillen Wasser zu gehen: Die sind voller Dreck, manchmal auch unter Strom, sodass man einen Schlag bekommen kann, wenn man nicht aufpasst.

Ich soll das Haus nicht verlassen, aber drinnen kann ich nicht stillsitzen. Ich weiß, dass ich mir Nico ansehen muss, doch ich schiebe es auf, weil ich Angst vor dem habe, was ich finden könnte. Und davor, was die Dioses mit mir machen, wenn sie mich dabei erwischen. Also bleibe ich auf der hinteren Veranda, wo ich abwechselnd rumsitze und auf und ab laufe.

Ich habe mich gerade wieder hingesetzt, als mein Handy auf dem harten Boden laut vibriert. Ich greife danach.

Es ist eine Gruppennachricht von Keyana.

> Keyana: Wir müssen die Tatwaffe finden. Nur so lässt sich beweisen, wer es war, oder? Da müssen die Fingerabdrücke des Täters drauf sein. Es würde alles erklären.

Ich versuche, meine Wut herunterzuschlucken, und schreibe schnell zurück:

> Ramón: Bei dir klingt das so einfach. Ist es aber nicht.

Keiner antwortet, egal wie lange ich aufs Display starre. Frustriert lasse ich das Telefon wieder auf den Verandaboden fallen. Ich denke an Ever und diese Übergabe mit Nico in der Bosetti. Vielleicht ist es doch so einfach. Es wird Zeit, nichts mehr zurückzuhalten.

Ich springe auf, elektrisiert von Flutwasser, das Stromstöße durch meine Wirbelsäule jagt.

»¿Podría ser?«, murmle ich, kann das sein? Ich sehe auf die Uhr. Es ist noch reichlich Zeit, bis Abuela nach Hause kommt. Wie hieß das Restaurant, bei dem ich Nico gesehen hatte? Ich google die Adresse, 314 Bosetti, und da ist es: El Rincón.

Ich wähle die Nummer, und nachdem es ein paar Mal geklingelt hat, meldet sich eine sanfte Stimme.

»Hallo, und vielen Dank, dass Sie El Rincón anrufen. Hier ist Anabel, wie kann ich Ihnen helfen?«

Ich stelle meine Stimme tiefer, um älter zu klingen. »Ja,

ist Nico heute Abend da? Ich müsste etwas für ihn vorbeibringen.«

»Ja, ich glaube, er ist noch hier. Seine Schicht müsste bald zu Ende sein. Wollen Sie ihn sprechen?«

Ich lege sofort auf. Das könnte der Richtige sein.

Meine Schuhe habe ich schon an und das Telefon in der Hand. Ich schnappe mir mein Taschenmesser, für alle Fälle, renne zur Haustür hinaus und hoffe, dass Nico mich irgendwie zur Mordwaffe führt.

Es ist ungewöhnlich still draußen. Ich habe vor, Nico nach Hause zu folgen, herauszufinden, wo er wohnt. Wenn ich die Waffe finde, dann war's das, und bin ich frei. Wenn nicht, finde ich vielleicht einen Hinweis, was mit Mr. Moore passiert ist.

Das Restaurant ist nahe genug, dass ich zu Fuß hinkomme. Und als ich mich dem Gebäude nähere, sehe ich ihn. Nico Martínez, der das Restaurant in seiner Küchenuniform verlässt, die Schürze nach einem langen Arbeitstag über die Schulter geworfen.

Einen kurzen Moment lang tut der Kerl mir tatsächlich leid. Arbeitet er erst in der Promise und kommt dann her, um noch woanders zu arbeiten? Es erinnert mich an meine Abuela, die immerzu arbeitet. Wie sehr die Leute schuften müssen ...

Nico geht eine Straße hinunter, und ich folge ihm in sicherem Abstand, obwohl es dunkel ist und er mich nicht bemerken wird.

Er geht an einer Bushaltestelle vorbei, was mich zu dem Schluss bringt, dass er in der Nähe wohnen muss. Noch besser. Dann biegt er scharf nach rechts in eine Seitengasse.

Nicht der sicherste Ort, jemandem zu folgen, den man für einen Mörder hält, aber habe ich eine Wahl? Wenn wir diesen Fall nicht bald aufklären, werden sie den Mord uns allen anhängen.

Ich gehe in die Gasse und bleibe sofort stehen. Nico ist weg.

Ich blinzle durch den leichten Nebel, aber da ist nirgends eine Spur zu entdecken.

»Kann nicht sein«, flüstere ich.

Langsam gehe ich die Gasse hinunter, sehe zu den Häusern um mich herum. Alle sind dunkel, nirgends ein Lebenszeichen, von Nico schon gar nicht.

Ich bin ungefähr auf der Hälfte, als es mir aufgeht. Nico hat mich absichtlich abgehängt. Aber warum? Was verbirgt er?

Ich bekomme Angst. Was, wenn er mich gesehen hat?

Ich will umdrehen und zurücklaufen, als ich auf einmal kräftig von hinten gestoßen werde und zu Boden gehe. Ich lande mit einem dumpfen Knall und zücke mein Springmesser, um mich gegen den Angreifer zu wehren.

Doch bevor ich mich aufrappeln kann, wird mir ein Pistolenlauf an den Hinterkopf gedrückt.

»Scheiße, wieso verfolgst du mich?«

Es ist kein Straßenräuber, sondern ein Mörder. Nico.

»Nein, bitte, tut mir leid!«

Ich bin geschockt, dass er mich so schnell bemerkt hat. Aber natürlich lehrt einen die Straße, immer die Umgebung im Blick zu haben. Ich hätte ahnen müssen, dass er mir haushoch überlegen ist.

»Rede!«, brüllt er und drückt die Waffe fester an meinen Schädel.

»Ich ... ich ...«

Ich weiß nicht, was ich sagen soll. Die Wahrheit? Sagt man einem potenziellen Mörder, dass man ihm auf der Spur ist? In einer dunklen Seitengasse, in der einen keiner hört? Mir gehen die Optionen aus.

»Mr. Martínez«, rufe ich. »So heißen Sie doch, oder?! Nico?«

Einen Moment lang ist alles still. Plötzlich fühle ich, wie die Waffe weggezogen wird, und dann sehe ich eine Hand, die mir hingestreckt wird. Ich ergreife sie, und Nico hilft mir auf.

Ich rechne damit, dass er die Waffe wieder auf mich richtet. Aber ... er hat gar keine. Es war bloß sein Fingerknöchel, den er mir an den Kopf gehalten hat.

Nico blinzelt, als er versucht, mich im Dunkeln zu erkennen.

»Ramón. Ramón, was zum Teufel machst du hier? Warum bist du um diese Zeit draußen? Und warum verfolgst du mich?«

Langsam weiche ich zurück, um ein wenig Abstand zwischen uns zu schaffen. »Ich ... ich ... tut mir leid. Ich wollte nur reden.«

»Worüber?« Nico schaut sich um, als würde er eine Falle wittern. Ich sehe ihm an, dass er angepisst ist.

Ich habe nie darüber nachgedacht, doch wenn Nico nicht der Mörder ist, verdächtigt er mich wahrscheinlich genauso sehr wie ich ihn.

»Ich habe nicht gewusst, dass du bei den Dioses gewesen bist.«

»Das ist lange her.«
»Und du hast mal gesessen?«
»Ja, und?«
Ich kann ihn schlecht direkt fragen, ob er auch ein Mörder ist, also suche ich nach einem anderen Weg, mehr herauszufinden. »Ich habe dich nur vorhin mit Ever gesehen.«
»Was?«
»Ever. Er hat dir ein Päckchen gegeben. Es sah wie Geld aus.«
»Wie lange verfolgst du mich schon?«
»Nur an dem Tag ... und jetzt.«
»Wieso?«
»Na ja ... ich meine, du hast mit der Gang zu tun. Moore hat meinen Cousin César verhaften lassen, und die Dioses wollten Rache. Deswegen habe ich gedacht ...«
Nico seufzt und schüttelt den Kopf, als wäre er enttäuscht, weil er überführt wurde.
»Du weißt einen Dreck, Kleiner«, sagt er und macht einen Schritt auf mich zu.
Ich bleibe stehen und starre ihm in die Augen, warte, dass er mehr sagt.
»Weil ich vorbestraft und früher ein Dios gewesen bin, denkst du, ich habe Moore gekillt?«
So viel zum vorsichtigen Herantasten an die Wahrheit. Ich nicke und lasse eine Hand fest an meinem Klappmesser, falls irgendetwas passiert.
Nico reibt sich das Kinn und lacht kurz. »Echt witzig. Das Geld, das Ever mir gegeben hat, war eine Anzahlung für das El Rincón. Ich schätze, César hatte gehört, dass der

Laden zu verkaufen ist, und wollte schnell sein, damit er in gute Hände kommt. Mit Moore hatte das nichts zu tun.«

Ich kann kaum glauben, was ich höre. Jetzt ergibt das, was César direkt vor seiner Verhaftung gesagt hat, einen Sinn. »*Vielleicht gibt es eine andere Option. Einen anderen Laden, weißt du?*« Er hatte schon alles geplant.

Ich bin gleichzeitig stolz und traurig.

Stolz auf meinen Primo, weil er ernsthaft überlegt hat, sein Leben zu ändern. Stolz auf mich, weil ich zu ihm durchgedrungen bin. Aber auch traurig, weil ich als Erstes die Dioses in Verdacht hatte. Viele von ihnen versuchen nur, ihren Weg zu finden. Sie konnten auf keine Urban Promise Prep geben.

»Es tut mir leid, Nico. Ich ... Ich weiß nicht, was ich sagen soll. Ich flippe langsam aus, verstehst du?«

Auf einmal verspüre ich bescheuerterweise den Drang, zu weinen. Ich reibe mir fest das Gesicht, um die Tränen zu stoppen. Aus irgendeinem Grund reibt Nico sich auch die Augen.

»Hast du einen Anwalt?«, fragt er.

»Ja, aber der ist schlecht zu erreichen.«

Wieder schüttelt Nico den Kopf.

»Lass dich nicht für den Scheiß drankriegen«, sagt er und dreht sich weg. »Tu alles, was du kannst. Und wenn sowas passiert, fängt man am besten damit an, dem Geld zu folgen.«

»Was meinst du?«

»Hör mal, viel weiß ich nicht«, antwortet Nico. »Aber wir in der Cafeteria reden miteinander, und es kann nicht sein, dass die Schule bei so vielen Spenden und Stipendien jeden Penny zweimal umdrehen muss.«

»Denkst du, jemand bestiehlt die Schule?«

»Wie gesagt, viel weiß ich nicht. Aber ich an deiner Stelle würde einen Weg finden, tiefer zu graben.«

Dann geht er weg.

»Danke«, bringe ich noch hervor, doch er ist schon am Ende der Gasse und fast nicht mehr zu sehen, als ich ihm hinterherrufe: »Es tut mir leid.«

Er bleibt stehen, und fast denke ich, dass er mich ignorieren will. Doch er blickt sich zu mir um. »Mir auch.«

Und danach ist er fort.

EILMELDUNG:
ERMITTLUNG IM PROMISE-MORD

Im Rahmen der Ermittlungen konnte die Polizei anhand ballistischer Beweise den Waffentyp identifizieren, der für den tödlichen Schuss benutzt wurde. Dieser Waffentyp stimmt mit dem Kaliber einer Pistole überein, die auf den Vormund eines der drei Verdächtigen registriert ist.

Die Person möchte anonym bleiben und hat die Antwort auf unsere Interviewanfrage verweigert.

Wir erwarten in Kürze mehr Updates zum Promise-Mord.

Kapitel zweiundzwanzig

Verwirrung

Trey

Am Tag nach unserem Treffen im Park bekomme ich eine Nachricht von Ramón, dass er uns heute am späten Abend wiedersehen will. Meine Brust fühlt sich schlagartig leichter an. Natürlich will ich ihn treffen. Denn jetzt weiß ich, dass er Sachen über das, was an dem Tag passiert war, zurückgehalten hat. Und ich werde verdammt sicher die Wahrheit herausfinden.

Der Trick besteht darin zu warten, bis mein Onkel eingeschlafen ist. Und meine Mom auch, denn diesmal kommt sie garantiert nicht mit. Mein Onkel bleibt nie lange auf – er geht früh ins Bett und steht morgens früh auf. Ein ewiger Soldat. Aber darauf zu warten, dass er sich hinlegt, ist wie zu lauern, dass das Wasser kocht.

Und jetzt sprudle ich selbst über. Ich hatte gerade erst angefangen, Ramón zu trauen. Das schlimmste Gefühl der Welt ist, wenn dein Vertrauen verraten wird. Vor allem, wenn man wie ich sowieso nicht vielen Leuten traut. Als Keyana mir textete, dass J.B. und sie unterwegs zum Treffen sind, tigere ich buchstäblich in meinem Zimmer auf und ab. Ich kann es nicht erwarten, Ramón wegen Nico zur Rede zu stellen.

Ich sehe zur Uhr. 9:38. Bei meiner Mom ist das Licht aus. Mein Onkel ist normalerweise um Punkt halb zehn abgemeldet, also gehe ich los.

Ich springe aus meinem Fenster, und die kühle Nachtluft kriecht mir in den Nacken. Ich ziehe meine Kapuze auf und gehe zu der Bodega, an der Ramón uns treffen will. Ich jogge, aber nicht zu schnell, damit ich nicht außer Atem bin, wenn ich bei Ramón ankomme.

Ich rechne damit, dass alle chillen und auf mich warten, doch noch ehe ich überhaupt in der Straße bin, kann ich schon die lauten Stimmen hören. Es ist zu dunkel, um etwas zu erkennen, deshalb werde ich schneller, sprinte die Straße runter, bereit einzuspringen – egal gegen wen.

»Was ist los?«, frage ich, als ich bei den anderen bin.

Alle erstarren und drehen sich zu mir um.

»Das sollten wir *dich* fragen!«, sagt Ramón, sobald er mich erkennt. Dann sehen auch Keyana und J.B. mich an.

»Was redet ihr denn?«, brülle ich zurück. Hierauf bin ich nicht vorbereitet.

»Stell dich nicht dumm!«, schreit Ramón mich an. »Einer lügt, und ich bin es nicht.«

»Ich auch nicht. Ich kann dir gerne meine Mom vorstellen. Sie hat noch nie eine Waffe besessen«, sagt J.B.

»Trey?«, fragt Magda leise. »Hast du die Nachrichten gesehen?«

Ich fühle, wie mir das Herz stehenbleibt.

J.B. sieht mich misstrauisch an, genau wie Keyana.

»Habe ich nicht ... Was ist passiert?«, frage ich hastig. Genauso schnell, wie ich es sage, ruft Keyana einen Artikel auf. Ich tu so, als würde ich lesen, aber ich weiß schon, was da steht. Mein Onkel und ich haben vorhin darüber geredet, nur hatte ich nicht gedacht, dass es öffentlich gemacht würde. Jedenfalls nicht so schnell.

»Ich ... ich weiß nicht ...«

»Du Lügner! Du bist das gewesen, oder?!« Ramón stürmt auf mich zu, doch J.B. geht dazwischen und hält ihn zurück.

Mir fehlen die Worte. Der Druck ist zu groß, und ich glaube nicht, dass ich es noch länger aushalte.

»Es ... es war ein Versehen ...«, bringe ich heraus.

»Du bist es gewesen!«, brüllt Ramón, als könnte er es selbst kaum glauben. »Du hast ihn umgebracht! Du hast Direktor Moore ermordet!«

»NEIN, habe ich nicht!«, schreie ich. »Das meinte ich nicht mit Versehen! *Dass ich die Waffe mitgebracht hab*, das war das Versehen! Ich habe niemanden ermordet! Ich hab versucht, sie zu verstecken ...«

»*Was* zu verstecken?!«

»Die Waffe!« Ich erkläre ihnen, dass ich aus Versehen die Tasche von meinem Onkel mitgenommen hatte. »Und statt wieder nach Hause zu fahren und für das Spiel gesperrt zu werden, bin ich durch die Kellertür hinten rein, wo keine Metalldetektoren sind, und hab die Knarre unten in der Toilette versteckt. Aber als ich wieder hin bin, um sie zu holen, war sie weg. Jemand hat sie genommen.«

»Die Geschichte ist Bullshit«, sagt Ramón und sieht die anderen an, fordert sie stumm auf, mich ebenfalls anzugreifen. »Er lügt –«

»Tut er nicht«, unterbricht J.B. ihn und senkt den Blick.

Ich schaue verwundert zu ihm.

»Er kann Moore nicht mit der Waffe erschossen haben.« Jetzt sieht er mich direkt an. »Du hast sie im Spülkasten versteckt, stimmt's?«

Ungläubig starre ich ihn an und nicke langsam.

»Ja«, flüstert er, und auch Keyana blickt ihn stumm an. »Ich hatte sie gefunden. Und ich dachte, jemand wollte in der Schule Amok laufen. Deshalb habe ich sie in der Zwischendecke versteckt. Ich dachte, da findet sie keiner. Trey kann nicht gewusst haben, wo die Waffe war.«

In diesem Moment will ich J.B. fast umarmen.

»Siehst du! Als ich beim Nachsitzen gefragt hab, ob ich zur Toilette gehen kann, bin ich hin, um sie zu holen und wieder nach Hause zu bringen. Und dann wurde auf einmal geschossen.«

»Also *da* bist du gewesen?«, fragt Ramón. Doch dann wendet er sich an J.B., bevor ich reagieren kann. »Und du hattest die Waffe –«

Jetzt bin ich es, der ihn unterbricht.

»*Du* beschuldigst hier niemanden«, fahre ich ihn an. »Erzähl uns lieber, wer Nico Martínez wirklich ist, Ramón.«

»Hä?«, fragt Ramón.

»Du hast mich verstanden. Erzähl uns, wer Nico ist.«

Magda sieht Ramón an. »Wovon redet er?«

»Ja, was ist mit Nico?«, fragt J.B.

Ramón seufzt. All seine Energie scheint aus ihm zu weichen. »Nico war mal ein Dios.«

Die Nachricht wirkt wie eine Bombe auf die Gruppe.

»Moment mal«, ruft J.B. »Der Typ mit der Vorstrafe, den *du* überprüfen wolltest, ist in deiner Gang?«

»Und er hat wegen versuchten Mords gesessen«, ergänze ich.

»Davon weiß ich nichts«, sagt Ramón. »Und es ist nicht *meine* Gang. Der Typ ist sauber. Ich habe ihn überprüft. Er hat das hinter sich.«

»Wer erzählt jetzt Bullshit?«, frage ich.

»Ramón, hast du das vorher gewusst? Als du gesagt hast, dass du Nico übernimmst?«, fragt Keyana.

»Habe ich. Und ich habe bloß nichts gesagt, weil ich wusste, dass es mich verdächtig macht. Aber Nico kann es nicht gewesen sein. Er war zu der Zeit nicht mal in der Schule, sondern schon bei seinem anderen Job. Das habe ich überprüft.«

»Du hättest uns etwas sagen müssen«, flüstert Magda.

»Ich musste erst alle Infos haben, damit ich es erklären kann! Das ist nicht anders als bei Trey, der uns nichts von der Waffe gesagt hat. Oder J.B., der uns auch nichts von der Waffe erzählt hat – und wir wissen immer noch nicht, was er damit gemacht hat. Oder warum er Blut auf seinem Hemd hatte!«

Plötzlich lässt uns eine Stimme aus der Dunkelheit schlagartig erstarren. Ich brauche eine Minute, um die Stimme einzuordnen, aber dann tritt Unk aus dem Schatten vor.

»Ihr jungen Hüpfer müsst mal das Hirn einschalten«, sagt er. »Ich hab gedacht, die Schule da soll euch schlau machen.«

Ich will ihn anschreien, er soll sich um seinen eigenen Mist kümmern, aber J.B. kommt mir zuvor.

»Was meinst du, Unk?«

»Ich mein Folgendes, Junge: Wärt ihr so schlau, wie ihr

alle angeblich sein sollt, dann würdet ihr was kapieren. Da versucht einer, euch die Schuld in die Schuhe zu schieben. Passt mal besser auf, Leute.« Unk trinkt aus einer Flasche in einer braunen Papiertüte. Dann verschwindet er wieder in der Dunkelheit, als wäre er nie hier gewesen.

»Leute, er hat recht. Wenn wir uns gegenseitig nicht vertrauen, stehen wir das nie durch. Jemand anders zieht hier die Fäden. Wir müssen uns alles erzählen. Anders geht es nicht«, sagt Keyana.

Das ist ein gutes Argument. Wir alle sitzen stumm da.

J.B. kickt mit der Schuhspitze auf den Boden, als wollte er mehr sagen. »Ich kriege Nasenbluten, wenn ich Angst habe oder in Panik bin«, flüstert er. Es ist das erste Mal, dass ich ihn unsicher erlebe. »Wenn ich nervös werde, schwitze ich, und manchmal blutet meine Nase. Daher war das Blut auf meinem Hemd an dem Tag. Das Schussgeräusch hat das ausgelöst.«

»Es hilft echt nicht, dass alle unsere Geschichten wie Bullshit klingen«, sage ich.

Alle lachen kurz. Es fühlt sich gut an, dass ich wieder witzeln kann.

»Und ich weiß nicht, was mit der Waffe passiert ist. Ich bin auch noch mal hin, wie Trey, und da war sie weg. Ich hab kurz nachgesehen, als wir Omar überprüft haben«, sagt J.B.

»Omar?«, fragt Magda.

»Ja, Omar«, antwortet J.B. »Keyana und ich waren in der Promise und haben Omars Schließfach durchsucht. Wir haben einigen schrägen Kram gefunden. Den wollten wir euch heute Abend zeigen, bevor ...« J.B. sieht mich an. »Du weißt schon.«

J.B. holt einen Ordner hervor und öffnet ihn. Er ist voll mit allen möglichen Notizen über Direktor Moore. Wo er gearbeitet hat, wo er gewohnt hat. Es sind sogar Fotos von ihm drin. In der Schule, aber auch welche, wie er nach Hause kommt und sein Haus verlässt.

»Was zur Hölle ist das?«, fragt Ramón, ehe ich es kann.

»Die waren in Omars Fach. Zusammen hiermit.«

J.B. gibt Magda ein Dokument.

»Hier steht, dass ihm Fördermittel aus dem Promise-Fonds verweigert wurden.«

J.B. nickt. »Das Schräge ist, dass das Geld für Promise-Schüler sein soll, die sich das College nicht leisten können, aber ich habe noch nie von jemandem gehört, der tatsächlich was aus dem Fonds bekommen hat. Außerdem schmeißt Moore jeden raus, der keine Aussicht auf ein anderes Stipendium hat.«

»Wenn das stimmt, klingt es wie Betrug. Wohin geht das Geld, wenn nicht an die Schüler?«, fragt Keyana.

Das ist eine gute Frage. An die wir bisher nicht gedacht haben.

»Nico hat mir gesagt, ich soll dem Geld folgen«, sagt Ramón. »Er meint, da muss was Komisches laufen, wenn die Promise so viele Spendengelder einnimmt, aber keiner weiß, wofür sie verwendet werden.« Er überlegt einen Moment. »Könnt ihr euch vorstellen, was los wäre, sollte Ennis herausbekommen, dass das Geld, das er der Promise gibt, veruntreut wird? Oder könnt ihr euch vorstellen, dass er mit drinsteckt?«

Wir alle erschaudern bei dem Gedanken an eine Verschwörung.

»Keyana hat eine super Frage gestellt. Wohin fließt das

Geld? Wenn wir das herausfinden, könnte es uns einen Hinweis auf den Täter geben«, sagt J.B. »Es muss irgendwo ein Kontenbuch oder so geben.«

»Was ist mit diesem Omar?«, fragt Magda. »Der hört sich immer zwielichtiger an. Nicht nur hat er die Stalkerfotos von Moore, er scheint auch sehr sauer auf ihn gewesen zu sein, weil er ihm keine Fördergelder geben wollte.«

»Das dachte ich auch schon«, sagt J.B. »Und ich weiß, wie wir zwei Fliegen mit einer Klappe schlagen.«

Ich sehe J.B. an und erkenne, dass er dasselbe denkt wie ich. Wir müssen mit Omar reden.

Magdalena Peña

Es ist beinahe, als hätte der wahre Täter gewusst, dass es genug Verdächtige geben würde, um die Cops von seiner Spur abzulenken. Sind Mörder, die ungeschoren davonkommen, immer schlau? Oder haben sie einfach Glück?

Als ich von der Bodega zurückkomme, sitzt César auf der Couch und sieht fern. Er trägt noch die Fußfessel. Im Fernsehen redet ein lokaler Nachrichtensprecher über die Gedenkfeier für Moore an der Promise Prep. Das ist unheimlich. Eine Weile sehe ich stumm hin.

»Bist du nicht froh, dass du nie auf der Promise warst?«, frage ich schließlich und hoffe, dass César lacht. Ich bin erleichtert, als er es tut. Mir kommt es vor, als hätte ich ihn schon sehr, sehr lange nicht mehr lachen gehört.

»Total!«, sagt er. »Das ist ein Haufen Gangster da.«

Wir lachen weiter, aber ich kann nichts dagegen tun, dass es mich traurig macht. Alles ist solch ein Mist, und obwohl ich mir sicherer denn je bin, dass mein Cousin unschuldig ist – und, da ich sie jetzt kenne, J.B. und Trey ebenfalls –, wird diese Geschichte immer komplizierter.

Wenn wir nicht bald einen Durchbruch haben, geht einer von ihnen ins Gefängnis.

Im Fernsehen labert der Sprecher mit den blitzblanken Zähnen weiter: »Um das Leben dieses unglaublichen Mannes zu feiern, wird unter anderem ein Porträt von ihm enthüllt werden, das Interimsdirektor Wilson Hicks in Auftrag gegeben hat. Er wird die Zeremonie leiten, bei der die hiesigen Gemeindevorsteher uns bitten werden, alle zusammenzukommen und die Erfolge und das Vermächtnis von Washingtons einzigartigem Kenneth Moore zu feiern.«

»Was denkst du, wer es war?«, frage ich César in der Werbepause.

Er schweigt so lange, dass ich denke, er hat mich entweder nicht gehört oder will mich ignorieren. Doch dann zuckt er mit den Schultern und sieht zu seiner Fußfessel.

»Bei so einem Mord geht es um Macht«, sagt er. »Wenn mächtige Männer ermordet werden, dreht es sich immer um Macht. Eine Menge Dudes aus dem Viertel sind auf der Promise. Jemand wollte Moore wissen lassen, dass er nicht der King ist, für den er sich gehalten hat.«

»Anscheinend ist es gefährlich, auf dem Thron zu sitzen«, sage ich.

»Anstrengend«, antwortet er.

Er klingt so müde. Ich rücke ein Stück zu ihm und lehne meinen Kopf an seine Schulter, wie früher. Mein Bruder rückt nicht weg.

Niemand

Ich kann nichts sagen.
 Ich habe zu viel zu verlieren.
 Manchmal ist der Schlüssel zum Überleben, unsichtbar zu bleiben.

Keyana Glenn

Es ist Mitternacht, als Magda der ganzen Gruppe schreibt:

> Magda: Wer wollte beweisen, dass Moore nicht der King war?

Ich tippe meine Antwort:

> Keyana: Haltet heute alle die Augen offen nach Antworten auf diese Frage.

Ich habe eine Menge recherchiert, und wenn ich eines erfahren habe, ist es: Geld regiert die Welt. Und nicht bloß die Welt, sondern auch die Schulen. Vor allem solche wie die Promise.

Ich meine, es ist sowieso Mist, dass manche Schulen mehr Hilfe bekommen als andere. Und irgendwie scheinen solche, an denen die Kids wie ich aussehen, grundsätzlich den Kürzeren zu ziehen. Immer ist es das Gleiche, und deshalb möchte ich nicht bloß Anwältin werden, sondern Abgeordnete oder so.

Doch bei Privatschulen wie der Promise Prep läuft es

noch mal anders, und als ich auf meinem Bett sitze und durch mein Handy wische, erfahre ich immer mehr. Direktoren wie Moore können schnell zu Rockstars werden, wie diese evangelikalen Prediger, die berühmt werden und Tourneen machen, um im Scheinwerferlicht Seelen zu retten.

Ich finde Dutzende Artikel, die sich mit seinem Aufstieg in Washington beschäftigen. Er war so beliebt. Ich finde Bilder von ihm, alte und neue, mit Lehrkräften, Eltern und Schülern. Auf einem steht er strahlend mit Mrs. Hall. Ihr Lächeln ist so breit, dass es aussieht, als würde es ihr Gesicht spalten. Das Foto wurde bei der Eröffnung der Promise gemacht. Unter der Aufnahme ist ein Zitat von Mrs. Hall, wie stolz sie ist, Moore in »diesem Unternehmen« zu unterstützen.

»Klar doch«, murmle ich und denke daran, was Moore mit J.B. gemacht hat. »Das Unternehmen, Teenager zu bekämpfen, als wären sie erwachsene Männer.«

Je mehr ich über Moore und seinen Werdegang lese, desto klarer wird mein Bild von ihm. Abgesehen von den bescheuerten Regeln, die er an der Promise immer härter durchgesetzt hat, scheint er ein Typ gewesen zu sein, der gern bewundert wurde. In gewisser Weise unterschied er sich nicht sehr von den Mercy-Mädchen, die an der Promise Englischnachhilfe geben. Er hat Jungs wie J.B., Trey und Ramón angesehen und fand sie ... *falsch*. Als wollte er sie in eine Kiste stopfen und müsste ihnen dafür alle Knochen brechen.

Vielleicht haben die Jungs ihn an etwas erinnert, das er an sich selbst nicht mochte.

Es ist schwer auszuhalten, all die Fotos des lächelnden

Moores im Anzug anzuschauen – bei Benefizveranstaltungen und Events in Capitol Hill, wie er Hände schüttelt, ihm auf die Schulter geklopft wird und er in die Kamera grinst. Jungen wie J.B. dürfen nicht einmal lächeln, wenn sie innerhalb der Promise-Mauern sind. Weil er Nasenbluten bekommt, ist in seiner Schulakte für immer vermerkt, er hätte sich geprügelt.

Ich schicke mein Handy schlafen und lasse meinen Gedanken freien Lauf. Innerhalb der Promise-Mauern war Moore der König, den niemand infrage gestellt hat. Im Königreich kann der König nichts Falsches sagen oder tun. Wird ein König gestürzt, wie in *Game of Thrones*, kommt die Gefahr oft aus dem Innern.

Sofort fällt mir Stanley Ennis ein.

Nach dem zu urteilen, was ich finden kann, ist Ennis selbst eine Art King. Er finanziert Expeditionen in Urwälder oder auf Berge, besitzt einen Haufen Firmen und spendet genug, dass Sachen nach ihm benannt werden.

Doch als die Droh-E-Mails veröffentlicht wurden, fand ich, sie klingen nicht nach ihm. »*Du solltest für mich da sein und hast beschlossen, mich im Stich zu lassen.*«

Ich blicke nach draußen auf die ruhige Straße und muss unwillkürlich dran denken, dass diese Gegend ein mögliches Territorium ist. Nicht das von einer Gang wie Dioses del Humo, sondern von Leuten aus der Politik, Schulträgern, Stadträten, Schulleiterinnen und all solchen, die auf Fotos mit Direktor Moore posiert und ihn zum Retter der »verlorenen Jungen« gehypt haben, denen er jede Freude aus dem Leib gedrillt hat. Dies alles ist ihr Reich, von Menschen wie Stanley Ennis – der den Bau der Turnhalle bezahlt und dann die Jungen für die Teams rangeholt hat.

Spielzeugsoldaten, Schachfiguren, die über das Brett bewegt werden, damit Staatsgelder gescheffelt werden. Ich hatte keine Ahnung, wie viel Geld Schulen wie die Promise besitzen, bis ich anfing, über Moore und seine königliche Karriere nachzulesen.

Ich wecke mein Handy wieder auf und schreibe in die Gruppe.

> Keyana: Promise Boys, wann ist das nächste Basketballspiel? Wir müssen irgendwie Ennis beobachten und mehr erfahren.

Kapitel dreiundzwanzig

Die Konfrontation
J.B.

Trey, Ramón und ich warten kurz vor Schulschluss ein Stück die Straße hinauf von der Promise entfernt. Trey hat sogar ein Fernglas mitgebracht, damit wir auf Abstand bleiben und trotzdem die Schultür im Auge behalten können. Ich muss sagen, mit Trey und Ramón zusammenzuarbeiten, zeigt allmählich seine Vorzüge.

Wir haben vor, Omar abzupassen und zur Rede zu stellen. Ich glaube nicht, dass er ein Problem wird, auch wenn ich den Gedanken nicht loswerde, dass er, sollte er der Schütze sein, nach wie vor die Waffe bei sich haben könnte. Die würde er sicher gerne bei mir benutzen, sollte es ernst werden.

Ich kenne Omar nicht gut, finde ihn aber unheimlich. Er spricht nie, sieht einen nicht einmal an. Und all die Fotos von Moore sind total gruselig. Ich sage das gar nicht gerne, aber ich kann ihn mir gut als Täter vorstellen.

Wir alle haben unsere Uniformen an, damit wir nicht auffallen. Das war Treys Idee, auch wenn ich bezweifle, dass es funktioniert. Ich sehe auf meine Uhr. 5:00 Uhr nachmittags. Jeden Moment muss es so weit sein. Und wie aufs Stichwort ertönt die Schulglocke und die Schüler strömen auf die Straße. Sie können es kaum erwarten rauszukommen.

»Da ist er«, ruft Ramón.

Er nickt in Richtung eines dünnen Jungen, der die Treppe an der Tür runtergeht.

»Jap, das ist er. Und er kommt auf uns zu«, sage ich.

Wir verstecken uns hinter einer Mauer, als Omar näher kommt. Er geht an uns vorbei, und wir folgen ihm.

»Wann sollen wir ihn ansprechen?«, fragt Ramón.

»Sobald die Luft rein ist«, antworte ich. »Wahrscheinlich will er zum Bus. Wir müssen ihn nur erwischen, ehe er einsteigt.«

Wir folgen ihm noch einige Blocks weiter, bis sich die Promise-Menge zerstreut hat. Hier sind nur noch Omar und wir auf der Straße.

»Jetzt ist unsere Chance.« Ich mache größere Schritte, um Omar einzuholen.

Hinter mir werden Ramón und Trey ebenfalls schneller. Als ich näher an Omar dran bin, erkenne ich, dass er seine Ohrstöpsel drin hat und mich nicht hören kann. Das nutze ich aus, um richtig dicht an ihn ranzukommen. Ich greife nach seiner Büchertasche und reiße sie ihm vom Rücken, damit ich die Waffe von ihm wegbekomme, falls er sie bei sich hat. Er fährt herum.

»Ey, was soll das?!«, kreischt er. Doch als er uns drei sieht, rennt er los.

»Scheiße, schnappt ihn!«, rufe ich.

Wir sprinten noch ein paar mehr Blocks hinter Omar her. Ich muss zugeben, dass er schnell ist. Vermutlich rennt er schon sein Leben lang vor Bullys weg. Trey holt ihn schließlich ein und bringt ihn zu Boden. Ramón und ich sind gleich darauf bei ihnen und bleiben schwer atmend stehen.

»Was soll die Scheiße?«, schreit er.

»Dasselbe könnten wir dich fragen. Warum läufst du weg?«

»Vor drei Mordverdächtigen, die mich anscheinend angreifen wollen, meint ihr? Ach, ich weiß nicht. Was wollt ihr von mir?«

Mich erstaunt seine trotzige Schlagfertigkeit. Ich hätte gedacht, dass er sofort einknickt, aber das tut er nicht.

»Erklär uns das hier«, sage ich und hole seinen Ordner hervor.

»Mein Ordner! Wie seid ihr an den gekommen?«

»Spielt keine Rolle. Warum hast du diese Bilder von Moore? Und erzähl uns, was du über den Promise-Fonds weißt.«

Omars Gesichtsausdruck verändert sich, als wüsste er etwas, was wir nicht wissen. Er steht auf und klopft sich ab. Dann schaut er sich um, und ich kann nicht einschätzen, ob nach Hilfe oder um sicher zu sein, dass wir allein sind. Er kommt einen Schritt näher und neigt sich leicht vor.

»Das war keiner von euch, oder?«

Wir sehen einander an.

»Nein, waren wir nicht«, antworte ich. »Aber was dich angeht, sind wir nicht so sicher. Wir haben gehört, dass du der Letzte warst, der mit Moore gesehen wurde, und dem Schreiben nach hattest du ein Motiv.«

Omar schüttelt den Kopf.

»Ihr habt keinen Schimmer, in was ihr da reingeraten seid. Ich habe diese Bilder von Moore, weil ich für den Schulträger eine Reportage über Moore gemacht habe. Moore hat für die Gründung einer zweiten Promise geworben und wollte eine Präsentation.«

Omar kratzt sich nervös die Stirn, atmet tief durch und redet weiter.

»Ich dachte, dass ich dafür zumindest neue Kameraausrüstung kriegen sollte, aber er hat gesagt, das sei eine Chance für mich. Wenn die vom Schulträger meine Arbeit sehen, unterstützen die mich vielleicht im College oder so ein Bullshit. Aber ich habe Sachen gesehen. Wie zum Beispiel, dass Moore behauptet hat, der Promise-Fonds sei ausschließlich für Studiengebühren vorgesehen. Der Schulträger gibt aber vor, dass das Geld den Schülern für alles Mögliche zur Verfügung steht: Bücher, Uniformen, Mittel für außerschulische Aktivitäten. Nicht bloß fürs College. Das hat Moore uns nie gesagt. Und als er meinen Antrag ablehnte, habe ich gewusst, dass da was Komisches läuft.«

Omar macht eine Pause und sieht sich um. Wir machen es ebenfalls. Doch wir scheinen unter uns zu sein, also fährt er fort.

»Da habe ich angefangen, ihm auch außerhalb der Schule zu folgen. Und ich konnte das Rätsel knacken. Moore hat Geld aus dem Fonds gestohlen.«

Plötzlich ist es, als wäre eine Bombe geplatzt. Direktor Moore hat dauernd Perfektion, Exzellenz und Disziplin gepredigt, und es war alles nur eine Lüge. Ehrlich gesagt, ich bin enttäuscht. Und das, was Moore da getan hat, hat ihn womöglich das Leben gekostet.

»Ich glaube, jemand hat herausbekommen, was er gemacht hat, und angefangen, ihm zu drohen.«

»Die E-Mails«, sagt Ramón.

»Genau. Die Person, die das war, hat gewusst, was Moore gemacht hat, und hatte was dagegen.«

Die Jungs und ich wechseln einen Blick. Omars Geschichte klingt ziemlich glaubwürdig, besonders weil sie zu den Informationen passt, die wir schon haben. Was aber nicht heißt, dass sie wahr sein muss.

»Warte mal, was ist damit, dass du vor dem Mord als Letzter mit Moore gesehen wurdest?«, frage ich.

»Hab ich doch gesagt, ich hab diese Reportage über ihn gemacht. An dem Abend sollte ich ihn interviewen. Es war der letzte Teil des Projekts. Ich war in seinem Büro und habe versucht, das Mikro aufzustellen, aber ich habe noch Klebeband gebraucht, um es zu fixieren. Deshalb bin ich raus, um welches zu holen. Und noch ehe ich es gefunden hatte, habe ich den Schuss gehört. Hier.« Omar zieht einen Flyer aus seiner Tasche.

Darauf wird eine Trauerfeier für Moore angekündigt.

»Ich werde da das Band abspielen, an dem wir gearbeitet haben. Das müsst ihr mir glauben.«

Wir alle stehen da und starren auf den Flyer, der zum Andenken an den zu früh verstorbenen Moore einlädt. Und erinnern uns, wie es war, einen Schuss zu hören, am letzten Ort, wo man einen erwarten würde. In dieser Stadt ist Gewalt allgegenwärtig, doch in der Promise hätte ich nie damit gerechnet. Nicht in diesem Ausmaß. Das erinnert mich daran, dass wir nirgends sicher sind.

»Habt ihr irgendwelche anderen Verdächtigen?«, fragt Omar.

»Wir dachten, die Dioses könnten es gewesen sein«, sage ich und sehe Ramón an. »Es heißt, Moore hat einen Anführer von ihnen verhaften lassen, und sie haben ein paar Typen in der Schule. Aber das war eine Sackgasse.«

»Und da ist noch Mrs. Hall. Sie war an dem Tag, als Moore ermordet wurde, in der Schule, und sie ist mit einem der Cops verheiratet, die in dem Fall ermitteln. Ziemlich verdächtig«, ergänzt Trey.

Omar sieht auf. »Ich glaube nicht, dass es Mrs. Hall gewesen sein kann. Ich habe gesehen, wie sie kurz vor dem Schuss zu dem Spiel in der Turnhalle gegangen ist.«

Wieder wechseln Trey, Ramón und ich einen Blick. So beschissen es auch ist, noch eine Verdächtige zu verlieren, fühlt es sich wie ein Schritt in die richtige Richtung an, Mrs. Hall von der Liste zu streichen. Ich breche das Schweigen.

»Tja, wenn es nicht Mrs. Hall war, du nicht und die Dioses auch nicht, bleibt wohl nur noch ... Ennis. Stanley Ennis. Er ist ein großer Spender des Promise-Fonds und der Letzte in Moores Besuchsregister.«

Omars Gesicht leuchtet richtig auf.

»Den kenne ich! Er will dauernd, dass ich Teaser für die Basketballspiele drehe. Und als ich mir heute noch mal den Promise-Fonds angesehen habe, ist mir was aufgefallen. Kann ich, ähm ... meine Büchertasche haben?«

Ich starre Omar an und frage mich, ob ich ihm trauen kann. Lieber sehe ich vorher noch mal in die Tasche, ob auch keine Waffe drin ist. Da sind nur Schulsachen und ein paar Kameraobjektive.

»Sorry, Bro. Hier.« Ich gebe Omar seine Tasche.

Er kramt darin, geht lose Papiere durch, bis er findet, wonach er sucht.

»Okay, hier ist es. Ich konnte ins System und sehen, welche Anträge an den Fonds angenommen und welche abgelehnt wurden. Es sind jede Menge Ablehnungen. Eigentlich fast alles. Aber es gibt ein Kid, das *immer* das Geld bekommt, das es beantragt. Guckt euch den Namen an.«

Omar dreht uns das Blatt hin und zeigt auf die Zeile. Stan Lee.

»Stan Lee? Wie der Marvel-Typ?«, frage ich.

»Ja, oder wie ... der Spender. Stanley Ennis. Leute, es gibt keinen Stan Lee an unserer Schule. Stanley Ennis ist der größte Spender, okay? Mittel wurden gestohlen, und irgendwie bekommt ein Kid, das nicht mal hier auf die Schule geht, *unser* Geld? Entweder beklaut Stanley die Schule und Moore musste zahlen, vielleicht hat Ennis ihn sogar erpresst, oder Moore klaut es selbst und nutzt einen Namen, der Stanleys ähnlich ist, um von sich abzulenken. So oder so, nur noch einer von beiden atmet.«

Alle Puzzleteile fügen sich zusammen. Stanley und Moore hatten irgendeine Operation am Laufen, die in die Hose ging, und dafür musste jemand bezahlen. Genau wie es auf der Straße läuft.

»Heute ist ein Spiel«, sagt Trey, ohne nachzudenken. »Ennis ist wahrscheinlich jetzt gerade in der Schule.«

Brandon Jenkins

Als Trey mir geschrieben und mich um einen Gefallen gebeten hat, hätte ich beinahe Nein gesagt. Meine Mom weiß immer noch nicht, dass wir wieder reden. Und sie tickt aus, wenn sie es erfährt. Aber er ist doch mein Kumpel. Ich spiele die Eins, er die Zwei. Und ich bin schon fies zu ihm gewesen, als ich ihn auf Eis gelegt habe. Da bin ich ihm was schuldig.

Trotzdem, verdammt, ich hätte Nein sagen sollen.

Ich müsste zum Training gehen. Stattdessen war ich so beknackt zu versprechen, dass ich nach der Schule Stanley Ennis folge. Als ich Trey gefragt habe, warum das denn, hat er bloß gesagt, es ginge darum, die Wahrheit herauszufinden, wer Mr. Moore umgebracht hat. Wie gesagt, ich schulde ihm was.

Und so kommt es, dass ich mich seit einer Dreiviertelstunde abwechselnd in der Umkleide und im Klo verstecke und darauf warte, dass Mr. Ennis losgeht. Vor allem meide ich Mr. Reggie, der die ganze Schule abwandert, um sich zu vergewissern, dass außer den Sportlern alle weg sind. Keine Ahnung, wie Trey sich vorstellt, dass ich Ennis folge, wenn er erst aus dem Gebäude ist – ich bin ja nicht James Bond, und ich hab auch keinen Haufen Kostüme. Außerdem kennt Ennis mich zu gut – wenn er mich sieht, wird er wissen wollen, was zur Hölle ich tue. Und jeder weiß, dass ich im Lügen der totale Loser bin.

Jetzt bin ich hier, im Konferenzraum, und versuche zu verhindern, dass mir die Füße einschlafen, während ich Trey schreibe, was für eine beknackte Idee das ist. Auf einmal höre ich Stimmen, die sich nähern. Der Konferenzraum ist neben der Tür, durch die Mr. Ennis immer rausgeht – er parkt seinen Porsche auf dem Platz an der Seite, wo die Überwachungskameras sind. Deshalb weiß ich, dass eine der Stimmen seine sein muss.

Der Konferenzraum ist auf allen vier Seiten verglast. Sollten die, die da sprechen, also aus dem falschen Winkel kommen, sehen sie garantiert hier rein und entdecken mich.

»Es ist eine große Aufgabe!«, sagt Ennis. Gott sei Dank – sie kommen aus dem Korridor hinter mir und werden mich nicht sehen, solange sie nicht direkt in diesen Raum gehen. »Aber Sie sind ein Stratege.«

Ich nehme an, dass Mr. Ennis mit dem Coach spricht, wie er es sonst auch macht, wenn er zum Training kommt. Mr. Ennis guckt sich gerne an, wie sich seine *Investition* macht. Je mehr Spiele wir gewinnen, desto froher ist er. Ich bin mir nie ganz sicher, warum sich Typen wie Mr. Ennis so sehr für Highschool-Sport interessieren, aber bei ihm hatte ich immer angenommen, er würde so seine Jugend noch mal aufleben lassen oder so.

»Sie müssen einfach die Stellung halten«, sagt Mr. Ennis. »Sie haben eine große Aufgabe vor sich, aber wenn einer die bewältigen kann, dann Sie.«

Mein Herz beginnt zu rasen. Ich weiß, dass Leute in Filmen immer wegen etwas Blödem ertappt werden, zum Beispiel weil ihr Handy klingelt. Meins ist *immer* lautlos gestellt, aber ich sehe sicherheitshalber nach, stecke es zurück in die Tasche meines Hoodys und versuche, nicht zu laut zu atmen.

»Ihr Vertrauen ehrt mich«, sagt die Person, mit der Ennis redet. Die Stimme kommt mir bekannt vor, ist aber so leise, dass ich sie nicht zuordnen kann. »Es wird ein schwieriger Übergang für uns alle, aber wir wurschteln uns durch.«

»Wir werden mehr tun, als uns durchzuwurschteln«, erwidert Ennis lachend. Ich höre Papier rascheln. »Das ist alles, was Sie jetzt brauchen. Sorgen Sie nur dafür, dass nichts unterbrochen wird, dann geht alles glatt.«

»Glatt ist gut.« Jetzt erkenne ich die Stimme – Dean Hicks. *Direktor* Hicks. Ich bin nahe genug an der Tür, dass ich mich rüberlehnen und nach draußen spähen könnte, aber das wage ich nicht. »Ich habe vor, auf Kurs zu bleiben. Wer weiß, vielleicht sogar einiges zu verbessern.«

»Ah, ja, das höre ich gern!« Ich kann hören, dass Ennis von einem Ohr zum anderen grinst. Dann senkt er die Stimme beinahe zu einem Flüstern. »Sie sind hoffentlich bereit für alles, was diese Partnerschaft lohnenswert macht. Für uns beide.«

»Ich bin von jeher ein Geschäftsmann«, antwortet Hicks. »Deshalb hat Moore mich damals angeheuert. Weil ich Klartext rede.«

»Und genau das brauchen wir – vor allem beim Promise-Fonds. Wird der auch geglättet?«

»Ich tue mein Bestes.«

»Gut. Wir können da weitermachen, wo Moore aufgehört hat. Wie läuft es mit den Ermittlungen? Ist schon jemand verhaftet worden?«

»Nicht, dass ich wüsste. Aber wir wissen, dass es einer von den Jungen war. Es ist nur eine Frage der Zeit. Vielleicht kann die Polizei bald ein bisschen Druck machen, damit sie sich gegeneinander wenden, verstehen Sie?«

Mir wird schlecht, aber Ennis klingt, als würde er zustimmen. »Tja, sie müssen die Waffe finden! Die viele Polizei hier in der Schule ... keine tolle Presse, muss ich sagen. Die sollen überall suchen, das Ding finden und dann verdammt noch mal jemanden festnehmen! Dann sind wir durch mit diesem ganzen Schlamassel und können wieder zur Sache kommen.«

Auf einmal ruft Hicks: »SOLOMON! Was machst du auf diesem Flur?«

Mir wird bewusst, dass ich die Augen zugekniffen habe, als könnte ich mich so unsichtbar machen. Doch jetzt reiße ich sie auf. Und ich stelle fest, dass ich direkt auf Solomon schaue, der auf der anderen Seite des Konferenzraums steht. Von seiner Perspektive aus blickt er direkt über meinen Kopf hinweg zu Hicks und Ennis. Und er sieht mich klar und deutlich. Völlig geschockt starrt er mich an.

Trey hat mir mal erzählt, dass Solomon eine Petze ist, und mir bleibt das Herz stehen, weil ich weiß, dass er mich verraten wird. Und auch noch beim vorläufigen Direktor.

Solomon blinzelt und blickt zu Mr. Ennis und Hicks auf.

»Ich habe nur die letzten Kartons von Ihrem alten Büro zum neuen gebracht«, sagt Solomon. Er wandert an dem

Fenster entlang und guckt nicht mehr in meine Richtung. »Und wollte fragen, ob ich noch etwas tun soll, bevor ich gehe.«

Ich wage nicht zu atmen, aber wenigstens schlägt mein Herz wieder. Ich fasse nicht, dass er mich nicht verpetzt hat.

»Ah, danke, mein Junge. Ja, eines kannst du noch tun. Mrs. Hall ist hier, um ihre restlichen Sachen zu holen. Da sind einige Kartons in der Eingangshalle, die Mr. Reggie ihr hingestellt hat. Sie müsste jeden Moment dort sein. Geh hin und hilf ihr, ja? Danach kannst du gehen.«

»Ist gut.«

Solomon geht direkt an mir vorbei, sieht aber nicht noch einmal in meine Richtung. Als er außer Hörweite ist, sagt Hicks: »Einer von den Guten.«

Dann verlässt er das Gebäude mit Mr. Ennis durch den Seitenausgang, und der Rest von ihrem Gespräch ist nicht mehr zu hören.

Nach und nach atme ich wieder und schleiche mich geduckt zur Tür. Sie sind weg. Schnell laufe ich aus dem Konferenzraum und den entgegengesetzten Korridor hinunter. Dabei habe ich bereits das Handy in der Hand und schreibe Trey.

> Brandon: Ennis wirkt angespannt. Hat mit Hicks geredet. Schien nicht allzu fertig wegen Moore. Es war rein geschäftlich. Sie haben über den Promise-Fonds geredet. Könnte er euer Mann sein?

E-MAIL AN J.B., TREY & RAMÓN

Von: darkgamble@anonmail.com
An: J.B., Trey, Ramón

Ich habe euch gesehen. Wie ihr Mörder an der Schule herumgelungert habt. Was sucht ihr? Bald schon wird die Polizei euch alle drei festnageln. Bleibt weg, sonst wird es euch noch leidtun.

Niemand

Dies ist der Teil, den ich hasse, aber irgendwie auch liebe. Wenn ich einen Raum betrete und keiner sich an meinen Namen erinnert. Es hat auch was, niemand zu sein.

Man riskiert nichts; man verliert nichts. Ein Leben voller Risiko hat mich gelehrt, dass es egal ist, wie tief man fliegt – solange man nicht auf dem Boden aufschlägt. Zu hoch – zu viel lächeln, die Stirn runzeln, schlafen, sich bewegen –, und man wird bemerkt. Ich ziehe es vor, unter dem Radar zu fliegen.

Für einen Ort wie die Promise bin ich ideal, und ich sehe, dass es viele nicht sind. Hier in der Schule ist es leichter, wenn man unsichtbar ist.

Den Leuten macht es nichts aus, einen um etwas zu bitten, wenn man niemand ist. Denn selbst wenn man tut, was sie sagen, sehen sie einen immer noch nicht als jemanden. Für sie ist man bloß ein Teil der Maschinerie. Man ist der Drucker, der Stift, die Tastatur, das Telefon. Sogar eine Videokamera.

Schließlich vergessen sie, dass man da ist, sehen einen nicht anders, als wäre man eine Lampe. Sie sagen Dinge vor einem, ohne nachzudenken. Lassen sich in die Karten schauen.

Man sieht alles, sogar die Dinge, die man nicht sehen soll. Die sie verbergen wollen.

Als niemand ist man gewohnt, mit dem Hintergrund zu verschmelzen. Man perfektioniert die Kunst, in der grauen Wandfarbe zu verschwinden. Man kann in einer Highschool stehen, mit einer Kamera in der Hand einen Flur entlanggehen, die neuen Banner filmen, an denen teils die Farbe noch nass glänzt. Im Hintergrund erklingt der Lärm der Teenager in der Sporthalle, sie alle werden während dieser Ausnahme, im temporär erlaubten Krach und Spaß, füreinander zu Jemandem.

Dann gehen alle in den Sporttrakt, wird die Tür geschlossen, und man ist wieder allein. Ein Niemand, umgeben von keinem. Man geht zurück durch den leeren Flur, stellt sich vor, man hätte eine Chance, auf kreativere Weise zu zeigen, wie man selbst die Promise sieht. So wie jetzt erlebt man die Schule am liebsten. Fast, als wäre sie im Sicherheitsmodus. Keiner schaut hin. Alle sind beschäftigt. Keiner tut, als würde er sich an deinen Namen erinnern.

Und dann brüllende Stimmen. Zwei, du hörst nicht, von wo. Und auf einmal sind sie da, direkt in deinem Blickfeld. Zwei Männer. Ein Schwarzer, ein Weißer. Sie fluchen. Sie streiten.

Hättest du doch deine Kamera!

Dann ist da die Waffe. Bei dem Anblick drehst du dich sofort weg. Aber du hörst, wie sie abgefeuert wird. Die Lautstärke des Knalls, der den ganzen Korridor füllt, die Decke zum Reißen zu bringen scheint.

Du musst nicht rennen. Du weißt, wie man verschwindet. Du schlüpfst durch eine Tür. Eben noch da, im nächsten Moment fort. Du siehst den Weißen aus dem Büro kommen, aber er sieht dich nicht. Er läuft weg. Zu dem Treppenaufgang gegenüber dem Büro.

»Da bist du ja! Genau der, zu dem ich wollte!«

Innerlich zucke ich zusammen. Äußerlich drehe ich mich ruhig auf dem Bürostuhl zum Tresen, wo Stanley Ennis die Ellbogen aufstützt. Er ist im Hemd und hat die Ärmel aufgekrempelt, grinsend wie ein Verkäufer. So lächelt er mich immer an, und jedes Mal frage ich mich, was er mir zu verkaufen glaubt. Ich weiß, dass ihn eigentlich nicht interessiert, ob ich ihn mag. Diesen reichen Typen können solche Sachen egal sein.

»Hi, Mr. Ennis.«

»Hast du alles für die Gedenkfeier morgen bereit? Alles in der Spur?«

Ich nicke.

»Ja, Sir, größtenteils. Fehlen nur noch die letzten Feinheiten.«

»Hast du auch die neuen Highlights vom letzten Spiel? Natürlich wollen wir, dass es geschmackvoll aussieht. Bei einer Gedenkfeier soll ja nicht geprahlt werden.«

»Natürlich, Sir. Es sieht alles super aus. Ich kann es Ihnen vorher schicken, falls Sie es sich ansehen wollen.«

Sein Grinsen wird breiter. Ach, das wollte er! Immerzu pusht er Leute, damit sie tun, was er will.

»Das wäre fantastisch! Kann ich dir noch Anmerkungen schicken? Ich verspreche auch, dass sie nicht in letzter Minute kommen.«

»Klar, Mr. Ennis.«

»Du bist der Beste.« Wieder grinst er.

Ich bin der Computer. Ich bin die Kamera. Ich bin der Schreibtisch. Ich bin ein Telefon.

Aber ich habe auch eines. Als es in meiner Tasche vibriert, warte ich, bis sich Mr. Ennis nach draußen gegrinst hat, ehe ich nachschaue.

Trey. Noch jemand, den sie zu einem Niemand machen wollen.

> Trey: Hey, Omar. Wir haben eben eine abgedrehte E-Mail bekommen. Du hast keinem erzählt, dass wir an der Schule waren, oder?

Lange Zeit starre ich die Nachricht an, bevor ich antworte.

Nein, schreibe ich schließlich. Mein Herz sollte schneller schlagen, doch ich empfinde eine seltsame Ruhe. Als würde ich in einer Sandburg sitzen und beobachten, wie die Flut hereinkommt. Es ist unvermeidlich.

Ich kann immer noch nicht glauben, dass sie denken, ich hätte Moore umgebracht. Beinahe bin ich beleidigt, will aber auch lachen. Was ich nicht tue. Bedenkt man ihre Lage, wundert es nicht, dass sie verzweifelt alles aufklären wollen. Zum ersten Mal bekomme ich Gewissensbisse. Ich hätte etwas sagen müssen, als mir klar wurde, dass Moore die Schulgelder nicht so verwaltet, wie es sich gehört. Bin ich ein Feigling?

Aber ich bin ein Niemand, wer würde mir zuhören?

Und selbst wenn sie es täten, selbst wenn ich für einen kurzen Moment ein Jemand würde, warum sollten sie mir ohne Beweise glauben? Und wer weiß, in welche Gefahr ich mich begeben würde?

Der wahre Mörder könnte mich als Nächstes holen.

Kapitel vierundzwanzig

Enthüllungen

Ramón

Mir geht die E-Mail des Mörders nicht aus dem Kopf. Sie muss von dem Mörder sein.

Nicht, dass ich Angst hätte, aber etwas an der E-Mail kam mir bekannt vor. Es ist beinahe, als könnte ich die Stimme aus dem Computer hören, sie aber nicht genau erkennen. Ehrlich, wer das geschickt hat, scheint verzweifelt, was heißen muss, dass wir der Wahrheit näherkommen.

Ich beschließe, einen Text an die Gruppe zu schreiben, um zu sehen, was die anderen meinen.

> Ramón: Trey und J.B., habt ihr auch 'ne schräge E-Mail bekommen?

> Trey: Ja. Muss von jemandem sein, der noch an der Schule ist. Ennis war zum Spiel da.

> Keyana: J.B. sagt, er wünschte, er hätte was gesehen.

Ich denke an Omar und versuche, mich zu erinnern, ob mir irgendwer aufgefallen ist, irgendjemand, der in unsere Richtung gesehen hat, aber mir fällt keiner ein.

> Magda: Nach der E-Mail, dem Gespräch zwischen Ennis und Hicks, das Brandon gehört hat, und dem, was Omar zum Promise-Fonds gesagt hat, scheint es, als wäre Ennis unser Mann.

> Luis: Moore muss irgendwie gegen ihr Arrangement verstoßen haben, und da wollte Ennis ihn loswerden.

> Keyana: Wie gesagt, folgt dem Geld. Also, wie nageln wir ihn fest?

Was wir brauchen, sind handfeste Beweise. Aber es werden sicher keine Videoaufzeichnungen aus dem Nichts auftauchen, nachdem die Cops alles so lange abgesucht haben.

Moment! Vielleicht haben die Sicherheitskameras der Promise nichts aufgenommen, aber was, wenn jemand ein Video von dem Spiel hat?

Dann erinnere ich mich wieder: Omar hat gesagt, dass er Direktor Moore mit Kamera interviewen wollte, direkt bevor der erschossen wurde. Ich schreibe eine Nachricht.

> Ramón: Omar, hast du Moore gefilmt an dem Tag?

> Omar: Nein, ich hatte die Kamera gar nicht aufgestellt. Es gab Probleme mit meinem Mikro.

> Ramón: Meinst du, das hat was aufgenommen?

> Omar: Hmm, ich glaube nicht, aber ich sehe nach.

Enttäuscht lege ich das Handy weg und strecke mich auf dem Bett aus. Einen Versuch war es wert, Omar zu fragen, aber offensichtlich wär es zu schön, um wahr zu sein.

Ich denke an alles, was geschehen ist, und wie sehr es mein Leben auf den Kopf gestellt hat. An meine Zeit an der Promise und die letzten paar Tage vor Moores Ermordung. Er hatte völlig die Kontrolle verloren, deshalb hat er J.B., Trey und mich so behandelt. Es hatte nichts mit uns zu tun.

Und dann wird es mir klar. Wir sind keine bösen Kids, sondern Moore war einfach ein böser Mann. Die ganze Zeit habe ich gedacht, ich hätte etwas falsch gemacht, aber das stimmt überhaupt nicht. Moore hatte mit seinem eigenen Scheiß zu kämpfen.

Doch im nächsten Moment kommt mir noch ein Gedanke, und ich schieße im Bett hoch, als hätte mich ein Stromschlag getroffen. Ich weiß wieder, warum mir die E-Mail so bekannt schien.

Kapitel fünfundzwanzig

~~Die Geheimoperation~~

J.B.

Keyana ist vielleicht das klügste Mädchen, das ich kenne, und ich weiß nicht, ob es daran liegt, dass sie sich an einfach alles erinnert, oder ob ihr Gehirn ständig neuen Kram erschafft. So oder so dürfte beides ein Zeichen von Genialität sein. Unmöglich hätte es diesen Plan ohne sie jemals gegeben – oder ohne Omar. Doch hauptsächlich stammt er von Keyana. Und genau das sage ich ihr, als wir hinterm Rocky's stehen und warten, dass die anderen zur Gedenkfeier für Moore kommen.

»Weiß ich«, stimmt sie mir zu, mit diesem niedlichen Lächeln. Doch dann wird sie ernst und sieht mir in die Augen. »Aber eines muss ich noch wissen. Würdest du das auch für mich tun? Müsste ich es mit so etwas aufnehmen, würdest du alles tun, um mir zu helfen?«

Ich sehe sie so konzentriert an, wie ich kann, damit sie fühlt, wie ernst ich es meine.

»Wenn das alles hier vorbei ist, schreibe ich dir ein Gedicht, das dir verrät, was ich alles für dich tun würde. Aber jetzt sage ich nur, dass ich den ganzen Planeten auf meinen Rücken heben und um die Sonne tragen würde, wenn du mir auch nur zuflüsterst, dass du es möchtest.«

Ich erkenne an ihrem Blick, dass sie mir glaubt, und möchte sie auf der Stelle küssen, obwohl ich schwitze und das Gefühl habe, ich bekomme gleich Nasenbluten. Aber dann kommen Ramón und die anderen, alle mit Mützen und Kapuzen auf.

Wir sind definitiv verkleidet.

»Also«, sagt Keyana. »Wir haben einige Optionen. Natürlich wären da die Promise-Uniformen. Die solltest du, Luis, lieber tragen, wenn du reingehst. Magda, dir empfehle ich das Kleid. Ich ziehe mir die Mercy-Uniform an, wenn ihr einverstanden seid. Wir wollen vor allem nicht, dass jemand eine Verbindung zwischen uns herstellt und uns irgendwie zuordnet. Nur für den Fall, dass wir jemandem auffallen. Luis, du bist sozusagen die Ausnahme, denn bei dir muss es wie ein normaler Tag aussehen, klar?«

»Und ich?« Trey zieht eine Augenbraue hoch. »Soll ich mich wie ein Butler oder so anziehen? So wie im Film?«

»Nicht ganz.« Sie lacht, und mich durchfährt ein Kribbeln bei dem Klang. »Für dich, J.B. und Ramón habe ich Anzüge von meinem Dad und meinem Bruder geliehen. Ich denke, am besten halten euch die Leute für Gemeindemitglieder, die gekommen sind, um Moore die letzte Ehre zu erweisen. Und noch besser wäre, wenn sie euch in den Anzügen für Erwachsene halten.«

»Kein Mensch glaubt, dass Ramón erwachsen ist«, scherzt Luis und schubst seinen Freund leicht.

»Und, äh, ist nicht böse gemeint, aber ich glaube nicht, dass mir einer dieser Anzüge passt«, sage ich mit Blick zu der Tüte voller Kleidung.

Keyana grinst spöttisch und hält einen der Anzüge in die Höhe.

»Netter Versuch«, erwidert sie. »Aber mein Dad ist knapp zwei Meter. Hoffentlich hast du nichts gegen Nadelstreifen.«

»Damit sehe ich doch wie ein alter Knacker aus!«, stöhne ich.

»Schön. Der Sinn von Verkleidung ist, dass die Leute euch für etwas halten, was ihr nicht seid.«

Wir gehen nacheinander hinter den Müllcontainer auf dem Hof vom Rocky's, um uns umzuziehen. Was wahrscheinlich sehr viel harmloser ist als alles, was hier sonst so läuft. Keyana ist süß in der Mercy-Uniform, auch wenn nichts besser aussieht als ihr übliches Outfit: enge Hose, riesiges Shirt und Creolen. Sie hat ihren eigenen Stil, und das liebe ich an ihr.

»Meinst du, wir können uns auf Omar verlassen?«, fragt Trey mich, als wir alle umgezogen sind. Magda hat ein geblümtes Kleid an, das ihr zu groß ist.

»Er hat gesagt, dass er nur noch die letzten Feinheiten abstimmen muss«, antwortet Ramón.

»Hoffentlich kommt er nicht in letzter Minute. Mir wäre lieber, wir würden heute keinen Stress riskieren«, sagt Trey.

»Ist schon gut, Alter. Ich meine, technisch gesehen sind wir nicht vom Schulgelände verbannt. Wir sind bloß vom Unterricht suspendiert. Und die Gedenkfeier ist öffentlich«, erinnert ihn Ramón.

Ich sehe auf mein Handy. Es ist viertel vor zwölf, und wir einigen uns, dass es Zeit wird. Bis zu diesem Moment war ich nicht nervös.

»Hoffentlich kriege ich keinen Ärger, weil ich die Schule schwänze«, murmelt Magda.
»Ja, hoffe ich auch«, sagt Luis.
Keyana wird stutzig.
»Warte mal, Luis, warum hast du eigentlich geschwänzt? Wir gehen doch in *deine* Schule. Du hättest einfach mit deiner Klasse in die Turnhalle gehen und da auf uns warten können.«
Er blinzelt und zuckt mit den Schultern. »Ich wollte eben nix verpassen.«
Wir müssen alle lachen. Gott, was für ein Tag! Dann sieht Ramón mich an.
»Bist du sicher, dass die Kellertür offen ist?«
»Ich habe sie aufgebrochen, als Keyana und ich Omars Schließfach durchsuchen wollten«, antworte ich.
»Klar, aber wahrscheinlich haben sie die inzwischen wieder dichtgemacht«, sagt Ramón.
»Würde man denken.« Trey hält uns sein Handy hin. »Aber mein Kumpel Brandon hat heute Morgen nachgeguckt, und sie ist noch offen.«
»Okay, also, wir gehen alle durch die Kellertür rein, dann trennen wir uns«, sagt Keyana. Sie sieht mich mit großen Augen an. »Aber hör zu. Wenn es dir riskant vorkommt, irgendwer dich zu direkt ansieht oder so ... dann verschwindest du. Okay? Geh *nicht* rein, wenn es übel zu werden droht. Denn das ist es nicht wert. Wir können uns hinterher treffen und ...«
Ich küsse sie vor den Augen der anderen auf den Mund. Inzwischen kann ich sie besser einschätzen. Manchmal ist sie total besorgt und muss gebremst werden, bevor sie ausflippt. Sie lächelt mich an.

»Ich pack das«, sage ich.
»Du packst das«, stimmt sie mir zu.
»Wir packen das«, kommt in einem Singsang von Trey, als ginge es um ein Basketballspiel, und Luis macht es ihm nach. Wieder lachen wir. Das kennen wir schon von ihren Spielen, doch diesmal sagt keiner *Wir versprechen es.* Wir wissen ja mittlerweile, wie hohl die Worte sind.

Leise strömen wir durch die Kellertür und gehen sofort alle in unterschiedliche Richtungen. Ich kann nicht aufhören, an das zu denken, was Omar für uns hat. Heute muss es einfach glattgehen. Trotzdem will ich mir keine zu großen Hoffnungen machen.

In der Ferne höre ich die Menge, die sich durch die Schule bewegt – es fühlt sich wie ein Spieltag an, wenn auf den Fluren der Promise gesprochen und gelacht werden darf. Und plötzlich geht mir auf, wie unfair das ist. Warum muss es so sein? Ich bin kein schlechter Typ. Das ist keiner von uns. Also warum verbietet man mir den ganzen Tag lang, auch bloß zu grinsen?

Selbst wenn mein Name reingewaschen werden sollte, denke ich nicht, dass ich jemals wieder herkommen will. Das wäre nicht anders, als ins Gefängnis zu gehen. Wo ist da noch der Unterschied?

Ich gehe allein den Korridor hinunter, und sämtliche Erinnerungen an jenen Tag fluten meinen Kopf. Wie ich um Erlaubnis bitte, zur Toilette gehen zu dürfen, und nicht weiß, ob man mir das Pissen gestatten wird. Und wie mich Hicks dann trotz der Erlaubnis anhält und verhört. Wie ich runter zur Toilette gehe und einen Moment zu genießen versuche, in dem mich keine Lehrkraft anstarrt und nur darauf wartet, dass ich es wage, mit der Wimper zu zucken,

Bis jetzt ist es mir nicht bewusst gewesen, aber diese letzten Tage seit dem Mord, an denen ich nicht in der Schule bin und permanent unter Beobachtung stehe, sind für mich die entspanntesten Tage seit Langem. Mann, das kann nicht normal sein! Darf es einfach nicht.

Und wird es ab jetzt auch nicht mehr sein.

Kapitel sechsundzwanzig

Gleich ist Showtime

Trey

Es fühlt sich schräg an, wieder in der Sporthalle zu sein, erst recht, weil ich einen Anzug trage und nicht fürs Spiel gekleidet bin. Das Einzige, woran ich denken kann, ist das Spiel, in dem ich sein sollte, das Moore mir versaut hat. Das Spiel, das mir garantiert den Weg zum College geebnet hätte.

Als ich mich durch die Menge auf die vielen Stuhlreihen in der Halle zubewege, holen mich all jene Gefühle wieder ein – die Wut, die Enttäuschung und die Scham. Es ist absurd, dass eine einzelne Person so viel Kontrolle über die Zukunft einer anderen hat.

Ich suche mir einen Platz mittendrin aus und sehe hinauf zur Bühne, wo Dean Hicks, Mr. Ennis und andere Reiche aufgereiht sitzen. Bei ihrem Anblick schwillt Zorn in mir an, so geschniegelt, wie sie aussehen, und wie sie gefeiert werden, während man mich des Mords verdächtigt.

Ich hole tief Luft und versuche, mich zu konzentrieren. Ramón, die anderen und ich sind alle getrennt reingekommen und haben uns unter die Leute gemischt. Keiner bemerkt uns. Jedenfalls habe ich nicht den Eindruck. Dies ist das allererste Mal, dass es mir in meiner eigenen Schule nicht vorkommt, als würde ich auf rohen Eiern balancieren. Was witzig ist, denn tatsächlich *habe* ich mich diesmal ja hier reingeschlichen.

Um Punkt zwölf Uhr springt Hicks von seinem Stuhl auf und tritt ans Rednerpult. Hinter ihm wellt sich eine riesige Beamerleinwand, und als er das Publikum begrüßt, verstummen alle.

»Es ist wunderbar, so viele Menschen hier zu sehen, die gekommen sind, um das Leben meines Kollegen und wahrhaft guten Freunds Kenneth Moore zu feiern. Jeder hier weiß, welche Wirkung er hatte, wenn er einen Raum betrat, und es tut dem Herzen gut, einen solch *überwältigenden* Beweis ebendieser Wirkung vor Augen zu haben. Sicher sind wir alle hier voller Ehrfurcht vor dem, was er erreicht hat ...«

Ich bin schon bei mega vielen Trauerfeiern gewesen, und jedes Mal muss ich mich zwingen, wach zu bleiben. Nicht weil ich gelangweilt bin, sondern weil es sich immer so verlogen anfühlt. Manchen Leuten wird unwohl, wenn jemand da oben Rotz und Wasser heult, aber ich finde das besser, ehrlich, auch wenn ich nicht so für die verstorbene Person empfinde. Denn das wirkt immerhin glaubwürdig.

Als Hicks mit seiner steifen Ansprache fertig ist, stehen andere auf und erzählen Geschichten über Mr. Moore. All diese auf der Bühne aufgereihten Leute mit ihren Anzügen und den blankpolierten Schuhen sind da, um über sein Andenken zu reden. Aber keiner weint, und alle Geschichten haben denselben Grundton: *Guter alter Kenneth*

Moore. Oder: *Man mag mit ihm nicht immer einer Meinung gewesen sein, doch es ist nicht abzustreiten, dass er ...*

Auf einmal will ich nur noch raus. Selbst wenn es heißt, dass ich an diesem überdimensionalen Porträt von Direktor Moore in der Eingangshalle vorbeimuss. Es gibt eigentlich keinen Grund, wieso das scheiß Ding so groß sein muss. Irgendwie hab ich das Gefühl, die Leute hier sind nur 'ne Menge Egos, die in 'nem Haifischbecken rumschwimmen.

Mr. Ennis übernimmt als Nächster das Mikro. Er ist top gestylt, wie üblich. Irgendwo in der Menge hab ich auch seine Frau gesehen, im schicken Hosenanzug, als wollte sie Präsidentin werden ... oder als wäre er es schon.

»Ich kann nur wiederholen, was bisher gesagt wurde«, brüllt er ins Mikro. »Die Promise ist ein besonderer Ort, und das allein dank Kenneth Moore.«

Ich schaue mich in der Sporthalle um und frage mich, ob der Rest der Schüler dasselbe denkt wie ich: Klar doch, die Promise ist dank Moore ein besonderer Ort ... ein besonders beschissener Ort. Zufällig entdecke ich Ramón, dessen Blick ziemlich finster wirkt.

»Ich möchte die Gelegenheit nutzen, um heute, da wir das Leben dieses Mannes feiern, eine große Veränderung an der Promise anzukündigen. Die Schule wird offiziell in Kenneth Moore Promise Preparatory umbenannt werden. Da Direktor Moore nicht mehr unter uns ist, hielten wir es nur für passend, dass die Schule seinen Namen tragen soll, damit wir auf immer das Versprechen seiner Mission in unserem Herzen tragen.«

Er redet weiter, doch ich sitze da und fühle mich irgendwie leer bei dieser Ankündigung. Die Schule nach

Moore benennen? Ich meine, ist das ein Riesending? Ist doch bloß ein Name. Ist doch bloß eine Schule! Aber als all die Leute um mich herum klatschen und nicken, setzt sich ein Gedanke in Blockbuchstaben in meinem Kopf fest: DAS IST NICHT FAIR!

Das ist einfach nicht fair.

Ja, ich höre mich an wie ein Kleinkind, das ausrastet, weil es in einem Spiel gelinkt wurde oder so. Aber es ist echt nicht fair. Der Typ, der uns alle so unglücklich gemacht hat, wie er hier rumstolziert ist, uns angebrüllt und nach Alkohol gestunken hat ... *der* Typ kriegt ein Nachleben, in dem jeder solche Bullshit-Geschichten über ihn erzählt und sein Name an Gebäude geschrieben wird?

Und was ist mit uns? Mit J.B., Ramón und mir? Die Geschichten, die man über uns erzählt, werden nie in Gold graviert werden.

Ich seufze so laut, dass die Frau neben mir verlegen auf ihrem Stuhl herumrutscht. Der Applaus schwillt ab, und jetzt ist Hicks wieder am Mikro. Wie lange wollen die sich noch selbst reden hören?

»Und nun ist es mir eine Freude, einige der Schüler anzukündigen«, sagt Hicks, »die ein paar letzte Worte über ihren geliebten Schulleiter ...«

Mein Herz rast, als ich mich nach Omar umgucke. Wo ist er? Dieser Plan funktioniert nicht ohne ihn. Ich hatte gleich so ein Gefühl, dass er uns hängenlässt, obwohl ich gehofft hab, dass er es nicht tut.

Und dann, als ich schon dem Team schreiben will, dass wir den Einsatz abblasen, sehe ich ihn ganz hinten auf der Bühne hocken wie ein dürrer Vogel auf einer Käfigstange. Er hat so ein Talent dafür, sich unsichtbar zu machen. Irgendwie schafft er es, nicht bemerkt zu werden. Verschmilzt einfach mit dem Hintergrund, während man hinsieht. Doch jetzt sehe ich ihn, und er sieht zu mir. Wir nicken uns zu.

Gleich ist Showtime.

Kapitel siebenundzwanzig

Das große Finale
Ramón

Jemand muss mich bemerkt haben. Und danach ist kein Halten mehr.

Die Promise Boys sind die Elite, wenn es darum geht, auf dem Handy zu texten, ohne dass es irgendwer mitkriegt, und ich weiß, dass es bereits die Runde macht: *Sie sind hier.* Nicht bloß unter den Schülern. Kaum merklich wird sich in die Seite gestoßen, stumm mit Fingern gezeigt. *Sie sind hier. Die drei, von denen sie denken, dass sie es getan haben. Da sind Mörder – oder wenigstens einer – unter uns.*

Ich versuche, sie alle zu ignorieren, blicke starr zur Bühne, wie die ganze Zeit schon. Es fühlt sich wie eine ziemlich schlechte Maskerade an.

Und ich überlege schon zu gehen, doch dann schreibt Trey in die Gruppe:

> Trey: Fast geschafft. Das große Finale kommt gleich.

Auf einmal wirkt mein Stuhl wie flüssige Lava, in die ich einsinke, unfähig, mich zu bewegen.
Wir verstoßen ja gegen kein Gesetz. Die Cops haben uns nicht verboten, dieses Gebäude zu betreten. Doch mit der Menge, die hier ist, um den Mann zu betrauern, den wir angeblich umgebracht haben, kann es schnell ungemütlich werden.
Ich wage nicht, in Treys Richtung zu sehen, und ich fühle immer mehr Blicke, die auf mich gerichtet sind wie Kakerlaken, die beharrlich angekrochen kommen. Was mag wohl gerade in Trey vorgehen, der die Waffe in die Schule gebracht hat? Von uns allen muss er am schuldigsten aussehen.
Becca ist auf der Bühne und hält eine Rede, wie sehr Moore sie inspiriert hat und dass sie dank ihm auch Schulleiterin werden will. Pah, klar will sie das. Mir tun jetzt schon die Kids leid, von denen sie glaubt, sie würde sie retten.
»Wer weiß«, sagt Becca mit dem Lächeln, das sie ständig aufsetzt, wenn sie weiß, dass wer hinguckt, »vielleicht werde ich eines Tages die Promise leiten!«
Zum ersten Mal während dieser ganzen Clownshow höre ich ein paar Lacher im Publikum. Unter anderem von Antonio aus der Englischnachhilfe – dieses pfeifend-nasale Lachen würde ich überall wiedererkennen. Und am liebsten würde ich mitlachen, vor allem bei Hicks' Gesichtsausdruck. Er kann uns nicht so anmotzen, wie er es an einem Schultag tun würde. Hier sind schließlich Fernsehkameras dabei! Trotzdem sieht er mit einem tödlichen Blick ins Publikum, der uns alle warnen soll, dass es später Promisemäßig fies wird.

Da kommt noch eine Textnachricht von Trey:

> Achtung, Leute! Mr. Reggie kommt.

Und tatsächlich geht Mr. Reggie von vorn in der Sporthalle durch den Mittelgang nach hinten, wobei er mit dem Blick die Sitzreihen absucht. Er muss gehört haben, dass wir hier sind. Ich ziehe den Kopf ein und weiß, dass es die anderen auch tun. Aus dem Augenwinkel sehe ich, dass Mr. Reggie gerade Trey entdeckt hat. War ja klar – Trey ist jemand, den Leute immer als »das schlimme Kind« auf dem Schirm haben, bloß weil er gerne Quatsch macht. Ich könnte mir vorstellen, dass sie das vor Gericht gegen ihn verwenden werden, und bei dem Gedanken wird mir kotzübel.

»Und nun zu unserem letzten Schüler, der noch einige Worte sagen möchte...«, sagt Hicks, und Mr. Reggie zieht sich an die Turnhallenwand zurück, von wo aus er weiter Ausschau hält. Trey hat den Kopf zu mir gedreht, im richtigen Winkel, sodass Reggie sein Gesicht nicht sieht. Mr. Reggie ist anzusehen, dass er gefrustet ist – er will die Gedenkfeier nicht unterbrechen, indem er eine Szene macht, falls sich dann herausstellt, dass es jemand anders war, den er für Trey gehalten hat. Der Anzug verunsichert ihn, und gedanklich ziehe ich meinen Hut vor Keyana.

»Es ist mir eine Freude, Omar Rosario anzukündigen, einen Schüler, der unter anderem als Amateurfotograf und -filmer für die Promise arbeitet. Ihnen mag aufgefallen sein, dass Videos und Fotoschleifen auf den Monitoren unserer Schule laufen – und die sind das Werk unseres

Schülers! Wir haben ihm für das heutige Video zu Ehren von Direktor Moores Leben zu danken. Ich habe es mir schon angesehen und kann Ihnen versichern, dass hier kein Auge trocken bleiben wird!«

Hicks begrüßt Omar am Rednerpult, indem er einen Arm um ihn legt, und zum ersten Mal nehmen alle Schüler dieses Kid wahr.

Ich selbst habe ihn schon tausende Male gesehen, klar, aber fast immer im Büro. Jedes Mal, wenn ich nachsitzen musste, war es Omar, der mir den unterschriebenen Zettel gegeben hat. Und jedes Mal hat er nur irgendwas gemurmelt, wenn ich mich bedankte, nie mehr als nötig gesagt. Er war auch ein Jahr lang mit mir in der Englischnachhilfe, ist aber schnell weitergekommen. Mir war nie klar, ob er da überhaupt hingehörte – oder schlicht von Moore gezwungen wurde, weil er von Haus aus Spanisch spricht. Vielleicht hat er auch bloß total schnell Englisch gelernt. Wer weiß?

Omar ist normalerweise ein Rätsel, doch heute tritt er aufrecht ans Mikro, groß und mit nur minimal eingezogenen Schultern. Seine schmalen Hände greifen das Mikro und richten es auf dem Ständer.

»Hallo«, sagt er in die Sporthalle hinein. Er murmelt nicht. Seine Stimme ist leise, aber klar. »Ich bin Omar Rosario, und ich möchte Direktor Hicks für die Einführung danken, genauso wie für die Möglichkeiten, die er und die Promise mir eröffnet haben. Dass ich meinem Interesse für Fotografie und Film nachgehen kann, während ich an meinem Abschluss arbeite. Ich hoffe, euch gefällt der Film, und es tut mir leid, dass er ein bisschen lang geworden ist. Es war sehr schwer zu entscheiden, welche Szenen ins Video sollen und welche ich rausschneide.«

Das Licht wird gedimmt, und als ich wieder zu Trey sehe, versteckt er sein Gesicht nicht mehr vor Mr. Reggie – das erledigt die Dunkelheit für ihn. Mr. Reggie guckt sowieso nicht mehr in seine Richtung, alle blicken zur großen Leinwand. Omar ist zu seinem Stuhl auf der Bühne zurückgekehrt und sieht höflich hinab auf seine Hände, als das Video anfängt.

Es beginnt mit der Promise, wie sie ursprünglich ausgesehen hat – ziemlich genauso wie jetzt, aber ein bisschen neuer und blanker. Damals gab es auch noch reichlich Poster: von Clubs, Vereinen und so. Und da ist Moore, der grinsend durch den Flur läuft, das Haar sehr viel weniger grau und der Anzug sehr viel weniger schick. Jemand muss diese Aufnahmen noch auf einem alten Handy gehabt haben – die Auflösung ist miserabel und der Ton irre schlecht. Aber es ist Moore. Und, ehrlich, damals hätte ich ihn vielleicht lieber gemocht.

Mrs. Hall kommt strahlend neben ihn. Es gibt sogar Aufnahmen, wie er in einen Klassenraum geht und dort ein bisschen Quatsch macht. Alle Jungs sind wie jetzt in starren Uniformen, aber ihre Gesichter sind nicht ganz so starr. Auf diesen Aufnahmen wirken sie fast entspannt, und sie reden sogar auf den Fluren. Erschrocken stelle ich fest, dass es keine blaue Linie auf dem Boden gibt. Wann wurde die eingeführt? Man hört Leute lachen, kein *Piep, piep, piep* von endlosen Punktabzügen.

Alles auf der Leinwand läuft wie im Zeitraffer ab. Schüler werden größer, ihr Lächeln kleiner, ihre Poster und sie selbst auf den Fluren weniger. Die Wände scheinen grauer zu werden. Da gab es eine Zeit, bevor Hicks kam, und dann ist er auf einmal dabei – ernste Aufnahmen von den beiden Männern, die durch Korridore gehen und ins Gespräch vertieft sind. Über Papiere gebeugt, ein bisschen wie Architekten.

Ich sehe zu Hicks, und seine Miene ist verdunkelt. Seine Freundschaft mit Moore blüht direkt vor aller Augen auf. Es würde mich traurig machen, wüsste ich nicht, wie sehr sie sich gegenseitig Rückendeckung gegeben haben, nie uns. Dass es manchmal schien, als würden sie in Moores Büro überlegen, wie sie uns noch steifer und stummer machen können.

Ennis taucht in einigen der Aufnahmen auf, und immer lächelt er strahlend. Omar ist echt ein brillanter Filmemacher, fällt mir auf – wie er es schafft hat, dass Ennis nie im Vordergrund ist. Er ist immer im Hintergrund, plaudert oder beobachtet lächelnd. Denn das ist er an der Promise: Der Typ hinter den Kulissen, der Mann mit dem Geld, der dem Mann am Ruder zuflüstert. Auch er wird älter, als der Film weitergeht, was wieder Omars Talent beweist. Alles ist chronologisch, und es ist weniger ein Trailer für Moores Karriere als eine Geschichte der Promise von damals bis heute.

Und dann bin ich da. Flüchtig in der Cafeteria zu sehen, wie ich lächle und jemandem eine Pupusa gebe. Hat mich noch jemand anders gesehen? Unwillkürlich schaue ich mich um, auch wenn ich nicht sollte. Hat Omar die Aufnahme absichtlich reingenommen?

Wieder kommt Moore auf den Flur, und jetzt sieht er so aus wie in den Tagen vor dem Mord. Ein bisschen zerzaust in seinem eleganten Anzug. Und sein Gang ist steif.

Es ist eine Teleaufnahme von weit weg, aber man hört, wie er Jungen anschreit. Ich sehe zu Hicks, der die Stirn runzelt.

J.B. erscheint – die Kamera streift an ihm vorbei, als hätte sie ihn zufällig ganz nachdenklich erwischt. Er schließt sein Fach ab und geht leise die blaue Linie entlang.

Wieder Moore – der die Schließfachtür von einem Schüler zuknallt, der gerade seine Bücher rausgeholt hat. Das Kid zuckt zusammen. Man hört einiges gedämpftes Stöhnen aus der Menge.

Und dann ist da Trey – der sich im Basketballspiel für die volle Punktzahl bereitmacht und echt viel zu laut lacht; seine Augen blitzen vor Freude. Moore ist nicht mal auf dem Bild. Was hat Omar da gemacht? Ich blicke zur Bühne und sehe, dass Ennis sich zu Hicks rüberlehnt, der den Kopf schüttelt.

Und auf einmal wird es laut in der Sporthalle. Spieltag. Banner. Farben. Jubel, Anfeuern, Fan-Gesänge. Die Flure sind voller Menschen. Die Kamera bewegt sich über und durch sie wie ein Vogel, der mal eintaucht, mal ausweicht. Es fühlt sich an, als wäre man mittendrin, aufgeputscht von der Energie und der Aufregung. Blicke von den Tribünen oben, sodass die vollbesetzte Sporthalle eingefangen wird, von unten und nach oben, von vorn nach hinten. Von den Fluren und dem Banner über der Turnhallentür, auf dem steht WIR VERSPRECHEN ES.

Dann bewegt sich die Kamera fließend durch den Korridor zurück, als würde sie in der Zeit rückwärts wandern. Erst langsam, dann schneller verschwimmen die Schließfächer. Irgendwo in der Ferne ist immer noch der Lärm aus der Sporthalle zu hören.

Er wird nach und nach weniger, bevor er wieder zunimmt, nur ist es diesmal nicht der von unzähligen Stimmen, sondern der von zweien, während die Leinwand schwarz wird.

Die Tonaufnahme geht weiter.

»Du musstest doch nichts weiter tun, als mich beteiligen, Ken! Hab ich mich nicht klar genug ausgedrückt? Ich hab dich gewarnt, und jetzt sind wir hier!«

»Ich habe dir doch gesagt, einen Scheiß werde ich! Wie oft soll ich dir noch sagen, dass es so nicht läuft?«

Die erste Stimme ist plötzlich voller Hass, geradezu monströs: »Du denkst, ich sitze hier und gucke zu, wie du mich am ausgestreckten Arm verhungern lässt? Das lasse ich mir nicht gefallen. Denkst du, ich kann mich nicht wehren? Oh doch, das kann ich, gegen alles, was du auffährst.«

»Es dauert, so was aufzubauen, und du willst dich direkt an die Spitze hieven? So funktioniert es nicht. Und hättest du dich um deinen Kram gekümmert, anstatt deine Nase in Sachen zu stecken, die dich nichts angehen, würden wir dieses Gespräch nicht führen! Also, wenn du angepisst bist, ist das allein deine Schuld.«

Sie werden immer wütender, und einer von ihnen wird lauter, während der andere ihn anfährt, er soll leise sein. Ich weiß, wen ich höre – die Stimmen sind eindeutig zu erkennen.

Hicks und Moore.

»Denkst du, ich halte die Füße still, während du mich

einfach ... ausbootest? Bei all dem, was ich weiß?«, schreit Hicks.

»Ich denke, du hast verdammt noch mal keine Wahl.«

Es tritt eine Pause ein, in der Gerangel zu hören ist.

»Oh, du verfluchtes Arschloch, das wagst du nicht!«, brüllt Moore. »Das wagst du nicht!«

»Beteilige mich! Ich weiß, dass der Promise-Fonds bloß deine Spardose ist, Kenny! Das ganze Geld von Ennis wandert direkt in deine Tasche! Beteilige mich!«

»Ich habe NEIN gesagt!«

Als der Schuss ertönt, ringen alle in der Stanley-Ennis-Sporthalle nach Luft. Wilson Hicks, Konrektor und nun Interimsdirektor der Schule, ist auf Band aufgezeichnet, wie er seinen Komplizen Direktor Moore ermordet.

Meine Abuela sagt, ich bin gut darin, Vibes wahrzunehmen. Die E-Mail, die J.B., Trey und ich bekommen haben, war der Hinweis. *Lungern*, sagte Hicks. Das Wort hatte er bei mir schon einmal benutzt.

Das Band läuft weiter, und wir hören, wie Direktor Kenneth Moore tot zu Boden fällt. Wir hören Rascheln im Raum, als würde jemand eilig Sachen abwischen und den Tatort herrichten wollen. Und danach ist nur noch Stille.

Keyana Glenn

Auf der Bühne versucht Wilson Hicks hektisch, das Mikro einzuschalten, damit die Präsentation stoppt. Er ist richtig in Panik. Omar Rosario hingegen sitzt ruhig auf seinem Stuhl und hat die Hände im Schoß gefaltet.

Im Publikum brüllen die Leute. Einige zücken eilig ihre Handys, um die Polizei zu rufen, aber das ist nicht nötig. Die Cops sind bereits hier. Ich habe sie gesehen, als wir uns unter die anderen Gäste gemischt haben. Bei großen Veranstaltungen sind immer Cops, und diese ist keine Ausnahme.

Niemand weiß, was er tun soll; ich auch nicht. Ich sitze nur da und wünsche mir, ich wäre neben J.B., dessen Gesicht wie in Omars Film aussieht – ernst, nachdenklich, aufmerksam, während alle anderen geschockt sind.

»Alle bleiben sitzen!«, schreit Hicks. »Wir gehen der Sache nach. Wir finden heraus, was hier passiert ist. Irgendein kranker Streich ... der Verantwortliche fliegt von der Schule ...«

Alle scheinen wie eingefroren.

Außer den Promise Boys.

J.B. ist der erste. Als Hicks noch alle anschreit, sie sollen sitzen bleiben und still sein, steht J.B. langsam von seinem Klappstuhl auf. Man kann ihn nicht übersehen, wie er hoch aufgeschossen und ganz ruhig im Anzug meines Vaters dasteht. Und dann hebt das Raunen an. Alle flüstern, manche werden sogar laut.

Er ist unschuldig. Das ist J.B. Williamson. Er ist unschuldig.

Dann folgt Trey. Auch er steht auf. Ihm ist der Anzug ein bisschen zu weit und hängt von seinen Schultern.

Trey Jackson. Er ist auch hier. Trey war das nicht.

Und schließlich Ramón. Er zittert, als er aufsteht, das sehe ich sogar von hier.

Ramón Zambrano. Er ist unschuldig. Sie sind alle unschuldig.

Einer nach dem anderen stehen die Promise Boys auf. Sie sagen nichts. Aber Reihe für Reihe erheben sich die anderen Schüler, bis jeder Einzelne von ihnen in Uniform dasteht, mit geradem Rücken und trotzig schweigend.

Und als Letzter richtet sich Omar Rosario auf.

MORDFALL KENNETH MOORE

OFFIZIELLER BERICHT DES DISTRICT OF COLUMBIA POLICE DEPARTMENT

Weitere Ermittlungen und das Sichern von physischen wie digitalen Beweisen deuten darauf hin, dass Kenneth Moore, Direktor der Urban Promise Prep, jahrelang ein System von Betrug und Veruntreuung privater Spenden sowie öffentlicher Fördergelder betrieben hat. Stanley Ennis, Lindsay Ennis und ein weiteres Vorstandsmitglied werden durch die Beweise gleichfalls schwer belastet. Im Ennis-Fall wird Detective Ash mit einem Dreierteam weiterermitteln.

Unstrittige Indizien weisen auf Wilson Hicks, den früheren Konrektor der Urban Promise Prep, als Mörder hin. Ihm werden Mord, Nötigung, Erpressung, Fälschung von Beweisen, Fehlverhalten und Zeugeneinschüchterung vorgeworfen. Die Mordwaffe wurde in Hicks' Privathaus sichergestellt, und seine Fingerabdrücke wurden darauf gefunden.

Konfrontiert mit einer Audioaufnahme des Schülers Omar Rosario, gestand Hicks, Moore wegen der Veruntreuung zur Rede gestellt und unter Druck gesetzt zu haben, mit dem Ziel, an den unrechtmäßigen Gewinnen beteiligt zu werden. Hicks scheint gewillt, Informationen über andere preiszugeben, die in den Betrug verwickelt waren. Wir werden diesbezüglich in engem Kontakt mit der Staatsanwaltschaft bleiben.

Laborberichte bestätigen J.B. Williamsons Aussage, dass das Blut auf seinem Hemd sein eigenes war, und Zeugen berichten, dass Williamson an dem Tag, an dem Rosarios Video in der Turnhalle gezeigt wurde, ebenfalls Nasenbluten bekam.

Trey Jacksons Vormund, Terrance Jackson, bestätigt, dass die Tatwaffe ihm gehört und er deren Verschwinden nicht bemerkt habe. Nachforschungen haben ergeben, dass Jackson seit Monaten keinen Schießstand mehr aufgesucht hat, was seine Aussage zu stützen scheint. Hicks hat gestanden, dass er die Waffe in einer Schultoilette gefunden habe, als er dort eine Routinedurchsuchung vornahm. Wie genau die Waffe dorthin gelangt war, ist bisher nicht bekannt, aber es wird vermutet, dass die Waffe Mr. Jackson gestohlen wurde.

Was den Verdacht gegen Ramón Zambrano betrifft, fanden sich Hicks' Fingerabdrücke auf der Haarbürste des Schülers, die am Tatort sichergestellt wurde. Hicks hatte anfänglich behauptet, er habe die Bürste aufgehoben, als er die Leiche fand. Während einer erneuten Befragung gestand er, dass er die Bürste aus dem Sekretariat gestohlen und in Moores Büro gelegt habe.

Diese Ermittlung hat alle drei Promise Boys – J.B. Williamson, Trey Jackson und Ramón Zambrano – vollständig entlastet.

PROMISE PREP PAPER

VON MARCUS WATTS, HERAUSGEBER

Ein Jahr nachdem der Mord an Direktor Kenneth Moore unsere kleine Gemeinde erschütterte, erblüht die Promise Preparatory unter neuem Namen und der Leitung von Direktorin Carla Hall. Wer die Schule besucht, wird sie kaum wiedererkennen, denn die Korridore sind nun von Lärm erfüllt, überall hängen Plakate, die Veranstaltungen ankündigen, und es gibt diese Schulzeitung, die bereits einen Preis für Integrität und Qualität gewonnen hat.

Die Ereignisse des letzten Jahres verlangten eine massive Umgestaltung, angefangen bei den Werten über den Leitfaden bis hin zum Lehrkörper der Schule. Letzterer wurde bis auf eine Handvoll Lehrkräfte ersetzt – Direktorin Hall war in ihren Änderungsmaßnahmen sehr gründlich. Jetzt gibt es einen Schülerrat sowie sechs schulpsychologische Fachkräfte, eine feste Lehrkraft für Englisch als Fremdsprache und einen Ruheraum für Schüler, den sie »Chill Mansion« nennen.

Das schülergeführte Forschungskomitee bewertet diese Neuerungen als wahrhaft erfolgreiche Schritte hin zu einem fruchtbaren Lernumfeld. Neue Ideen schlägt das Komitee der Schulleitung vor, die sie dann mit dem Schülerrat bespricht. Dies sind nur einige der Neuerungen an der Promise, wo viele Spuren von Moores Leitung verschwunden sind. Einschließlich der blauen Linie.

Es ist auf den Tag genau ein Jahr her, dass die Unschuld von drei Promise-Alumni bewiesen wurde, die damals des Mords an Moore verdächtigt wurden. Deshalb hält es *Promise Prep Paper* für angemessen, den Weg der drei jungen Männer nachzuverfolgen, die mittlerweile ihren Schulabschluss gemacht haben und das neue Vermächtnis dessen weitertragen, woran diese Schule glaubt und wofür sie steht.

Ramón Zambrano, Gründer des KD-Programms hier an der Promise – das weiterhin eines der beliebtesten und angesehensten Programme im Bezirk ist –, erhielt ein Vollstipendium an der Sullivan School of Culinary Arts, wo er zum Koch ausgebildet wird.

Trey Jackson schloss die Schule als Basketballspieler mit der höchsten Punktzahl im Bezirk ab und spielt jetzt Turniere auf D1-Level, während er Informatik studiert.

Und J.B. Williamson befindet sich auf Reisen mit seiner Freundin Keyana Glenn. Die beiden haben das College um ein Jahr aufgeschoben, um gemeinsam das Land zu erkunden, bevor Keyana ihr Jura- und J.B. sein Kompositionsstudium aufnehmen wollen.

Jeder dieser jungen Männer hat seinen eigenen Weg eingeschlagen, doch wohin sie das Leben auch führen mag, die Schüler der Promise Prep applaudieren ihnen für ihren Mut und die Verkörperung der Leitidee dieser Schule, die ein wenig anders klingen dürfte, als man sie von früher kannte:

Wir sind die Promise Boys.
Wir sind zu Großem bestimmt.
Wir verdienen Freude.
Wir sind außergewöhnlich.
Wir erwarten von der Welt, was wir ihr geben:
Respekt, Weisheit und Güte.
Wir sind einander Hoffnung.
Wir sind verantwortlich für unsere Zukunft.
Wir sind die Zukunft.

Das versprechen wir.

Danksagung

Wie immer möchte ich als Erstes der besten Mitspielerin danken, die ich mir wünschen könnte, meiner Frau. Du bist mein Fels! Ich danke auch meinen wunderbaren kleinen Zwillingen, meinen Eltern, meinen Schwiegereltern und all meinen Angehörigen, Freundinnen und Freunden für ihre Unterstützung auf meiner Reise. Danke, dass ihr mir so viel gebt, was ich in meine Kunst stecken kann.

Ich danke Brian Geffen, der sich für *Promise Boys* stark gemacht und diesen Prozess so elegant begleitet hat, wie ich es noch nie gesehen habe. Deine Hingabe war mir Inspiration. Deine Ideen und dein kreativer Verstand sind von unschätzbarem Wert, und ich hätte diese Geschichte ohne dich nicht erzählen können.

Ich danke Dhonielle Clayton, die hinreichend an mich glaubte, um mir die Chance zu geben, die ich brauchte. Danke, dass du mich so bereitwillig an deiner Weisheit und Fachkenntnis teilhaben ließest und für so viele Stimmen in dieser Branche eine Mentorin bist. Ich stehe für immer in deiner Schuld.

Ich danke Joanna Volpe dafür, dass du solch ein fantastischer BOSS bist! Danke, dass du mir den Rücken freihältst und für mich da bist, wann immer ich dich brauche. Und ich danke dem Rest des Teams bei New Leaf und Cake Creative für ihre Unterstützung hinter den Kulissen; ganz besonders Jenniea Carter, Jordan Hill, Meredith Barnes, Shelly Romero, Clay Morrell und Carlyn Greenwald.

Ein Dankeschön an den Rest des Verlagsteams von Macmillan – Carina Licon, Ann Marie Wong, Jean Feiwel, Jennifer Besser, Rich Deas, Kat Kopit, Alexei Esikoff, Veronica Ambrose, Ryan Jenkins, Jennifer Edwards, Kristin Dulaney, Sam Smith und Emma Jones. Ganz lieben Dank auch an das geniale Werbe- und Marketing-Team: Molly Ellis, Morgan Rath, Mariel Dawson, Melissa Zar, Katie Quinn, Naheid Shahsamand, Mary Van Akin und Kristen Luby. Und ein besonderes Dankeschön an Ken Nwadiogbu, der unser phänomenales Cover designt hat.

Ohne euch alle wäre *Promise Boys* nicht möglich gewesen. Dies ist solch eine großartige Gemeinschaft von klugen, talentierten Menschen, die an die Kraft des Erzählens glauben!

Und nicht zuletzt möchte ich allen Jugendlichen danken, die ich jemals unterrichtet habe, denen ich auf einem Schulflur begegnet bin oder die ich in der Little League gecoacht habe. Ihr alle habt mich auf so vielfältige Weise inspiriert, und ich arbeite daran, diesen Gefallen zu erwidern. Ich möchte den jungen Menschen danken, die heute dieses Buch lesen – ihr könnt in dieser Welt alles sein, was ihr wollt. Eure Fantasie ist euer größtes Kapital; nutzt sie!
In Liebe und Dankbarkeit
Nick